당신의 직업
-생존이냐, 만족이냐?

네비게이토 선교회는
국제적이며 복음적인 기독교 기관이다.
예수 그리스도께서는 자기를 따르는 자들에게
"너희는 가서 모든 족속으로 제자를 삼으라"
(마태복음 28:19)는 지상사명을 주셨다.
네비게이토 선교회는 세계 모든 국가에서
예수 그리스도의 일꾼들을 배가시켜
이 지상사명을 성취하는 일을 돕는 것을
근본 목표로 하고 있다.

네비게이토 출판사는
네비게이토 선교회의 문서 선교를 담당하고 있다.
본 출판사에서는 그리스도인의 영적 성장을 돕는
서적과 자료들을 출판하여,
그리스도인의 삶의 기초가 견고한
헌신된 제자로 성장하고,
나아가 성숙한 인격과 지도력을 갖춘
일꾼이 되도록 돕고 있다.

Translated by permission
Originally published in the U. S. A.
under the title **YOUR JOB: SURVIVAL OR SATISFACTION?**
Copyright ⓒ 1977 by The Zondervan Publishing House
Korean Copyright ⓒ 1985 by Korea NavPress

당신의 직업
-생존이냐, 만족이냐?

YOUR JOB -
SURVIVAL OR SATISFACTION?

제리 화이트 부부 지음

Jerry & Mary White

네비게이토 출판사
TO KNOW CHRIST AND TO MAKE HIM KNOWN

일을 탁월하게 할 때
만족을 누릴 수 있음을
가르쳐 주시고,
나를 그리스도인이 되도록 도와주신,
나의 첫 직장의 사장님
로버트 쉐플러 님께
이 책을 드립니다.

차 례

제1부 기 초

제1장 일에 대한 성경적 관점 ·················· 17
사회에 대한 성경적 관점
일에 대한 구약성경의 관점
일에 대한 신약성경의 관점
일에 대한 태도 - 탁월성
토의를 위한 질문

제2장 환경에 대한 성경적 관점 ·················· 42
남의 떡이 더 커 보이는 증상
현실 - 있는 그대로의 삶
환경 - 당신을 위한 하나님의 훈련 프로그램
권위에 대한 태도
'나쁜' 환경은 어떻게 해서 생기는가
도피하지 말고 승리하라

환경을 바꾸어야 할 때
　　　토의를 위한 질문

제3장 목 표 ··· 63
　　　물질주의의 매력
　　　모든 그리스도인을 위한 하나님의 목적
　　　증거의 개념
　　　제자도의 개념
　　　실행 가능한 목표 설정
　　　시간과 우선순위
　　　토의를 위한 질문

제4장 무슨 일이 있어도 출세하려는 야망 ············ 96
　　　야망의 딜레마
　　　불건전한 야망의 증거
　　　건전한 야망의 증거
　　　승진의 대가는 무엇인가
　　　노동직은 열등한가
　　　직장에서 만족감을 맛보는 방법
　　　토의를 위한 질문

제5장 직장, 직업, 생활 근거지의 변화 ············· 134
　　　변화 시에 생각해야 할 요소
　　　변화에 대한 합당한 이유

　　　　변화에 대한 미심쩍은 이유
　　　　변화를 시도하기에는 너무 늦을 때
　　　　하나님의 뜻을 발견하는 데 필요한 지침
　　　　어떻게 옮길 것인가
　　　　새 직장에서의 출발은 어떻게 할 것인가
　　　　토의를 위한 질문

제6장 전임 사역 ·· 168
　　　　전임 사역의 정의
　　　　전임 사역에 대한 잘못된 생각
　　　　거대한 필요
　　　　전임 사역자의 길을 고려할 때 필요한 지침
　　　　영적 은사의 한계 및 용량을 결정함
　　　　도전
　　　　토의를 위한 질문

제2부 여러 가지 환경

제7장 시간급 근로자 ··· 188
　　　　유리한 점과 유익
　　　　불리한 점과 제약
　　　　영적 위험
　　　　지침과 제안

제8장 봉급생활을 하는 근로자 205
　　　유리한 점과 유익
　　　불리한 점과 제약
　　　영적 위험
　　　지침과 제안

제9장 가정주부 217
　　　유리한 점과 유익
　　　불리한 점과 제약
　　　영적 위험
　　　우선순위, 시간 및 스케줄

제10장 '일하는' 여성 233
　　　유리한 점과 유익
　　　기혼 직장 여성의 문제점
　　　영적 위험
　　　독신 직장 여성의 문제점

제11장 군인 및 공무원 254
　　　유리한 점과 유익
　　　불리한 점과 제약
　　　영적 위험
　　　지침과 제안

제12장 세일즈맨 ·················· 277
 유리한 점과 유익
 불리한 점과 제약
 영적 위험
 지침과 제안

제13장 개인 사업가 ·················· 290
 유리한 점과 유익
 불리한 점과 제약
 영적 위험
 지침과 제안

제14장 특수한 환경 ·················· 302
 유리한 점과 유익
 불리한 점과 제약
 영적 위험
 지침과 제안
  (1) 교대 근무자
  (2) 여행자
  (3) 계절을 타는 직업

추천의 말

현재 당신의 직장 생활이 아무런 문제도 없이 만족할 만한 것이든, 아니면 매일같이 영적, 도덕적인 투쟁을 해야 하는 것이든, 혹은 이 양극단 사이의 어딘가에 있든, 이 책은 당신이 활용할 수 있을 뿐 아니라 다른 사람들에게도 전해 줄 수 있는 유익한 정보들을 시기적절하게 제공해 줄 것입니다. 기독교 서적과 일반 서적을 막론하고 직장 생활에 대하여 이처럼 실제적인 제안을 주면서도 영적인 시야에서 쓴 책은 지금까지 읽어 보지 못했습니다.

이것은 결코 놀랄 일은 아닙니다! 제리 화이트 부부는 대학 사회, 우주 과학 및 공학 분야, 독신 직장 생활, 가정주부, 전임 사역, 여행 등 여러 방면에 걸쳐서 직접 풍부한 경험을 했기 때문입니다. 이러한 많은 환경을 통하여 그들 두 사람은 그리스도의 제자로서 연단을 받아 왔습니다.

제리 화이트 부부는 자신들의 풍부한 경험과 해박한 성경 지식을 기초로 하여 직장인들을 위한 실제적인 지침서를 썼습니다. 세일즈맨으로부터 단순 노동자, 비서, 가정주부, 전임 사역자, 군인에 이르기까지의 각종 일반 직장 및 특수한 직장에 근무하는 사람들을 위하여, 성경에 근거를 둔 매우 귀중한 지침과 제안들을 정선하여 이 책에 실었습니다.

살아가기 위해서는 일을 해야 하는 모든 사람들에게 이 책을 권해 드리는 바입니다. 여기에 예외가 되는 사람이 있겠습니까? 직장인이라면 누구나 이 책을 서가에 꽂아 두고 늘 참고해야 할 것입니다. 이 책은 특별히 인생의 전반적인 진로와 관련하여 직장 문제에 관해 상담과 충고를 구하는 사람들 곁에서 언제나 도움을 줄 것입니다.

론 쎄니
전 네비게이토 선교회 국제회장

머리말

밤 10시 반인데 전화벨이 울렸습니다. 먼저 짜증부터 났습니다. 하루 종일 신경을 많이 써야 하는 일과 복잡한 인간관계에 시달렸기 때문입니다. 그때까지도 나는 피곤한 몸으로 중대한 상담을 해주고 있던 중이었습니다. 마지못해 수화기를 들었습니다.

"여보세요, 브라이언 윌슨입니다."

순간 아차 하는 생각이 들었습니다. 한 시간 전에 그에게 전화해 주기로 했던 걸 깜박 잊었던 것입니다. 뭔가 좋지 않은 일이 있다고 말하는 그의 목소리에는 허탈감이 스며 있었습니다. 나는 전화를 못해 드려 미안하다고 어물어물하며 사과를 했습니다.

"저, 직장에서 해고될 것 같아요." 그의 목소리는 기운이 없었습니다.

그가 어떤 인물인가를 알고 있던 나는 놀라지 않을 수 없었습니다.

"아니, 왜요?"

"무능하다는 거지요."

그는 사장에게 불려 가서 자기가 하고 있는 일은 최저 수준에도 못 미친다는 이야기를 들었습니다. 사장이 그렇게 평가하게 된 이유를 무언가 말해 준 것으로 생각하고 나는 "사장님 말씀이 옳다고 생각하십니까?" 하고 물어보았습니다.

"네, 옳지요. 제 생각에도 제가 무능한 것 같거든요. 이제 그만둘까 합니다. 아마도 제가 길을 잘못 들어선 것 같아요. 선생님은 세미나에서 이런 경우에 대해서도 언급하셨는데, 언제 직접 만나 뵙고 의논드릴 수 있을까요?"

하나님께서 브라이언 윌슨에게 감당키 힘든 시련을 주고 계신 걸까요? 그는 그 일을 12년간이나 해왔고, 석사 학위 소지자였으며, 지금까지 근무 성적도 좋은 사람이었습니다. 하지만 이제는 모든 게 끝장났습니다. 과연 그럴까요?

그동안 많은 사람이 직장 생활과 연관하여 나에게 상담을 청하곤 했는데, 들어 보면 근본 주제는 대개 비슷비슷했습니다. 브라이언의 경우는, 그의 좌절감이 위기 수준에 다다랐다는 점이 좀 다를 뿐입니다. 그 세미나에서 이런저런 이야기가 오갔는데, 세일즈맨들의 고민과 갈등은 먹느냐 먹히느냐 하는 냉혹한 비즈니스 세계에서 성경적인 원리를 실천하면서 어떻게 살아남을 수 있느냐 하는 것이었습니다. 과연 얼마 동안이나 직장에서 '안 잘리고 버틸' 수 있는가? 그들은 이 문제에 대해 정말 알고 싶어 했고, 성경적 확신을 갖고 싶어 했습니다. 생산직에 종사하는 사람들은, 윗사람에게 좋게 보이려고 생산량과 작업량을 속이는 사람들과의 경쟁 속에서 어떻게 말씀을 따라 양심대로 행동할 것인지가 고민이었습니다. 이 모두가 직장을 잃지 않으려는 '평범한' 직장인들의 갈등과 고민이었습니다.

2년 전 어느 모임에서 말씀을 전한 일이 있습니다. 주제는, 생활 현장에서 어떻게 그리스도인의 삶을 살 것인가 하는 것이었습니다. 나는 그때 우연히 그들의 직장 생활에 대해 다루는 시간을 짧게 가지게 되었습니다. 막상 얘기를 나누다 보니 시간이 너무나 부족했습니다. 마치 지뢰밭을 잘못 건드린 형국이었습니다. 여기저기서 직장 생활과 그리스도인의 생활을 어떻게 성공적으로 결합시킬 것인가에 대하여 질문이 쏟아져 나왔고, 그들이 느끼는 좌절감과 불만이 토로되었습니다. 내가 그들의 민감한 부분을 건드린 것이 분명했습니다. '시한폭탄'이 터진 것입니다. 이 주제에 대해 너무도 관심과 흥미를 나타냈기 때문에 우리는 다음 주에도 토의를 계속했습니다. 그들을 위한 자료를 찾으려고 했지만 거의 없었고, 특히 자기가 맡은 일이나 시간에 대한 재량권이 거의 없고 출퇴근 시간 기록기에 매여 있는 사람들, 즉 경영진이나 중역이 아닌 대상에 대한 자료는 더욱 구하기 힘들었습니다.

　그 후 나는 여러 그룹에서 '일'이라는 구체적인 주제로 말씀을 전하기 시작했습니다. 그 대상이 되는 그룹들은 학생, 부부, 고령 노동자, 가정주부, 일반 노동자 및 전문직업인 등 다양했지만, 그 반응은 사실상 동일했습니다. 모두들 그 주제에 대해 깊은 관심과 흥미를 보였습니다. 마음속에는 늘 불만이 깔려 있었고, 좌절감을 느끼고 있었습니다. 그리스도인에게 있어서 일의 중요성에 대해 확신이 없었습니다. 하지만 그중에는 자기가 하고 있는 일과 그리스도인의 삶을 성공적으로 조화시키고 그 일을 매우 즐기는 사람들도 많았습니다. 그들의 깊이 있는 질문과 지혜로운 통찰력, 나의 개인 경험과 성경공부가 이 책을 낳게 한 것입니다.

이 책은 2부로 나누어져 있습니다. 제1부(1장-6장)에는 모든 직업에 대한 실질적인 기초를 다루고 있습니다. 제2부의 의미와 내용을 알기 위해서는 이것을 읽어야 합니다. 제2부(7장-14장)에는 여러 유형의 직업에 대한 실제적인 제안들이 들어 있습니다. 이 책의 모든 내용은 단지 이론적이 아니라 실제적인 것이 되도록 애썼습니다. 또 분명한 성경적인 기초 위에서 썼습니다.

나 자신이 일반 직장의 압력과, 가족들의 필요, 개인 사역 사이에서 갈등을 느꼈던 사람입니다. 이 책에서 가르치고 있는 개념들은 단순한 이론이 아니라 경험과 상담에서 나온 결과이며, 나 자신이 경험하지 못한 근무 환경에 대해서는 그러한 환경에서 살아온 사람들로부터 전해 들은 내용들입니다. 네비게이토 선교회가 계속 강조해 온 '종의 도'와 일의 '탁월성'은 나의 생각에 지대한 영향을 주었습니다.

이 책이 나오기까지는, 구어체 문장으로 된 원고를 독자들이 읽는 데 불편함이 없도록 교정하고 편집을 해준 아내의 도움이 컸습니다. 아내는 여성의 입장에서 원고 내용을 충실히 비평해 주었으며 9장과 10장은 직접 썼습니다. 가정 관리와 여성 직업에 대해서는 남성보다 여성이 쓰는 것이 훨씬 합리적일 것입니다. 이 책의 초안을 정성 들여 타자해 준 비서 짐머 부인께 특별한 감사를 드립니다.

콜로라도스프링스에서
제리 화이트

제1부

기초 (Foundations)

우리는 일생 동안 눈뜨고 있는 시간의 약 40%를 직장에서 보냅니다. 이 많은 시간을 좌절감 가운데서 흘려보낼 것이냐 아니면 성취감으로 가득 채울 것이냐 하는 문제는 주로 직장 일을 전체 삶과 어떻게 조화시켜 나가느냐에 달려 있습니다.

제1부에서는 일과 연관된 기본 주제들, 역경, 일 및 생의 목적, 전직(轉職), 시간 사용, 야망을 다루고 있습니다. 이런 주제들은 기초가 되는 동시에 실제적인 것들입니다. 이와 같은 기초를 닦은 다음 제2부에서는 여러 가지 근무 환경에 직접 적용할 수 있는 내용들을 다루겠습니다.

제 1 장

일에 대한 성경적 관점

"**젊**은이," 그는 큰 소리로 말했습니다. "이 공장에서 나만큼 정밀하게 부품을 생산해 낼 수 있는 사람은 하나도 없소. 속도도 나를 따를 사람이 없고, 품질도 그렇소. 자, 한번 보시오!" 그는 커다란 통에서 쇳덩어리 하나를 집어내어 선반(旋盤)에 물린 다음 능숙한 솜씨로 이것저것 눈금을 맞추었습니다. 불과 몇 초 후 스위치를 올리자마자 모터가 힘차게 돌아가기 시작했고, 각 과정을 설명해 주는 그의 음성도 쇠가 깎이는 날카로운 소음 속으로 빨려 들어갔습니다. 비록 그의 말소리는 잘 들을 수 없었지만, 금속을 깎아 원하는 모양으로 만들어 갈 때, 그에게서 자부심과 애착심을 찾아볼 수 있었습니다. 몇 가지 기계를 거치면서 금속 찌꺼기들을 수북이 남기며 완성되어 나온 그 부품을 그는 손때 묻은 설계도와 조심스럽게 대조하며 검사해 본 후, 마지막으로 찬물에 집어넣었다가 꺼내어 내게 넘겨주었습니다.

"어떻소?" 그는 활짝 웃으며 내게 물었습니다.

"놀랍습니다!" 나는 따뜻한 그 금속을 손바닥 위에 놓고 뒤집어 보면서 대답했습니다. 그는 물건이 어떠냐는 뜻으로 물었지만 나는 그의 태도가 놀랍다는 뜻으로 대답했습니다. 그는 정말로 자기의 일을 즐기고 있었습니다.

"저 사람은 어떻습니까?" 나는 한 5미터 떨어진 곳에 서 있는 20대 초반의 청년을 가리키면서 물었습니다. "저 사람도 이걸 만들 수 있습니까?"

"아닙니다."

"왜 그렇지요?"

"그건 말이오, 우선 저 친군 관심이 없소. 둘째로, 그는 시간을 들여 그걸 제대로 만드는 법을 배우려 들질 않아요. 그것도 그렇지만 제일 큰 이유는 일 자체를 싫어하는 겁니다. 자기가 하고 있는 일을 싫어하는 사람은 아무 일도 제대로 할 수가 없는 법이지요."

공장을 걸어 나오면서 나는 이 사람이야말로 참으로 행복한 사람이라고 생각했습니다. 이건 참 드문 일입니다. 특히 자기의 직장 일과 삶을 즐기는 사람은 많지 않습니다. 사람들은 대부분 직장이란 단지 가족들을 먹여 살리고 계속 일할 수 있는 힘을 얻는 데 필요한 돈을 버는 곳이라고 생각하며 그저 참고 견디며 일을 하고 있을 뿐입니다.

이 주제를 가지고 여러 사람들과 이야기하는 가운데, 나는 자기 직장에 온전히 만족하는 사람은 거의 없으며 직장 일을 직장 외의 삶과 어떻게 조화시켜야 하는가를 아는 사람도 거의 없다는 사실을 알게 되었습니다. 개인적 갈등, 과중한 업무, 지나치게 큰 야망, 경제적인 압력, 실직에 대한 두려움, 권태, 좀처럼 오지 않는 승진 기회, 그 밖의 헤아릴 수 없이 많은 문제들이 사람들의 삶 가운데 존재하고 있습니다. 일이 너무 좋아 지나치게 일에 빠져 가족들을 소홀히 하는 사람들이 있는가 하면, 일이 너무도 싫어서 하루하루를 마지못해 사는 사람들도 있습니다. 어떤 사람들은 문제가 어디에 있는지조차도 모르는 채 온종일 로봇처럼 일만 하기도 합니다.

엔지니어, 수리공, 가정주부, 비서, 설계사, 변호사, 세일즈맨, 생산라인 근무자, 사무직 근로자, 연구원, 경영자 등 어떤 직업을 갖고 있든 모든 직업인에게는 욕구 불만이 있습니다. 하루 8시간, 주 5일 근무한다고 쳐도 많은 사람들이 자기가 싫어하는 직장 일에 생애의 25%나 쏟아 부어야 한다는 엄연한 현실로부터 도피해 보려고 안간힘을 쓰면서 살아가고 있습니다. 성인이 되고 나면 대부분의 시간을 직장 일에 투자하지만 직장은 우리에게 너무나도 자주 갈등을 안겨 줍니다. 업무가 너무 어렵든지 아니면 아주 재미가 없습니다. 끝없이 요구만 해오거나 어떤 자극도 없습니다. 보수는 형편없고, 그게 좀 괜찮다 싶으면 업무량이 너무나 많아서 많은 시간을 일에 매달려야 합니다. 직장이 탐탁하지는 않지만, 그거라도 그만둔다면 실업자가 되는 수밖에 없습니다.

당신이 그리스도인이며, 따라서 삶을 즐기고, 세상 사람들에게는 흔히 있는 문젯거리나 걱정거리 없이 살려고 생각한다면, 사정은 더욱 심각해집니다. 생각은 그럴듯하지만 현실은 그렇지 못합니다. 그리스도인들에게도 두려움은 여전히 존재하고, 밀린 청구서들, 연체된 차용금, 직업에 대한 갈등, 승진에 대한 타오르는 열망, 경제적인 쪼들림에서 벗어나 여유 있게 살아 보고 싶은 욕망, 아니면 그저 호화로운 생활을 '조금만이라도' 맛보고 싶은 마음 등 끝이 없습니다.

　이런 여건들 가운데서 우리는 직업을 가정 및 사역과 어떻게 조화시킬 것인가 하는 문제에 대한 성경적이고 실제적인 해결책들을 찾고 싶어 합니다. 전임 사역자가 된다고 해서 이 문제를 피할 수 있는 것은 아닙니다. 그런 경우에는 사역이 '직업'이 되는데, 이때는 오히려 훨씬 더 복잡한 새로운 문제들이 발생합니다. 이를테면 사역에서 요구되는 어떤 일이 마음에 들지 않으면 어떻게 하시겠습니까? 그리스도인 생활과 이 세상의 일반 직장 생활을 성공적으로 조화시키지 못한다면, 전임 사역이라는 직업에 종사한다고 하더라도 성공하지 못할 것은 거의 틀림없는 사실입니다.

　나 자신은 일반 직장에서 13년 반 동안 근무하다가 퇴직하고 전임 사역자가 되었습니다. 전임 사역자가 되어도 내가 지고 있던 무거운 짐은 여전히 남아 있었습니다. 지속적으로 헌신된 삶을 살기 위해 나는 여전히 투쟁해야만 했습니다. 갈등과 문제도 여전히 존재했습니다. 내가 전임 사역자가 아니었을 때 사람들은 내가 한 사역에 감사를 표해 왔었습니다. 전임 사역자가 된 지금은 그런 사역은 당연한 것으로 요구되고, 사람들은 그전보다 훨씬 높은 수준으로 그 일을 수행할 것을 바라고 있습니다. 어쨌든 나는 이전보다 시간이 훨씬 더 많고, 따라서 그만큼 일도 더 많이 해야 합니다.

　그러나 나는 그전과 똑같은 동기, 태도, 한계를 지닌 똑같은 사람입니다. 직장 생활에 대처하면서 배운 교훈들은 지금도 여전히 내게 도움을 주고 있습니다. 이 책은 직장 생활을 할 당시의 경험들을 되돌아보면서 쓴 것입니다.

그리스도인들은 직장 생활을 해나갈 때 수많은 의문과 문제들에 부딪힙니다.

- 다니는 직장이 싫은데도 학력의 제한이나 경제적 제약 때문에 직장을 옮길 수도 없을 때 어떻게 해야 하는가?
- 어떻게 하면 회사에 '영혼을 팔지 않고도' 업무를 잘 수행할 수 있을 것인가?
- 나는 직장 상사와 왜 그렇게도 알력이 많은가?
- 나는 자신이 선교사로 나갈 수 있다는 사실을 알면서도 직장 생활을 계속하는 것 때문에 죄의식을 느끼고 있다. 선교를 위한 수양회에 참석할 때마다 이런 생각이 든다. 어떻게 해야 하나?
- 직장에서 부과하는 일거리가 너무 많아서 제대로 처리하려면 일주일에 시간외 근무를 15내지 20시간은 해야 한다. 그 때문에 가족들이 피해를 입게 되지만, 위에서 요구하는 것을 어떻게 거절할 수 있단 말인가?
- 내가 업무를 잘 수행하지 못하면 내 자리를 차지하려고 기다리는 사람이 열 명이나 있다는 사실 때문에 나는 줄곧 두려움 가운데 사로잡혀 있다. 어떻게 하면 이런 두려움을 극복하고 하나님을 의뢰할 수 있을까?
- 아이를 셋이나 대학에 보내고 있기 때문에 남편과 나는 둘 다 직장 생활을 하고 있다. 그러나 이것이 좋지 않다는 권

고를 듣고부터 정말로 마음이 괴롭다. 과연 잘못된 걸까?
- 나는 가정과 사역에 올바른 우선순위를 두려고 여러 차례 시도해 보았지만 그때마다 실패했다. 나의 우선순위는 번번이 바뀌고, 내 계획도 방해를 받았다. 어떻게 하면 지속할 수 있을 것인가?
- 일주일에 사오십 시간은 직장에서 일해야 하고, 교회 모임에 서너 번 참석하여 교회에서 맡은 책임을 감당하다 보면 가족들과 함께할 시간이 없어진다. 어떻게 해야 하나?
- 아이들이 십대가 되니 반항적이다. 더 이상 어찌 해볼 도리가 없고, 이제 애들을 바로잡으려면 100% 함께 지내는 수밖에 없다. 아이들 때문에 내 출세를 포기해야 한단 말인가?
- 전직(轉職)이나 이사 문제는 어떻게 결정할 것인가?
- 야망을 갖는 것은 잘못된 일인가?
- 단지 '가정주부'로서의 역할만 하려는 것은 잘못된 생각인 걸까?
- 가정 세미나에 대여섯 번 참석하고 나서 가족들과의 관계를 잘 유지하는 일에 대해 깊은 확신을 가지게 되었다. 그러나 가족들을 부양해야 하는 것은 여전히 내 책임이다. 어떻게 하면 균형을 맞출 수 있을까?
- 가족들에게 좋은 것들을 사주려고 열심히 일하는 데 어떤 잘못이라도 있는가?
- 흔히들 성공적인 부모요 직장인이요 그리스도인이 되기 위해서 '반드시' 해야 한다고 하는 것들을 다 하려면 일주일

에 100시간은 더 필요하다! 이것이 정말 가능하단 말인가?
- 나는 공장의 '일개' 직공에 지나지 않는다. 내가 하나님의 나라를 위해 무슨 큰 쓸모가 있단 말인가?

이 책에서는 이와 같은 문제들을 다루고 있습니다. 비록 각 질문들에 대한 흑백을 가리거나 교리적인 해답을 제시하는 것은 아니지만, 당신이 개인적으로 하나님의 뜻을 발견할 수 있도록 성경적이며 실제적인 원리들을 제시해 줄 것입니다.

뜻을 분명하게 전달하기 위해서는 본서에 실려 있는 핵심적인 단어들의 의미를 정의해 볼 필요가 있습니다.

직업 또는 일: 주요 수입원이 되는 업무 또는 기술. 보수를 받기 위해 해야 할 일.

가족 또는 가정: 아내나 남편, 자녀. 나아가 그들에 대한 책임에서 비롯되는 활동들.

사역: 자신의 가족 이외의 사람들에게 영적 도움을 베푸는 것. 이 일은 개인적으로 할 수도 있고, 그룹으로 할 수도 있으며, 교회나 기독교 단체를 통하여, 또는 기타 조직적, 비조직적인 그리스도인들의 노력을 통해서 이루어질 수도 있습니다.

"내 직업이 곧 나의 사역이다!" 또는 "내 가족이 곧 나의 사역이다!"라고 말하는 사람들도 있습니다. 어떤 의미에서 옳은 말입니다. 그러나 이 책의 목적상 '사역'이라는 용어는 직업이나 가족의 범위를 넘어서는 경우에만 사용하기로 하겠습니다.

사회에 대한 성경적 관점

일에 대한 성경적 관점을 살펴보기 전에, 먼저 사회에 대한 성경적 관점은 무엇인지 알아볼 필요가 있습니다. 모든 사회는 악할까요? 성경을 보면 이 세상의 멸망을 예언하고 있는데, 우리는 이 세상을 어떻게 바라보아야 합니까? 진정한 '성경적 사회'는 역사상 한 번도 없었습니다. 구약성경을 보면, 하나님의 백성이라고 하는 이스라엘조차도 늘 죄악으로 타락한 상태에 있었습니다. 우리는 모두 사회 속에서 살아갑니다. 거기에는 문제도 있고, 죄악도 있고 유익도 있습니다. 인간 사회는 이 모든 것을 동시에 다 지니고 있습니다.

사회는 그 안에 살고 있는 개개인들이 그리스도인이 되어 배가할 때 비로소 '성경적 사회'가 되는 것입니다. 그렇게 될 때 그들은 정부, 사업, 경제, 정치, 도덕 전반에 걸쳐서 성경적인 시야를 가지고 사회 곳곳에 스며들 것입니다. 그러나 그리스도인들이 자기가 속한 사회에서 겨울잠만 자고 있다면 그런 일은 일어날 수가 없습니다. 우리는 이 세상에서 살아가야 하지만 이 세상을 본받아서는 안 됩니다(로마서 12:2).

성경은 인간 사회에 대하여 여러 가지를 가르쳐 주고 있습니다.

사회는 하나님이 만드셨다. 하나님께서는 특정한 목적을 가지고 인간 사회를 만드셨습니다. 창세기 1:26-28에는 사람이 모든 것을 다스리도록 명령받은 사실이 기록되어 있습니다. 하나님께서는 사람에게 생육하고 번성하여 땅에 충만하며 땅을 정복하라고 하셨습니다. 하나님께서는 정부와 질서와 의(義)의 개념도 세우셨습니다. 예배에 대한 규례에 이러한 것들이 분명하게 드러나 있습니다. 이를 통해 알 수 있는, 인간 사회를 만드신 하나님의 목적은 다음과 같습니다.

- 모든 피조물 가운데서 자신이 영광을 받으심(시편 19:1-6).
- 권위와 질서를 세우심(신명기 16:18-20).
- 인간의 육신적 필요를 채워 주심(창세기 1:29-30, 신명기 15:2-14).
- 의의 개념과 올바른 인간관계를 세우심(출애굽기 20:1-17).

사회가 본래부터 악하지는 않다. 인간 사회는 만들어졌을 때부터 잘못되었거나 죄악 되지는 않았습니다. 사회가 아니라 사람들이 죄악 된 일을 행합니다. 사회를 구성하고 있는 것은 바로 이 사람들입니다. 하나님의 절대주권에 의해서 우리 각자는 전체 사회의 일원으로 태어났으며, 거기서 벗어날 수도 없고, 또 그렇게 되기를 바라서도 안 됩니다. 우리는 우리가 살고 있는 사회에 선한 영향을 주기를 원해야 하며, 이 사회가 우리에게 거꾸로 악한 영향을 주도록 허용해서는 안 됩니다.

신약성경에서 이 '세상'(세상의 악한 시스템)을 정죄하고 있는 것은 사실이지만, 이 세상이 곧 사회와 동일한 것은 아닙니다. 사회란 한 무리의 사람들이 공동의 목표(이를테면 생존, 거래, 보호 등)를 중심으로 모인 것을 가리킵니다. 이 사회는 '이 세상 임금'이요 '공중의 권세 잡은 자'인 사탄의 사고방식에 깊은 영향을 받기 쉽습니다.

사회는 환경을 제공한다. 인간 사회는 하나님께서 인간을 만나시는 환경을 제공합니다. 인간 사회란 인간이 인간답게 살고 인간으로서의 기능을 발휘할 수 있게 해주는 메커니즘입니다. 그 과정에서 각 사람은 하나님과 대면하게 되는데, 하나님 앞에서 자신의 생의 목적이 무엇인지를 생각하며, 하나님과의 개인적인 관계를 생각하게 됩니다. 하나님과 인간이 만나는 주요 수단은 다음과 같습니다.

- 성경 말씀을 통하여(특별 계시)
- 피조물들을 통하여(일반 계시)
- 그리스도인의 전도를 통하여(인간을 통한 계시)

사회는 인류를 영속시킨다. 인간 사회는 스스로 유지 보존됩니다. 모든 사람은 각자 다른 사람들의 생존에 참여하고 있습니다. 여러 가족이 서로를 위하여 곡식을 재배하거나, 옷을 만든다거나, 집을 수리하는 등 특정한 기능들을 발휘하고 있는 것을 생각해 보십시오. 사람들에게 식량이 필요하기 때문에 농사짓는 사람이 있습니다. 사람들이 아프기 때문에 의사가 있습니다. 살 집이 필요하니까 목수들이 있습니다. 근본적으로 생각해 보면 육신의 필요를 채우는 데 소용되는 각 항목에 따른 전문화된 노동이 필요한 것입니다. 공업화되고, 회사들이 생겨나고, 경쟁 사회가 되면서, 단순하던 매매 거래의 양상도 달라졌지만, 그 개념은 예나 지금이나 같습니다.

모든 사람은 사회에 기여하고 있습니다. 모든 직업이 다 어떤 필요를 충족시켜 주거나, 최소한 부족을 메워 줍니다. 궁극적으로 우리 모두는 상호 의존 관계에 있는 것입니다.

그러므로 그리스도인은 어떤 관점으로 사회를 바라보아야 하겠습니까? 사회란 하나님께서 손수 창조하신 인간을 존속시키기 위한 목적으로 거룩하게 의도하신 것입니다. 그러므로 우리는 이 사회의 각 분야에서 활기 있고 적극적인 참여자가 되어, 사람들을 그리스도께로 인도하며 이 사회의 성격이 더욱 성경적이 되도록 영향을 미쳐야 합니다. 우리는 이 사회의 부패와 변질을 막는 방부제인 것입니다.

"학구적인 냄새가 많이 나는 말씀이군요. 나는 사회에 매여 있는 몸이니 여기서 생존할 방법이나 가르쳐 주시오"라고 말할지 모르겠습니다. 옳은 말씀입니다. 그러나 당신이 '매여 있는' 그곳이 바로 당신을 위한 하나님의 계획의 일부라는 사실을 깨달아야만 합니다. 더 나아가 당신은 불신자들로 가득 찬 이 사회에 대한 하나님의 선교 계획의 핵심이 되는 사람입니다. 당신을 향한 하나님의 계획은 당신이 이 사회의 소금과 빛이 되는 것입니다.

너희는 세상의 소금이니, 소금이 만일 그 맛을 잃으면 무엇으로 짜게 하리요? 후에는 아무 쓸데없어 다만 밖에 버리워 사람에게 밟힐 뿐이니라. 너희는 세상의 빛이라. 산

위에 있는 동네가 숨기우지 못할 것이요, 사람이 등불을 켜서 말 아래 두지 아니하고 등경 위에 두나니 이러므로 집 안 모든 사람에게 비취느니라. 이같이 너희 빛을 사람 앞에 비취게 하여 저희로 너희 착한 행실을 보고 하늘에 계신 너희 아버지께 영광을 돌리게 하라. (마태복음 5:13-16)

소금은 음식에 맛을 냅니다. 음식물에 소금을 치다가 잘못해서 한꺼번에 한 부분에 너무 많이 쏟은 적은 없는지요? 그 음식은 먹기가 어렵지 않겠습니까? 소금이란 음식 전체에 골고루 스며들어야 하는 법입니다. 한 부분에 너무 많이 치면 맛을 버리지만 고르게 치면 음식에 맛을 냅니다. 그렇기 때문에 하나님께서는 그리스도인들이 각 지역사회, 각 기관과 직장 등 사회 곳곳에 두루 퍼져 있기를 원하십니다. 그리스도를 믿지 않는 사람들이 당신의 삶을 보고 그리스도를 맛보게 해야 합니다. 당신은 직장에서 일할 때 어떤 맛을 내고 있습니까?

소금은 또 다른 용도가 있습니다. 소금 알갱이 하나는 별 힘이 없지만, 많이 모이면 부패와 변질을 막아 주는 역할을 합니다. 그래서 음식을 오래 저장하고 보존할 수 있습니다. 유감스럽게도 우리는 때로 그리스도인들끼리 함께 모여 있는 것으로 사회에 소금이 되고 있다고 잘못 생각할 때가 많습니다. 그 결과는 무엇일까요? 그리스도인들끼리만 모여 있으면 자신을 썩지 않게 보존할 수는 있겠지만, 다른 사람들에게 적극적으로 영향을 끼치지는 못합니다. 교회 안에서는 훌륭한 그리스도인이지만, 사회에 나가서는 숨어 지내는 그리스도인이 의외로 참 많습니다. 우리는 모여 있기만 해서는 안 됩니다. 밖으로 나가 이 사회 안에 두루 퍼져서 사람들의 진정한 필요들을 찾아 채워 주는 존재가 되어야 합니다.

빛은 어떻습니까? 우리는 또한 어둠 속에서 빛이 되어야 합니다. 사람들이 우리가 어떻게 일하고, 행동하고, 반응하는지를 보고, 우리 안에 계신 그리스도를 볼 수 있게 해야 합니다. 촛불을 컵으로 덮으면 꺼져 버리고 마는 것처럼, 당신이 그리스도인이라는 사실을 덮어 버리고 드러내지 않는다면 영적 침체를 면치 못할 것입니다. 자신을 숨기지 말고 활짝 열어서, 모든 불신자들이 당신의 구석구석을 볼 수 있게 하십시오. 이것은 쉽지 않은 일입니다. 그들의 공격에 자신을 무방비 상태로 노출시키는 일이기 때문입니다. 하지만 그 끼치는 영향은 말로 다할 수 없이 큽니다.

사람들로 당신 안에 있는 그리스도를 맛보며 눈으로 볼 수 있게 해주십시오. 소금이 되십시오. 그리하여 이 사회에 그리스도의 맛이 스며들게 하십시오. 빛이 되십시오. 그리하여 이 사회가 당신 안에 계신 그리스도를 볼 수 있게 하십시오.

그리스도인이 실제로 사회를 변화시킬 수 있을까요? 감명 깊은 예가 있습니다.

루밍은 체구가 자그마한 30대 초반의 필리핀 여인으로서 조용하고 신중하게 처신하는 매우 여성다운 사람이었습니다. 루밍은 주 정부의 건축 업무를 담당하는 유능한 공무원으로 최근까지 리잘 주의 모든 학교 및 공공건물의 설계를 담당하는 부서에서 일했습니다. 설계가 끝나면 설계도와 관계 서류는 다른 부서로 넘어가서 입찰을 거쳐 건축업자들에 의해 건물이 시공되는 게 순서였습니다.

　루밍은 공공건물 단지를 설계한 적이 있었는데, 그 단지는 국유지를 매립하여 그 매립지 위에 건물들을 건축하도록 되어 있었습니다. 루밍은 그 단지에 개인적 관심이 많이 있었기에 건물들의 건축 과정을 한번 살펴보았습니다. 그 과정에서 루밍은 건축 경비가 정상적 소요 경비 훨씬 이하로 낙찰된 사실을 발견하고 즉시 책임자에게 보고했습니다. 그러나 그 보고에 대한 회신은 "자신의 일이나 신경 쓰라"는 것이었습니다. 그러나 헌신된 그리스도인이요 시민의 한 사람인 루밍에게는 그것이 바로 자신의 일이었습니다.

　건축 현장을 돌아본 루밍은 시공업자가 매립지가 아닌 곳에 건물을 짓고 있다는 사실을 알게 되었습니다. 그곳은 국유지도 아니었습니다. 이 때문에 그 업자는 훨씬 낮은 가격으로 응찰하여 공사를 따내고도 큰 이익을 남길 수 있었던 것입니다. 루밍은 계약업체의 사장을 찾아가 공사를 중단하고 시정하라고 말했으나, 그 사장으로부터 자기 권한 밖의 일에 대하여 간섭 말라는 말만 듣고 돌아올 수밖에 없었습니다. 정부 관리가 개입되어 뇌물을 받은 것이 틀림없었습니다.

　그러자 루밍은 주지사 앞으로 편지를 보냈습니다. 그러나 그 편지는 주지사의 손에 들어가기도 전에, 만약 루밍이 이런 식으로 보고서를 보내어 자기주장을 되풀이한다면 루밍의 오빠를 해고시켜 버리겠다는 경고의 회신과 함께 반송되어 왔습니다. 루밍은 역시 그리스도인인 자기 오빠와 함께 의논하고 난 후 그 보고서를 다시 발송했습니다. 결국 루밍은 주지사 앞에 불려 나가 그 문제를 설명하게 되었고, 계약은 취소되었습니다. 이 때문에 오빠는 실직하게 되었으며, 루밍 자신도 사람들로부터 '만약 이런 식으로 정직한 주장을 계속한다면 승진은 꿈도 못 꾸게 하겠다'는 위협을 받았습니다.

그러나 루밍은 궁극적으로 하나님께 합당한 삶을 살아야 한다는 믿음 가운데 하나님 앞에서 올바른 삶을 사는 길을 택했습니다. 루밍이 속해 있는 부서에서는 부정직한 거래를 용납지 않게 되었습니다. 이것은 하나님께서 주신 원리 위에 기초를 두고 자신의 업무를 수행한 한 여인의 영향에서 비롯된 것이었습니다.

아이러니컬하게도 루밍은 그 후 계속 승진하여 현재는 서민 주택 건설 업무를 포함하여 몇 개 부서를 관할하는 중책을 맡고 있으며, 또한 주지사를 보좌하는 일도 하고 있습니다. 루밍은 전문가로서의 유능함과 경건한 헌신을 잘 조화시킨 삶을 통해 자신이 속한 사회를 변화시킨 사람이었습니다.

일에 대한 구약성경의 관점

구약성경에서 일은 매우 고귀한 것으로 나타나 있는데, 기술을 필요로 하는 일은 더욱 그러하였습니다. 은장색, 석수, 목수, 옷감 짜는 사람 등, 물건을 제조할 수 있는 사람은 특별히 존경받았습니다. 구약성경 전체를 통해서 다음과 같은 원리들을 찾아볼 수 있습니다.

누구나 일해야 한다. 노동은 고귀한 것이었습니다. 출애굽기 34:21에는 다음과 같은 명령이 나옵니다. "너는 엿새 동안 일하고 제칠 일에는 쉴지니, 밭 갈 때에나 거둘 때에도 쉴지며." 대개 일주일에 하루를 쉰다는 데 강조를 두지만, "너는 엿새 동안 일하고"라는 말에도 주의를 기울여야 합니다. 이것은 선택의 문제가 아니라 명령입니다. 게으름은 정죄의 대상이었습니다. 모든 가장은 자기 가족을 부양해야 할 의무가 있었습니다. 잠언 6:6-8에서 하나님은 우리에게 개미를 보고 배우라고 명령하십니다. 개미는 살기 위하여 열심히 일하여 먹을 것을 모읍니다. 일은 분명 삶의 본질적인 부분입니다.

열심히 일하는 것은 선하다. 잠언에는 일을 열심히 하는 데 대한 훈계로 가득 차 있습니다. "자기의 일을 게을리 하는 자는 패가하는 자의 형제니라"(18:9). "게으름이 사람으로 깊이 잠들게 하나니 해태한 사람은 주릴 것이니라"(19:15). 구약성경은 게으름을 책망하고, 열심히 일하도록 권면하고 있습니다.

일은 삶의 중요한 일부이다. 이 개념은 자기 가족에 대한 책임을 중요시하는 데서 비롯되었습니다. 자기 가족들의 필요를 공급하지 않는 가장은 그 사회에서 추방되었으며, 모든 유대인 어린이들은 한 가지씩 수공 기술을 배우도록 되어 있었습니다. 태초에 "여호와 하나님이 그 사람을 이끌어 에덴동산에 두사 그것을 다스리며 지키게"(창세기 2:15) 하셨습니다. 윌리엄 바클레이의 말을 들어 봅시다.

유대인에게 일은 필수적이었다. 삶의 본질에 속한 것이었다. 유대인들에게는 "자기 아들에게 기술을 가르치지 않는 사람은 도둑질을 하라고 가르치는 자다"라는 격언이 있다. 유대인 랍비는 대학의 교수에 해당되지만, 유대법에 의하면 그는 가르치는 일로서는 한 푼의 보수도 받아서는 안 된다. 랍비라 할지라도 자기 손으로 일해서 얻은 대가를 가지고 생활하게 되어 있다. 그러므로 랍비 가운데는 재단사도 있고, 제화공(製靴工), 이발사, 빵 굽는 사람, 심지어는 곡예사까지도 있었다. 유대인에게 일은 곧 삶이었다.[1]

일은 만족을 준다. 인간은 노동을 두려워하는 것이 아니라 자기 손이나 생각으로 만든 것들을 통하여 만족을 누리도록 창조되었습니다. "노동자는 먹는 것이 많든지 적든지 잠을 달게 자거니와"(전도서 5:12). "모든 수고에는 이익이 있어도"(잠언 14:23). "그러므로 내 소견에는 사람이 자기 일에 즐거워하는 것보다 나은 것이 없나니"(전도서 3:22).

모든 합법적인 직업은 고귀하다. 우리는 온갖 종류의 직업이 다 용납되고 있는 것을 봅니다.

노동　　　　　　　(열왕기상 5:7-18)
수공(手工) 기술　　(출애굽기 36:1-2)
경영/관리　　　　　(다니엘, 모세)
정신/과학 분야　　 (다니엘)

'불법적인' 또는 '부끄러운' 직업도 있었습니다. 예를 들면, 매춘, 고리대금업, 가난한 사람들을 속이거나 이용해 먹는 사업, 기타 부정직하게 운영하는 사업 등이 그러합니다.

일에 대한 신약성경의 관점

신약성경에서 일은 모든 사람을 위한 정상적인 생활 방편으로 간주됩니다. 구약의 개념 가운데서 폐기된 것은 한 가지도 없고 오히려 자기의 직업과 고용주에 대한 태도를 강조함으로써 그 모든 개념이 강화되었습니다. 그리하여 이제는 은혜의 관점에서 본다고 하더라도 일에 대한 책임을 회피할 수 없게 되었습니다. 사실 이제는 일을 해야 한다는 것뿐만 아니라, 그 일을 얼마나 훌륭하게 수행하느냐도 중요한 문제가 됩니다.

신약성경에서 추가된 이러한 핵심적인 원리들을 살펴보기로 하겠습니다.

일하지 않으면 먹지도 말라. 데살로니가후서 3:10은 "누구든지 일하기 싫어하거든 먹지도 말게 하라"고 말합니다. 받아들이기가 쉽지 않은 말씀입니다. 사회적으로 약자의 입장에 있는 이들에 대한 동정심은 어디에 있습니까? 실업 수당이나 사회구호금 등을 받아야 생계를 유지할 수 있는 사람들, 심지어는 그리스도인들에게도 바울의 말은 별로 환영받지 못할 것 같습니다. 그러나 여기에는 분명 "누구든지 일하기 싫어하거든…"이라는 조건이 붙어 있습니다. 선택의 문제임을 뜻합니다. 바울은 병자, 노인, 기타 일을 할 수 없는 사람 등 일을 하고 싶어도 선택권이 없는 사람들에 대해 말하지는 않았습니다. 이 규칙은 '일하기 싫어하는' 사람, 일하지 않기로 결심한 사람, 즉 너무 게으르거나, 너무 가리는 것이 많거나, 또는 너무도 신뢰성이 없어서 일을 맡길 수 없는 사람에게 해당되는 것입니다. 계속해서 14절에서는 일하기를 싫어하여 일을 아니 하고 남에게 빌붙어 폐만 끼치는 사람을 지목하여 사귀지도 말라고 가르치고 있습니다. 한편, 일자리를 얻지 못하는 데 대한 타당한 이유들도 있을 수 있습니다. 그런 환경에서는 우리 각자가 서로서로 붙들어 주며 도와줄 책임이 있습니다.

가족을 부양하라. "누구든지 자기 친족, 특히 자기 가족을 돌아보지 아니하면 믿음을 배반한 자요 불신자보다 더 악한 자니라"(디모데전서 5:8). 가족을 부양하는 것은 큰 책임입니다. 그리스도인은 자기 가족의 육신의 필요를 채워 주어야 합니다. 그렇게 하지 않는다면 그의 간증은 매우 나빠질 것입니다. 여기서는 사치가 아니라 필요에 강조를 두고 있음을 알아야 합니다. 어느 사회에서나 정당한 방법으로 가족을 부양하려면 일을 하는 방법 이외에는 다른 길이 없습니다.

고용주에게 순종하고 복종하라. 골로새서 3:22에서 바울은 주인에게 복종하라고 종들에게 명했습니다. 오늘날의 사회에서 이것은 곧 피고용인에게 해당되는 명령입니다. 파업이나 쟁의에 참여해서 당신의 '권리'를 요구하면서도 순종하고 복종할 수 있겠습니까? 그 질문에 대해서는 한 마디로 대답하기는 어렵습니다. 다만 당신이 사는 사회에서 합법적으로 인정되며, 성경 말씀에 거스르지 않는 범위 내에서, 자신의 확신에 따라 그러한 활동들에의 참여 여부를 결정할 수 있습니다. 그러나 분명히 해야 할 것은 당신의 행동에 대하여 하나님 앞에서 양심에 거리낌이 없어야 한다는 것입니다(사도행전 24:16).

당신의 권리는 무엇입니까? 예수님도 자신의 권리를 주장하셨습니까? 당신의 직장에 대한 한 가지 분명한 지침은 충성하고, 순종하며, 복종하라는 것입니다. 세례 요한은 군인들에게 "받는 요를 족한 줄로 알라"(누가복음 3:14)고 명했습니다. 복종하라는 이 명령을 그대로 따르다 보면 때로는 부당한 대우를 받을 수도 있습니다. 이와 유사한 상황 가운데서 예수님은 한 가지 본을 보이셨습니다. "욕을 받으시되 대신 욕하지 아니하시고, 고난을 받으시되 위협하지 아니하시고, 오직 공의로 심판하시는 자에게 부탁하시며"(베드로전서 2:23). 예수님이 보여 주신 또 다른 반응은, 성전을 사기(詐欺)와 불법을 위한 장소로 사용하고 있는 환전상들의 상을 둘러엎으시며 그들을 내어 쫓으신 것과 같은 것도 있습니다(마태복음 21:12-13). 각 상황에 따라 거기에 알맞은 방법을 결정해야 합니다.

의롭고 공평한 고용주가 되라. "상전들아, 의와 공평을 종들에게 베풀지니 너희에게도 하늘에 상전이 계심을 알지어다"(골로새서 4:1). 당신이 고용주라면 당신에게는 당신을 위해 일하는 사람들을 의롭고 공평하게 대하여야 할 더욱 큰 책임이 있습니다. 당신은 그들의 노임을 공정하게, 그리고 미루지 않고 제때에 지불해 주어야 합니다(레위기 19:13). 그들의 관심에 주의를 기울여 주십시오. 그들의 권리를 생각해 주고, 그들의 필요와 요구에 응해 주어야 합니다.

탁월한 수준으로 일을 하라. 예수님은 목수의 일을 하셨지만, 그분은 단순한 목수가 아니라 바로 하나님이셨습니다. 바울은 장막 짓는 일을 업으로 삼았지만, 단순한 장막 짓는 사람으로 그친 것이 아니라 이방인에게 복음을 전하는 사도가 되었습니다. 베드로는 어부였지만, 어부로서만 산 것이 아니라 유대인을 위한 사도였습니다. 루디아는 옷감 장사였지만, 단순한 옷감 장사가 아니라 그리스도의 증인이요 성도를 대접하는 일을 한 여인이었습니다. 이 사람들은 지금까지 말한 성경적 원리들을 따랐을까요? 당신은 그 원리들을 따르고 있습니까?

일에 대한 태도 – 탁월성

- "나는 사업상의 거래는 차라리 불신자와 하겠습니다. 너무나 많은 그리스도인들이 거래 관계에서 참으로 나를 실망시켰습니다."
- "그가 그리스도인인지는 모르겠지만, 일은 정말 형편없이 합니다."

■ "그는 자기가 그리스도인이라고 주장하지만, 나는 믿지 않는 사람들 중에서 그보다 훨씬 열심히 일하고 더 높은 수준으로 일하는 사람들을 많이 알고 있습니다."

이런 말들을 들어 보신 적이 있습니까? 물론 있을 겁니다. 안타깝게도 이 말들이 사실일 때가 많습니다. "불신자들 중에는 형편없는 수준으로 일하는 사람들이 훨씬 더 많지 않은가?"라고 반박하고 싶을지도 모르겠습니다. 맞는 말입니다. 그러나 우리는 이 세상에서 하나님의 택함을 받은 사람들입니다. 우리 그리스도인에게는 불신자와는 다른 특별한 수준과 책임이 요구됩니다. 우리는 단지 평범한 노동자로 머물러서는 안 됩니다. "무슨 일을 하든지 마음을 다하여 주께 하듯 하고 사람에게 하듯 하지 말라"(골로새서 3:23).

우리는 말과 행실뿐 아니라 하는 일을 통해서도 예수 그리스도를 이 세상에 나타냅니다. 우리가 세상의 소금과 빛이라면, 마땅히 우리의 일터에서도 소금과 빛이 되어야 합니다.

나는 대학 3학년에서 4학년으로 올라갈 무렵 보잉 항공사에서 기계 제도사로서 일한 적이 있습니다. 나는 그리스도인으로서 동료들에게 전도를 해야겠다는 책임감을 느끼고 동료들과 함께 회사에서 지시한 도면을 그려야 하는 시간에도 열심히 전도를 했습니다. 자연히 일을 소홀히 하게 되었고, 그 결과는 충격적이었습니다! 전도하느라 일을 안 한다고 상사에게 주의를 받게 되었고, 후에는 그것 때문에 일을 그만두라는 얘기까지 들었습니다! 그제야 나는 나의 전도 방법에 문제가 있다는 것을 깨달았고, 귀중한 교훈을 배우게 되었습니다. 전도의 열정은 훌륭했으나 전도의 방법이 좀 서툴렀던 것입니다. 쉬는 시간이나 점심시간, 또는 퇴근 후 등을 활용하여 지혜롭게 해야 하는데, 한창 열심히 일해야 할 시간에 일을 제쳐놓고 전도를 한 것입니다. 게다가 그때 나의 전도를 통하여 주님께로 나아온 사람은 한 사람도 없었습니다. 사실은 나도 그때 사람들이 내 뒤에서 이런저런 말을 하는 것이 듣기 싫었는데, 신경 쓰지 않고 계속 전도를 했던 것입니다. 그 후 나는 이것을 교훈 삼아, 전도의 열정은 그대로 유지하되, 기도 가운데 방법을 바꾸어, 일도 탁월하게 하면서 성령께서 주시는 기회를 따라 지혜롭게 전도를 하게 되었고, 하나님의 은혜로 직장에서 많은 전도의 열매를 거두게 되었습니다.

네가 자기 사업에 근실한 사람을 보았느냐? 이러한 사람은 왕 앞에 설 것이요 천한 자 앞에 서지 아니하리라. (잠언 22:29)

내가 증왕에 게으른 자의 밭과 지혜 없는 자의 포도원을 지나며 본즉, 가시덤불이 퍼졌으며 거친 풀이 지면에 덮였고 돌담이 무너졌기로, 내가 보고 생각이 깊었고 내가 보고 훈계를 받았었노라. (잠언 24:30-32)

하나님은 탁월한 것을 기대하십니다. 하나님은 당신이 '만능 일꾼'이 되거나 초능력을 지닌 사람이 되기를 기대하시는 게 아니고, 다만 할 수 있는 최선을 다하기를 기대하시는 것입니다.

당신이 일을 탁월하게 한다면 어떤 결과가 나타나겠습니까? 몇 가지만 들어 봅시다.

- 전도를 더 잘할 수 있게 된다.
- 직장에서의 안정성이 증대된다.
- 승진을 하거나 보수를 더 받게 된다.
- 직업을 통하여 더욱 큰 만족을 얻게 된다.

보신 바와 같이 당신에게 많은 유익이 있습니다.

인간의 삶과 사회에서 노동은 정당하고 선한 것이며, 일을 할 때는 반드시 하나님의 방법으로 해야 한다는 사실을 성경은 분명하게 가르쳐 줍니다. 그러나 우리가 부딪히는 어려운 문제들은 지식만으로 풀 수는 없으므로 계속 이 책을 읽어 나가면서 생각해 보기로 하겠습니다.

토의를 위한 질문

1. 일과 직업에 대한 성경적 기초는 무엇입니까?
2. '직업 윤리'는 성경적인 것입니까, 아니면 문화적인 것입니까?
3. 일에 대한 구약과 신약의 관점 사이에는 어떤 차이점이 있습니까?
4. 사회가 존재하는 목적에 대하여 토의하십시오. 그리스도인은 사회를 변화시키기 위하여 얼마나 노력을 기울여야 합니까?
5. 그리스도인이 자기가 속한 사회를 변화시킬 수 있는 구체적인 방법

에는 어떤 것들이 있습니까?
6. 골로새서 3:22-4:1에서 가르치고 있는 교훈들에 대하여 토의하십시오. 이 교훈들은 직장 생활을 하는 오늘날의 그리스도인들에게도 적용됩니까?
7. 고용주에 대한 충성과 노동조합에 대한 충성의 한계는 무엇입니까?
8. 근로자들의 부조리를 시정하는 일에 당신은 어떻게 기여할 수 있겠습니까?
9. 데살로니가전서 4:11-12의 의미와 배경에 대하여 토의하십시오.
10. 일을 하지 않는 사람을 교회가 물질적으로 도와주어야 하는 경우는 어떤 경우입니까?

제 2 장

환경에 대한 성경적 관점

모든 사람들은 때때로 자신이 정말로 어렵고 비참한 환경 가운데 있음을 발견하곤 합니다. 다른 사람들보다 훨씬 자주 이런 불리한 환경과 싸우고 있는 사람들도 있습니다. 직장에서 요구하는 것은 끝이 없고, 직장 안에서의 대인 관계도 어렵고, 직장 때문에 가정불화까지 일어나며, 근무시간은 그렇게 긴데도 봉급은 쥐꼬리만 하고, 실직을 한 적도 있고, 이런저런 이유로 자신이 살고 있는 사회가 싫어지거나, 직장 일이 짜증스럽고 만족도 없습니다. 이런 일들이 한두 가지 이상 일어나게 되면 소위 남의 떡이 더 커 보이는 만성 질환에 감염되어 버립니다.

남의 떡이 더 커 보이는 증상

당신은 환경만 바뀌면 모든 문제가 다 해결될 것이라는 허황된 생각을 믿고 계십니까? 수많은 사람들이 시도해 보았다가 번번이 실패한 이런 식의 해결책이, 심지어는 그걸 시도해 본 사람들 가운데에도 여전히 매력을 줍니다. 우리는 문제가 우리의 외부에 있기 때문에 직업이나 직장을 바꾸거나 환경만 달라지면 다 해결될 것이라는 잘못된 생각을 합니다. 그런 것들을 바꾼다 해도 문제는 또 생기며 사정은 전보다 더 나아지지 않습니다.

우리는 "남의 떡이 더 커 보인다"는 속담을 잘 알고 있습니다. 우리는 자신이 다른 환경 가운데 있기만 하면 사정은 훨씬 좋아질 것이라고 생각합니다. 그러나 대개는 그렇지가 못합니다. 일반적으로 환경을 변화시킨다고 해서 곧바로 문제가 해결되지는 않습니다. 대부분의 문제점들은 우리 스스로가 만들어 냈거나 우리의 내부에서 생긴 것들입니다.

하나님께서 당신에게 유익과 교훈을 주시기 위하여 당신을 그러한 환경 가운데 처하도록 하신 것으로도 볼 수 있지 않겠습니까? 하나님은 당신이 그런 환경들로부터 도피하기보다는 그 안에서 어떻게 살아갈 것인가를 배우기 원하고 계시는지도 모르지 않습니까? 어떤 어려움이 생기기만 하면 우리는 곧바로 그 상황을 피해 도망할 궁리를 하는 게 보통입니다. 만약 도피를 할 수 없게 되면 자신이 처한 곤경에 대하여 불평하고 쓴 뿌리를 가집니다. 쓴 뿌리가 깊이 내리게 되면 스스로 절망하고 맙니다. 그런 가운데서 우리는 하나님이 우리 삶 속에서 행하고 계시는 것들에 대한 시야를 잃어버리고, '왜 하나님은 나에게 이런 어려움들을 겪게 하시는가?' 하고 의아해합니다.

솔로몬 왕은 전 생애를 다 투자해 가면서 자기에게 만족을 주는 환경을 찾으려고 애썼던 사람이었습니다. 그는 자신을 행복하게 해주는 상황을 필사적으로 찾았지만 그런 것은 도무지 찾아낼 수가 없었습니다. 결국 전도서를 통하여 그가 내린 결론은 "모든 것이 헛되도다"라는 것이었습니다. 그는 주어진 상황 가운데서 하나님만을 그의 만족으로 삼지 못하고 자신이 원하는 바대로 환경을 바꾸려고만 노력했던 것입니다.

바울은 환경에 대한 올바른 태도를 가지고 있었습니다. "어떠한 형편에든지 내가 자족하기를 배웠노니, 내가 비천에 처할 줄도 알고 풍부에 처할 줄도 알아 모든 일에 배부르며 배고픔과 풍부와 궁핍에도 일체의 비결을 배웠노라"(빌립보서 4:11-12).

바울은 현실을 있는 그대로 달게 받아들여 자족하는 삶을 살았습니다.

현실 - 있는 그대로의 삶

환경으로부터의 도피는 대개 현실로부터의 도피를 의미합니다. 우리는 현실 그대로의 인생을 직시하려 하지 않습니다. 사람들은 '장차 사정이 바뀌겠지' 하는 바람 가운데서 미래 속에서 살아가거나, 지금까지 지내 온 대로의 삶이 계속되기를 바라면서 과거 속에서 살아갑니다. 그러나 의미 있고 알찬 삶을 살려면 현재 속에서 살아야 합니다.

당신이 결혼을 했다면 현재 어려움을 겪고 있다고 하더라도 결혼 전으로 되돌아갈 수는 없습니다. 당신에게 딸린 아이들 때문에 책임감으로 두 어깨가 무겁다고 하더라도 거기서 도피할 수는 없습니다. 가족의 필요를 채워 주는 것은 당신의 책임입니다. 당신은 여전히 그 일을 감당해야만 합니다. 현재의 직장에서 문제가 있다면 다른 직장으로 옮긴다고 하더라도 이와 유사한 문제에 부딪히게 마련입니다. 당신이 현재 다니는 교회에서 사람들과 갈등과 알력이 있다면 교회를 옮긴다고 하더라도 거기서도 갈등과 알력은 피하기 어려울 것입니다. 어떤 환경으로 옮기든지 당신은 현실의 압력에 직면하게 될 것입니다.

그러나 그것이 바로 하나님의 계획입니다. 하나님께서 가지고 계신 목적은 그러한 압력을 이용하여 우리를 하나님께로 돌아서게 하는 것입니다. 요한복음 16:33에서 예수님은 끊임없는 압력이 우리에게 있을 것을 예고하셨습니다. "이것을 너희에게 이름은 너희로 내 안에서 평안을 누리게 하려 함이라. 세상에서는 너희가 환난을 당하나 담대하라. 내가 세상을 이기었노라." "환난"이라는 단어는 포도를 밟아 짜서 즙을 내는 것을 표현할 때 쓰는 단어와 동일합니다. 그러므로 위의 말씀은 "세상에서는 너희가 압력을 받으나"로 바꾸어 말할 수 있습니다. 우리는 그러한 압력으로부터 결코 도피할 수는 없겠지만, 그 속에서도 평안하고 보람 있는 삶을 살 수 있습니다. 예수님은 "도망하라"고 하시지 않고 "담대하라"고 말씀하셨습니다. 예수님이 이미 세상을 이기셨기에, 우리도 그와 같은 압력을 충분히 극복할 수 있습니다.

요한복음 16:33의 전반부는 우리가 압력을 받고 있음에도 불구하고 평안을 누릴 수 있음을 가르쳐 줍니다. 우리가 처하는 모든 환경은 하나님께서 주관하고 계시며 거룩하신 뜻 가운데 우리에게 허락하셨다는 사실을 알 때 우리는 평안을 누릴 수 있습니다. 이러한 환경들에 대한 당신의 반응은 곧 당신의 영적 성숙도를 나타냅니다. 당신은 그 환경에 대하여 불평하고 화를 냅니까? 용기를 잃어버립니까? 두려워합니까? 그러한 환경들로 인해 하나님 앞에 화를 내는 것은 잘못된 일이지만, 왜 그러한 환경들을 주시는지 여쭈어 보는 것은 잘못된 일이 아닙니다. 하나님께서 당신의 삶에 허락하신 모든 사건들 속에는 반드시 그분께서 정하신 어떤 목적이 있습니다.

환경 – 당신을 위한 하나님의 훈련 프로그램

하나님께 대하여 쓴 뿌리를 가져도 될 만한 사람이 있다면 요셉이 바로 그런 사람이었습니다(창세기 37-47장). 그는 단지 사실을 말했다는 이유로 형들의 노여움을 사게 되고, 형들은 그를 죽이려고까지 했습니다. 그러나 동생의 생명까지 해치는 것은 옳지 않다고 생각한 형들은 그를 애굽에 노예로 팔아 버리고 연로한 아버지를 속여 요셉이 죽었다고 생각하게 만들었습니다. 이렇게 해서 애굽에 팔려 간 요셉은 바로의 시위대장 보디발의 집에서 노예로 일하게 되고, 마침내 그 집에서 큰 책임을 맡는 위치에 이르게 되었습니다. 그러한 환경 가운데서도 그는 자기 일을 탁월하게 해냈으며 하나님과 정상적인 교제를 유지했습니다. "여호와께서 요셉과 함께하시므로 그가 형통한 자가 되어 그 주인 애굽 사람의 집에 있으니, 그 주인이 여호와께서 그와 함께하심을 보며 또 여호와께서 그의 범사에 형통케 하심을 보았더라"(창세기 39:2-3).

그러자 보디발의 아내가 요셉을 유혹하기 시작했습니다. 그것을 거절하자 그 여자는 거짓으로 요셉을 고소했고, 그는 일자리를 빼앗기고 옥에 갇히게 되었습니다. 그는 죄수의 신분이었지만 거기서도 책임을 맡는 위치에 오르게 됩니다. 하나님은 애굽 왕 바로의 떡 굽는 관원장과 술 맡은 관원장이 투옥되게 하심으로써 요셉으로 하여금 두 사람의 꿈을 각각 해석하게 하십니다. 후에 바로가 요셉을 불러 자기의 꿈을 해석하게 하였고, 그것을 계기로 요셉을 나라의 둘째가는 치리자로 삼아 애굽 온 땅을 다스리게 하였습니다.

만약 요셉이 하나님께 쓴 뿌리가 나서 성질을 내고 불평만 했다면 어떤 일이 일어났겠습니까? 주위 사람들로부터 존경을 받게 되었을까요? 그렇지 못했을 것입니다. 이 모든 환경 가운데서 그는 정당한 대우를 받지 못했지만, 하나님께서는 결국 그를 축복하셨습니다. 그는 타락 대신 명예를 얻었습니다. 불평하는 대신에 적응했습니다. 법정을 통하여 자기의 억울함을 호소하는 대신에 충성스러운 하인이요 종이 되었습니다. 그러나 요셉도 하나님께서 이 환경들을 허락하시며 자신의 장래를 위하여 자신을 준비시키고 계신다는 것을 이해하지 못했다면 그렇게 할 수가 없었을 것입니다. 당신도 자신에게 닥치는 모든 환경을 자신의 장래를 위해 필요한 준비로 여기고 기꺼이 받아들이지 않겠습니까?

하나님은 당신에게 성공과 안정을 주는 것보다는 먼저 당신의 성품을 변화시켜 예수 그리스도를 닮아 가도록 하는 데 더 큰 관심을 가지고 계십니다. 그리고 다른 사람들에게 복음을 전하는 일에 당신을 사용하십니다.

하나님께서 환경을 통하여 당신에게 가르치고자 하시는 것들로는 무엇이 있을까요? 몇 가지 가능성 있는 것들을 열거해 보겠습니다.

1. 직장 상사와의 사이에 갈등과 알력이 있다면, 권위에 대한 **성경적인 복종**을 가르치려고 하시는 것으로 볼 수 있습니다.
2. 경제적으로 매우 빠듯한 환경 가운데 있다면, **후히 드리는 삶** 또는 **물질주의에 대한 교훈**을 가르치려고 하시는 것으로 볼 수 있습니다.
3. 부부 사이에 어떤 갈등이 있다면, **결혼 생활에 대한 성경적 관점**을 가르치려 하신다고 볼 수 있습니다.
4. 직장에서 불공평한 대우를 받고 있다면, 어려운 환경에서도 **평안을 유지하는 법**을 가르치시려는 것으로 볼 수 있습니다.
5. 직장 일에 싫증이 나고 낙심이 되어 있다면, **인내와 끈기**에 대한 것을 가르치고 계신다고 볼 수 있습니다.
6. 현재 실업자가 되어 있다면, **하나님을 의뢰하는 법**을 가르치시며, 자기 자신의 **우선순위 및 목표**에 대하여 재평가하도록 촉구하시는 것으로 볼 수 있습니다.
7. 직장에서 자신이 맡은 업무를 잘 감당하지 못하여 마음에 부담을 느끼고 있다면, **성실성과 신뢰받는 사람이 되는 것**을 가르쳐 주고 계시는 것으로 볼 수 있습니다.
8. 직장에서 두려움과 불안정을 경험하고 있다면, 하나님을 의뢰하며 하나님 안에서의 안정을 배우고 발견하도록 인도하고 계시는 것으로 볼 수 있습니다.

열거하면 더 있겠지만 이 모든 환경 가운데서 핵심 요점을 몇 가지만 적어 보면 다음과 같습니다.

- 하나님이 모든 환경을 주관하고 계신다.
- 하나님이 그 환경을 해결해 주실 것을 믿고 참고 기다려라. 하나님께서 당신에게 가르치고자 하시는 교훈을 배울 수 있도록 하나님께 주의를 집중하라.
- 하나님은 당신의 성격과 인격, 그리고 하나님과 사람들을 향한 당신의 태도에 변화가 있기를 원하신다.
- 하나님은 당신이 말씀과 기도를 통한 하나님과의 교제 가운데서 전적인 평안과 만족을 발견하기를 바라고 계신다.

많은 사람들이 로마서 8:28 말씀을 알고 있습니다. "우리가 알거니와 하나님을 사랑하는 자, 곧 그 뜻대로 부르심을 입은 자들에게는 모든 것이 합력하여 선을 이루느니라." 그러나 당신은 그 말씀을 경험하고 계십니까? 하나님은 모든 환경에 대하여 특별한 목적을 가지고 계십니다. 모든 것이 합력하여 선을 이루게 하십니다. 그 전제 조건은 당신이 하나님을 사랑하고 현재 그분의 뜻 가운데 있어야 한다는 것입니다. 로마서 8:28은 고난이나 불행 가운데 있는 사람들에게 주는 입에 발린 위로나 현실 도피를 부추기는 말이 아닙니다. 이 구절을 통해 우리가 알게 되는 것은, 하나님께서는 역경을 통해 우리의 관심과 주의를 끌려 하시며, 궁극적으로는 우리의 역경을 선으로 바꾸어 주신다는 사실입니다. 하나님께서는 자신이 무슨 일을 하고 계시며 또 왜 하시는가를 완전히 이해시켜 주겠다고 약속하지는 않으셨지만, 우리의 유익을 위하여 그 일을 하신다는 것은 분명히 약속해 주십니다.

당신은 지금 특별히 나쁜 환경 가운데 처해 있습니까? 하나님께서 이 환경을 통하여 당신에게 가르쳐 주고자 하시는 것들을 알기 위하여 당신이 할 수 있는 일은 무엇입니까? 다음 질문들에 대한 답을 백지에 간단하게 적어 보십시오.

1. 어떤 환경 가운데 있는가? 간단하지만 구체적으로 쓰십시오.
2. 그 환경은 왜 형성되었는가?
3. 지금까지 당신이 그 환경 가운데서 겪은 것을 살펴볼 때, 하나님께서 당신에게 가르치고자 하실 만한 것들로는 어떤 것들이 있는가?

자, 일단 그 종이는 접어 두고, 환경에 대하여 다른 면들을 살펴보기로 하겠습니다.

권위에 대한 태도

역경을 맞게 되는 원인을 살펴보면 공통적으로 나타나는 것이 권위에 대한 반발입니다. 이를테면 고용주와 고용인, 부하와 상사, 남편과 아내, 부모와 자녀, 그리스도인과 영적 지도자 사이의 갈등이 그것입니다. 반발은 교만 때문에 일어납니다. "교만에서는 다툼만 일어날 뿐이라"(잠언 13:10). 우리의 마음 깊은 곳에는 어떤 종류의 권위든지 거부하고자 하는 그 무엇이 있습니다. 우리는 독불장군이 되고 싶어 합니다. 누가 우리에게 이래라저래라 하는 것을 싫어합니다.

어느 가정에서 있었던 대화를 한번 들어 봅시다. 가장인 랜디는 올해 38세로서 경험이 많은 기계공입니다.

"그 같잖은 친구가 얼마나 건방지게 구는지 짐작이 돼?"

"그 젊은 기사와 또 싸웠어요?" 아내가 대답했습니다.

"풋내기 기사가 말도 안 되는 소리를 하고 있잖아. 무식쟁이가 차라리 그보다는 낫지. 난 그 기계를 15년이나 만진 사람이야. 그런데 그 친구는 대학 졸업장 나부랭이 하나 받은 것이, 내게 이래라저래라 할 권리를 받은 줄로 아는 모양이지."

"하지만 여보, 그 사람은 공장을 책임지고 있는 사람이잖아요."

"제까짓 게 사장이라 해도 상관없어! 난 그 친구가 내가 맡은 일을 이렇게 해라 저렇게 해라 하는 건 참을 수 없어."

그가 외투를 벗어 옷걸이에 거는 동안 긴 침묵이 흘렀습니다. 배가 쓰리고 머리가 아팠습니다. 자신의 태도가 그리스도인으로서 옳지 않다는 것을 알고 있었기 때문에 더 비참한 생각이 들었습니다. 잠시 후 아내가 조용히 그의 생각에 끼어들어 말을 걸었습니다.

"여보, 전 당신이 습관적으로 그렇게 되는 게 아닌지 염려돼요. 두 달 전에 목사님이 당신에게 안내위원으로서 안내하는 방법을 바꾸도록 말씀하셨다고 기분 나빠 하셨어요. 3주 전에는 시간외 근무를 거부하셨어요. 그 후에도 자동차 속도위반 딱지를 떼이고 나서 일주일 내내 속상해하며 지내셨어요. 다른 사람들이 당신한

테 무슨 일을 하라고 할 때마다 당신은 화를 내시는 것 같아요."

아내의 말이 매우 비위에 거슬렸지만 곰곰이 생각해 보니 옳았습니다. 어떤 종류의 가르침이나 권위도 받아들이려 하지 않았던 것입니다.

모든 사람은 반드시 모종의 권위 아래에 있습니다. 우리 모두는 국가와 법의 권위 아래서 살고 있습니다. 고용주의 권위 아래서 일합니다. 그리스도인은 교회의 권위 아래 있습니다. 그러나 여기서 이야기하고 싶은 것은 주로 직장에서 권위에 대하여 우리가 보여야 할 반응과 태도입니다. 권위에 반항하고 있는 일반적인 증거는 상사에 대하여, 직장에 대하여, 사규와 규율에 대하여, 그 밖에 업무 중에 일어나는 수많은 일상적인 일들에 대하여 불평불만을 터뜨리는 것입니다. 그 불평들이 다 타당하고 또한 실제로 부당한 대우를 받고 있을 수도 있습니다. 그러나 그리스도인의 태도는 마땅히 다음 말씀과 같아야 합니다. "모든 일을 원망과 시비가 없이 하라. 이는 너희가 흠이 없고 순전하여 어그러지고 거스리는 세대 가운데서 하나님의 흠 없는 자녀로 세상에서 그들 가운데 빛들로 나타내며"(빌립보서 2:14-15).

"그렇다면 그리스도인은 자기 직장에서, 또 모든 권위와의 관계에 있어서 순전히 수동적으로만 임해야 한다는 말씀입니까?"라고 묻고 싶으시겠지요? 절대로 그런 뜻은 아닙니다. 그리스도인도 자기 업무상 일어나는 여러 가지 사실들을 이야기할 수 있고 회사 측에 불평 거리들을 털어놓을 수 있습니다. 단, 그 방법은 회사의 조직 내에서 정상적인 절차를 따라서 해야 합니다. 나쁜 환경은 일반적으로 심각한 불만 때문에 생기기보다는 개인적인 사소한 문제에 기인하는 것이 보통입니다. 불평 거리를 동료들이나 가족들, 혹은 친구들에게 털어놓다 보면, 결국 그 불평들 때문에 자신의 업무 수행에 지장을 초래하고, 권위에 대하여 갈등과 마찰을 빚게 되는 법입니다. 마침내는 이러한 갈등과 마찰이 우리 삶의 모든 영역에 악영향을 미치는 환경을 초래하는 것입니다.

권위에 대한 당신의 태도는 어떠합니까? 상사나, 고용주나, 회사에 반발하고 있습니까? 그것이 당신의 매일매일의 태도에 어떤 영향을 미칩니까? 이런 반발이 당신에게 더욱 무거운 짐을 안겨 주는 환경을 조성한다는 사실을 직접 경험한 적은 없습니까? 당신이 그러한 권위 아래 있도록 하신 분은 하나님이십니다. 그러므로 그 권위에 반항하는 것은 곧 하나님께 반항하는 것입니다. 고용주에 대해서든지 정부에 대해서든지 이것은 진리입니다. 하나의 권위 체계 안에서 사는 데 어려움을 느낀다면 다른 권위 체계 안에서도 역시 어려움을 느낄 것입니다. 상사와의 사이에 계속 문제를 만들어 내는 사람들도 있습니다. 그것은 하나님이 세우신 권위를 정면으로 거부하고 있는 뚜렷한 증거입니다. 당신의 태도가 성경적인 원리를 따라 고쳐지지 않는다면 당신은 직장 생활을 통하여 진정한 평안을 맛볼 수 없을 것입니다.

자기보다 낮은 사람을 사랑하기는 그다지 어렵지 않다. 자존심을 상하지 않고도 얼마든지 사랑할 수 있기 때문이다. 우월한 위치에서 은혜를 끼칠 수가 있으며, 도량이 넓고 군자인 체하는 태도를 취할 수도 있다. 그러나 자기보다 높은 위치에 있는 사람을 사랑하는 것은 얘기가 다르다. 아첨이나 자기 비하를 하지 않고 그를 사랑하는 것, 쓴 뿌리나 반발이 없이 그를 사랑하는 것, 갈등과 고통 가운데서도 그를 사랑하는 것, 당신보다 높은 사람을 사랑하는 것은 사랑이라는 장애물 경주에서 가장 넘기 어려운 가장 높은 허들이며, 혼자 힘으로 넘을 수가 없는 것이다. 내부에서 당신을 밀어 올려 주는 십자가가 없이는 넘을 수 없다.[1]

'나쁜' 환경은 어떻게 해서 생기는가

내가 알고 있는 어떤 사람은 직장을 그만두게 되었는데 근무 환경이 빡빡하긴 했지만 나는 왜 그랬는지 이해할 수가 없었습니다. 어쩌다 만나 이야기해 볼 때는 그냥 잘 지내고 있는 것 같았습니다. 얼마 후 그와 이야기를 나눌 수 있는 기회가 있어 같이 이야기를 해보니, 그가 하는 거의 모든 말 속에는 '가시'가 들어 있었습니다. 그의 코멘트와 제안은 마치 싸움을 거는 것 같았고, 원만한 토의를 위해 필요한 정상적인 어조를 유지하지 못했습니다. 그가 가하는 코멘트에는 사사건건 감정이 개입되어 있는 것처럼 보였습니다.

무슨 말이든 공격적인 투로 하는 사람들이 있습니다. 이런 식으로 스스로를 어려운 환경 가운데로 몰아넣는 재주를 가진 사람들도 있습니다. 그러다 보면 자신의 개인적인 생활이나, 대인 관계에 있어서나, 가정에서 커다란 어려움을 겪게 되는 때가 잦습니다. 사정을 얘기할 때마다 그들은 자기의 관점에 따라 진실은 자기편에 서 있는 것처럼 말합니다. 자신에게는 절대로 잘못이 없는데도 '나쁜 사람으로 취급'되고 있는 것처럼 비칩니다. 그러나 사실은 그들 자신이 그런 환경을 만들고 있는 것입니다.

삶에서 당하는 어려움과 압력에 대해서 앞에서 한 말이 기억나십니까? 어려움이 항상 핍박인 것은 아닙니다. 자기 직장에서, 혹은 이웃들과, 혹은 교회 안에서 늘 갈등과 마찰 가운데 있으면서 자기는 핍박을 받고 있다고 주장하는 그리스도인들을 자주 보아 왔습니다. 우리가 사는 이 사회에서 문자 그대로의 핍박은 드뭅니다. 물론 우리 모두는 우리가 가진 믿음 때문에 어떤 압력을 받는 것은 사실이지만 핍박은 그리 흔치 않습니다. 때에 따라서는 개인적으로 자기 믿음 때문에 핍박을 받고 있는 것처럼 보이는 수가 있지만, 사실을 알고 보면, 자신의 믿음을 동료들이나 친구들에게 잘못 결부시킨 것입니다. 예를 들어, 당신이 호전적인 태도나 율법적인 태도를 보이면 틀림없이 상대방에게 적대적 반응을 불러일으키게 될 것입니다.

갈라디아서 6:7에 보면 "사람이 무엇으로 심든지 그대로 거두리라"는 말씀이 있습니다. 흔히 우리가 겪는 역경을 보면 스스로 자초한 것인 경우가 많습니다. 요는 그 역경이 외부에서 왔든 스스로 만든 것이든 역경은 역경이라는 것입니다. 그 역경이 존재한다는 사실은 변치 않습니다. 그러나 이를 통해 우리는 나중에 다시는 그와 유사한 환경에 빠지지 않도록 해야겠다는 교훈을 배우게 됩니다. 때로 우리 자신이 지은 죄 때문에 역경에 처하게 되기도 합니다. 우리는 행한 대로 그 결과를 거두는 삶을 살 수

밖에 없습니다. 하나님과 자신 앞에 정직합시다. 우리가 처한 역경이 우리가 지은 죄, 잘못된 판단, 태도, 인격의 직접적인 결과라면 우리는 그 사실을 인정해야 합니다. 그런 다음에 그 원인이 되는 것을 바로잡고, 하나님께서 이 환경을 통하여 우리에게 가르쳐 주기를 원하시는 것이 무엇인지 알아내야 하는 것입니다.

도피하지 말고 승리하라

　어려운 환경에 대하여 우리가 맨 처음 나타내는 반응은 대개 도피할 궁리부터 한다는 것입니다. 스스로의 행동에 대하여 책임지는 것을 피하고 싶어 합니다. '승리'가 아닌 '탈출'을 원합니다.
　죄 문제에 관한 한 이런 신념은 좋습니다. 두말할 필요도 없이 죄는 피하고 싶어 해야 합니다. 그러나 우리는 또한 미래에 유사한 환경에 빠지지 않는 승리도 원하고 있습니다.
　빌립보서 4장의 말씀을 살펴봅시다. 바울이 "내가 자족하기를 배웠노니…"라고 한 말은 저절로 나타나는 반응이 아닙니다. 자족이란 인간의 본성에 속한 것도 아니요, 그리스도인에게 원래부터 있던 것도 아닙니다. 그것은 배워서 체득한 결과였습니다. 당신은 자족하기를 배우려고 노력해야 합니다. 이를 위해 하나님께 기도로 구해야 합니다. 주어진 환경, 특별히 피할 수 없는 환경 가운데서 평안을 누리며 사는 법은 배워야만 하는 것입니다.
　자족한다는 것은 무엇을 뜻합니까? 이것은 물론 '좀비족'처럼 자신의 안일만을 생각하며 자기 주위의 세상에 대하여 무관심한 상태로 있는 것도 아니요, 도사 같은 풍모에 세상을 달관한 듯한 미소를 띠고 초연한 인생을 사는 것, 즉 자기 주위의 혼돈된 현실에 대해 눈감아 버린 상태로 있는 것도 아닙니다. 실제로 당신이 접하는 환경은 매우 고통스럽고 어려울 수도 있습니다. 자족이란 하나님께서 당신을 가르치고 계발시켜 주시기 위하여 그 환경들을 사용하고 계신다는 사실을 확신하는 것을 의미합니다. 또한 그 환경들이 하나님이 조성하신 것임을 확신할 때, 또는 그 환경들이 당신이 지은 죄의 결과라 하더라도 하나님께서 그것들을 허락하셨다는 사실을 확신할 때 자족할 수 있습니다.

빌립보서 4:11의 전후에는 구체적으로 돈과 생활수준에 대해 언급한 말씀이 있습니다. 이것은 또한 직장 일과도 아주 밀접한 관련이 있습니다. 직장은 우리의 경제적 필요를 공급하는 곳입니다. 그런데 바울은 돈이 있든 없든 살아갈 수 있다고 말했습니다. 그는 "어떠한 형편에 있든지" 자족하는 비결을 배웠다고 말하고 있습니다. 이어서 바울은 신약성경 중에서 우리에게 친숙한 구절, 빌립보서 4:13 말씀으로 결론 맺습니다. "내게 능력 주시는 자 안에서 내가 모든 것을 할 수 있느니라." "능력 주신다"라는 말과 "모든 것을 할 수 있다"라는 말은 하나님이 주시는 환경에서 자기가 살고 있다고 말하는 가운데서 나온 말입니다. 하나님께서 당신이 처하게 하신 곳에서 만족하려고 열심히 힘쓰지 않고는 13절 말씀을 자신 있게 주장할 수 없습니다.

사람들은 어떤 식으로 도피하려 합니까? 갈등과 압력의 현장을 떠나 버립니까? 늘 그렇게 하는 것은 아닙니다. 내가 아는 어떤 학생은 낮에는 종일 자고 밤새워 독서를 함으로써 그 환경에서 벗어나려 했습니다. 그는 모든 강의에 다 불참했고 결국은 낙제하고 말았습니다. 마약이나 술로써 주어진 환경에서 도피하려는 사람들이 있는가 하면, 취미 생활에 몰두함으로써 도피하려는 사람들도 있습니다. 심지어는 교회 활동을 지나치게 분주하게 함으로써 현실을 도피하려고 하는 사람들까지도 있습니다. 많은 사람들은 현실의 문제들을 잊는 데 도움이 되는 일이라면 어떤 일이든지 서슴지 않고 있습니다.

당신이 그 환경을 벗어나 도피하려 한다고 가정해 봅시다. 그게 실제로 가능할까요? 그렇지 않다고 봅니다. 하나님은 당신을 그냥 두지 않으십니다. 끝까지 당신을 쫓아가실 것입니다. 얼마 안 가 당신은 하나님께서 당신의 관심과 주의를 끌어 똑같은 것을 가르치시려고 또 다른 환경으로 당신을 이끄셨다는 사실을 알게 될 것입니다. 어차피 도망할 수 없을 바에야 현재 처한 환경 가운데서 승리하는 것을 배우는 게 좋지 않겠습니까? 빌립보서 4:13 말씀은 당신에게 승리할 수 있는 능력을 주실 것을 약속하고 있지 않습니까? 당신이 직면하고 있는 상황을 이용하여 하나님께서 그 가운데서 당신을 위해 예비하신 것을 배우십시오.

환경을 바꾸어야 할 때

결코 우리 스스로 환경을 바꾸어서는 안 된다고 생각하지는 맙시다. 하나님의 뜻을 발견하는 정상적인 과정 가운데는 분명히 우리 힘으로 환경을 바꾸어야 할 때가 많이 있습니다. 사실, 환경은 하나님께서 인생길에서 우리를 다른 일이나, 다른 사역, 또는 다른 장소 등 다른 길로 인도하시는 표지판이 될 수도 있습니다. 제5장에서는 직업을 바꾸는 일, 이사, 직장을 옮기는 문제 등을 집중적으로 다루게 됩니다. 여기서는 다만 우리가 현재 처해 있는 환경을 평가하는 절차를 생각해 보고자 합니다. 이 평가에 따른 결론이 환경을 바꾸어야 하는 것으로 나타날 수도 있습니다. 하나님께서는 자기 백성들을 새로운 방향으로 이끄시기 위해 환경을 사용하시는 경우가 많이 있습니다. 요셉이 애굽으로 가게 된 것은 역경의 결과였습니다. 바울은 적대적인 환경 때문에 로마에 가서 증거를 했습니다. 그는 상황이 불가능해지면 특정한 선교지를 떠나기도 했습니다. 우리는 민감하게 깨어, 하나님의 뜻이 무엇인지, 또 상황이 절망적이어서 환경을 바꾸어야 할 때가 언제인지를 잘 분별할 줄 알아야 합니다.

다음의 실제적인 지침을 사용하면 자신이 처한 상황 및 취해야 할 조치에 대해 깊이 생각하고 평가해 볼 수 있습니다.

1. 자신이 처해 있는 환경의 몇 가지 세부 사항을 써보십시오. 구체적이면서도 간단해야 합니다.

2. 어떻게 해서 그런 환경이 조성되었는지 적으십시오. 조성되고 있는 위기 가운데 생각나는 몇 가지 핵심 사항을 적으십시오. 이를 통하여 좋은 환경을 나쁜 환경으로 전환시킨 결정적인 사건이 어디서 발생했는지 알 수도 있습니다.

3. 당신의 행동 중에서 그런 환경을 만드는 데 일조했을 수도 있다고 생각되는 것은 무엇입니까? 기억나는 사건 중에 그 상황

을 실제로 악화시킨 사건이 있습니까?

4. 그 환경은 자연발생적인 것이었습니까? 아니면 당신 편에서 죄나 잘못이 있었습니까? 자신에 대하여 냉정하리만큼 정직하십시오. 당신 편에서 죄와 잘못이 있다면 바로 하나님 앞에 가지고 나아가 자백하십시오. 문제를 올바르게 해결하기 위해서는 관련된 사람에게도 용서를 구해야 하는 경우도 있습니다.

5. 그 환경은 다음 영역에 그동안 어떤 영향을 미쳤습니까?
  • 당신의 가족
  • 당신의 영적 생활
  • 당신의 대인 관계

이 중 어느 하나라도 심각한 영향을 받고 있다면, 당신은 현 상태를 오래 버틸 수 없습니다. 이런 영역들이 영향을 받게 된 것은 환경 때문이 아니라, 그 환경에 대한 당신의 태도가 그렇게 만든 것일 수도 있습니다.

6. 그 환경을 통해 하나님께서 당신에게 가르쳐 주려고 하시는 것은 무엇이겠습니까? 현재까지 하나님께서는 당신에게 무엇을 가르쳐 주셨습니까?

7. 당신은, 하나님의 뜻이면, 그 환경 가운데 기꺼이 머물러 있고자 하십니까? 이것은 중요한 문제입니다. 하나님께서는, 당신이 그분의 뜻을 찾기 위해 일단 뒤로 한발 물러서서 중립적인 입장에서 생각해 보기를 원하십니다. 그러므로 환경을 바꾸든 그 환경 가운데서 계속 살든, 어느 쪽을 택하든 하나님의 뜻에 즐거운 마음으로 순종하는 것이 필요합니다.

8. 그 환경을 해결하기 위하여 당신이 취할 수 있는 행동은 무

엇입니까? 곧바로 할 수 있는 일들이 있을 것입니다. 예를 들면, 직장을 옮기거나, 어떤 사람에게 사과를 하거나, 회사 내에서 보직을 바꾸거나, 권위에 대한 자신의 태도를 바꾸거나, 책임자의 방침을 거스르는 대신 그의 지시에 따르거나 할 필요가 있을지도 모릅니다.

9. 환경을 바꾸게 되는 경우 하나님께서 주시려는 교훈을 피하게 되는 것은 아닙니까?

10. 당신이 처해 있는 역경에 대한 두세 가지 가능한 해결책을 적고, 다음을 해보십시오.
- 그것들에 대하여 기도하십시오.
- 당신이 신뢰할 수 있는 경건한 사람과 상담을 해보십시오.
- 당신이 해야 할 일을 정하십시오.

11. 지금 바로 행동으로 옮기십시오! 그 행동은 단순히 주어진 환경에서 끈기 있게 참고 기다리는 것일 수도 있습니다. 어떤 행동을 취하든 지금까지 당신을 인도하신 하나님께서 결국은 축복해 주신다는 사실을 알기에 청결한 양심으로 그 일을 하십시오.

지금까지 말한 평가 단계들은 결코 손쉬운 해결책을 찾는 데 활용할 수 있는 '만병통치약'이 될 수는 없습니다. 다만 자신과 하나님 앞에 솔직해지는 데 도움을 줄 것입니다. 이 지침들은 하나님의 뜻을 분별하는 기초가 됩니다.

토의를 위한 질문

1. 왜 사람들은 대개 역경에서 도피하려고 합니까?
2. 사람들은 어떤 식으로 스스로 역경을 만들어 내고 있는지에 대하여 토의해 보십시오.
3. 정당한 권위란 무엇입니까? 고용주는 얼마나 큰 권위를 가집니까?
4. 권위에 반발하는 증거로는 어떤 것들이 있습니까?
5. 그리스도인이 환경을 바꾸어야 하는 때는 언제입니까?
6. 하나님께서 역경을 허락하시는 이유는 무엇입니까? 우리는 거기에 어떤 반응을 나타내야 합니까?

제 3 장

목 표

1970년대 중반 전국적인 불경기 때 콜로라도스프링스 시의 건축업은 특히 큰 타격을 입었습니다. 많은 사람들이 실직했고 사업도 부진했습니다. 건축업에 종사하는 내 친구도 경제적인 위기에 몰렸습니다. 어느 날 저녁 우리 집에서 모임이 끝난 후 그 친구 부부와 이런저런 이야기를 나누게 되었는데, 이들은 실망하고 풀이 죽은 모습이 아니라 행복하고 명랑했으며, 하는 말마다 하나님께서 그들의 삶 가운데서 행하고 계신 일에 대한 감사로 가득 차 있었습니다. 그들이 처해 있는 환경에 비추어 볼 때 그들의 태도는 우리에게 수수께끼 같았습니다.

그들은 우리에게 이런 말을 했습니다. "바로 오늘 우린 설상차(雪上車)와 오토바이, 그리고 몇몇 오락 기구들을 팔아 버렸습니다. 이런 건 우리가 돈이 많았을 때는 꼭 필요하다고 생각했던 것들이죠. 그런데 막상 이런 걸 팔 결심을 하고 나니 사실 우리에게는 전혀 필요치 않았다는 걸 깨달았습니다. 실제로 우리 가족은 전보다 더 행복해졌어요. 이런 일을 통해 우린 어느 때보다 더 친밀하게 뭉쳐졌습니다. 돈이 남아돌아가던 시절에는 우리가 사고 싶거나 아이들에게 사주고 싶은 것은 무엇이든지 다 사야 하는 것 같았습니다. 그게 마치 올바른 일처럼 보였거든요. 그러나 그것 때문에 우리가 더 행복해지지는 않았습니다. 우리는 귀한 교훈을 얻었습니다."

그 부부는 경제적인 큰 여유가 오히려 그들에게 방해물이 되었을 뿐이라고 덧붙였습니다. 그것은 그들을 물질주의에 빠져 들고 불필요한 곳에 돈을 낭비하게 만들었던 것입니다.

물질주의의 매력

우리가 사는 사회 전체가 물질주의의 신화에 물들어 있습니다. TV와 라디오와 신문 등 대중매체에서는 특정한 물건들을 소유하기만 하면 행복해질 거라는 생각을 끊임없이 주입하고 있습니다. 열심히 일을 하여 돈을 모아 그 물건을 사보았으나 그것이 행복을 가져다주지는 않았음을 경험했으면서도, 여전히 또 다른 물건을 사기만 하면 틀림없이 행복해질 거라고들 믿고 있습니다. 남자들은 최신형 자동차, 더 나은 일자리, 더 좋은 공구, 새로운 스테레오 장비를 원합니다. 여자들은 더욱 현대적인 주방 시설, 최신형 가구, 더 큰 집, 더 멋있는 옷을 갖고 싶어 합니다. 어린이들까지도 이제는 집에서 만들거나 스스로 만든 노리개나 장난감으로 만족하지 않고, TV에서 선전하거나 가게에 진열되어 있는 신기한 최신형 장난감들을 가지고 싶어 합니다.

불행한 것은, 현 시대는 이 모든 것들을 현금 없이도 즉시 살 수 있다는 사실입니다. 플라스틱으로 만든 신용카드 한 장만 있으면 어떤 물건이든지 외상으로 구입할 수 있는 것입니다. 이러한 현실 속에서도 서글픈 사실은 사람들이 결코 만족할 줄 모른다는 것입니다. 만족을 주는 것이 무엇입니까? 조금만 더 가지면 된다고들 말합니다.

그러나 좋은 물건을 소유한다고 해서 그 사람이 곧 물질주의에 빠져 있다는 말은 아닙니다. 돈을 가지고 있다고 해서 그 사람이 탐욕에 사로잡혀 있다고 볼 수는 없습니다. 새 차를 사고, 새 집을 사며, 새 옷장을 산다고 해서 그가 돈을 잘못 사용하고 있다고 말할 수도 없습니다. 문제는 물건들에 대한 그 사람의 태도입니다. 당신에게 중요한 것은 무엇입니까? 당신의 생의 목표는 무엇입니까? 물질적인 것들을 통해서 만족을 얻고 있습니까? 당신이 실제로 재산이라고는 가진 게 없는데도 물질주의자요, 탐욕스러운 자요, 야망에 사로잡힌 자일 수도 있습니다. 호화 저택에 호사스러운 건 다 갖추고 살면서도 물질주의자가 아닐 수도 있습니다. 마음의 태도의 문제입니다. 마태복음 6:33을 읽어 봅시다. "너희는 먼저 그의 나라와 그의 의를 구하라. 그리하면 이 모든 것을 너희에게 더하시리라."

많은 사람들이 물질적인 것들을 자기 손에 넣어 가는 악순환 속에서 행복과 만족과 성취감을 맛보려 하고 있습니다. 그러다가 마침내 좌절의 벽에 부딪히고는 '목표가 무엇인가?' 하는 의문을 품게 되고, 그때에야 비로소 생의 참목표를 찾기 시작합니다.

모든 그리스도인을 위한 하나님의 목적

하나님께서는 아무 목적도 없이 이 세상과 인간을 창조하신 게 아닙니다. 그분은 우리가 방향도 없는 삶을 살기를 원치 않으십니다. 하나님은 우리가 삶의 목표를 갖기를, 즉 우리가 무엇을, 왜 하고 있는지 알기를 원하십니다. 그러므로 질문은 당연히 "내가 가진 목표는 나에게 올바른 것인가?"가 되어야 합니다. 옳고 그른 것을 판단하기 위해서는 기준이 있어야 합니다. 하나님께서는 판별할 수 있는 목표를 가지고 계시며, 성경 말씀을 통하여 이것을 분명하게 가르쳐 주고 계십니다. 우리의 목표는 하나님께서 우리와 세상을 위하여 가지신 목표와 일치해야 합니다.

첫째로, 하나님께서는 모든 그리스도인이 자기 아들 예수 그리스도의 형상을 닮아 가기를 원하십니다. "하나님이 미리 아신 자들로 또한 그 아들의 형상을 본받게 하기 위하여 미리 정하셨으니"(로마서 8:29). 하나님은 우리가 생각, 행동, 성품, 태도 등 삶의 모든 영역에서 그리스도를 닮아 가기를 원하십니다. 이것은 물론 일생에 걸친 일입니다.

둘째로, 각 그리스도인들은 복음을 온 세상에 전파하기 위한 하나님의 도구가 되어야 합니다. "그러므로 너희는 가서 모든 족속으로 제자를 삼아, 아버지와 아들과 성령의 이름으로 세례를 주고, 내가 너희에게 분부한 모든 것을 가르쳐 지키게 하라. 볼지어다. 내가 세상 끝 날까지 너희와 항상 함께 있으리라"(마태복음 28:19-20). 우리는 땅 끝까지 복음을 전하라는 직접적인 명령을 예수 그리스도께로부터 받았습니다.

이보다 큰 목표를 찾을 수 있겠습니까? 이 세상에 그리스도를 전하는 것과 그리스도의 형상을 닮아 가는 것, 이 두 가지가 모든 사람이 있는 힘을 다해서 추구해야 할 목표입니다.

그 같은 목표들이 듣기에는 가치 있는 것 같지만 당신과 같은 환경에 처해 있는 사람에게는 매우 비현실적이라고 생각할지도 모르겠습니다. 하나님께서 이 일이 어떤 식으로 이루어져야 할지 명확하게 정해 두지 않으셨다면 당신 생각이 옳을 것입니다. 이 세상의 모든 그리스도인들은 복음을 전하는 데 있어서 중요한 일익을 담당할 수 있으며, 또한 매일 그리스도의 형상을 닮아 갈 수 있습니다. 이 사실은 우리로 하여금 이 책에서 가장 중요한 내용 중의 두 가지를 공부하게 만듭니다. 이제 증거와 제자도(弟子道)에 대한 하나님의 개념을 알아보겠습니다.

증거의 개념

"그리스도인이 그런 것이라면 내겐 조금도 매력이 없어." 직장 동료가 한 말입니다. 증거를 할 것인가 말 것인가를 결정해야 할 필요가 없습니다. 당신 자신이 삶으로 이미 증거를 하고 있기 때문입니다. 단지 당신의 증거가 그리스도를 위한 것이냐 대적하는 것이냐가 문제일 뿐입니다.

우리가 이 사회에서 소금과 빛이 되어야 한다고 말한 1장의 내용을 상기해 보십시오. 그러나 우리가 이 사회의 구성원이 되지 않으면 그와 같은 영향을 줄 수 없습니다. 이 일이 일어날 수 있는 곳이 바로 우리의 직장과 이웃입니다.

　당신은 자신이 왜 의사가 아니라 건축기사가 되었는지 생각해 보신 적이 있으십니까? 왜 공장장이 아니라 공장의 직공이 되었을까요? 왜 운전기사가 아니라 교사가 되었겠습니까? 하나님께서는 절대주권하에서 당신에게 특정한 능력과 배경과 환경을 주셔서 당신이 현재 처한 그곳에 있게 하셨습니다. 직장에서 받는 봉급의 수준에 따라 집을 사든지 세내어 살면서 현재의 이웃들을 만났을 것입니다. 좋든 싫든 사회적 및 경제적 수준에 따라 우리의 이웃이 결정됩니다. 당신보다 더 많이 가진 사람들을 시기하는 대신, 당신에게 현재의 직장과 이웃을 주셔서 그 안에서 그리스도를 위하여 소금과 빛이 될 수 있게 해주신 하나님께 감사하십시오.

　직장과 이웃 중에서 증거에 더욱 중요한 곳은 직장입니다. 밀접한 협력관계가 실제로 강조되는 유일한 곳은 직장이므로 거기서 최대한 전도를 하도록 하십시오. 사회는 점점 개인주의화되어 가기 때문에, 한때는 이웃과 서로 잘 알고 지냈는데, 이제는 서로를 잘 모릅니다. 사람들은 이웃집과의 사이에 높은 담을 치고 스스로 그 속에 숨어 버립니다. 사적 공간 속에 자신을 격리시켜 버립니다. 많은 사람들이 길거리에서 만나도 고의적으로 서로 아는 체하기를 꺼립니다. 미국 사람들은 보통 4, 5년 만에 한 번씩 이사를 한다는 사실이 문제를 더 복잡하게 만듭니다.

　그러나 이웃에게 증거하는 일을 포기하지는 마십시오. 이웃끼리 하는 활동에 참여하십시오. 반상회나 육성회에 참석한다든가, 지역 사회의 활동을 지원하십시오. 이웃 사람들을 집에 초대하는 것도 좋습니다. 이웃에 아픈 사람이 있거나 도움이 필요할 때 도와주십시오. 아이들이 이웃집 아이들과 함께 노는 것을 기회로 하여 어른들이 서로 사귈 수도 있습니다. 당신이 노력만 하면 기회는 얼마든지 있습니다. 이웃과 사귀는 일에는 여자들이 훨씬 효과적인 때가 많습니다.

당신은 직장이나 이웃에서 실제적으로 어떻게 전도하고 있습니까?

가장 확실한 방법은 **행동을 통한 증거**입니다. 사람들은 당신이 어려운 상황 가운데서 어떻게 일하며 어떻게 행동하는가를 주시합니다. 혹시라도 '사소한' 일들에 대하여 상사를 속이지는 않는지, 신경질을 내지는 않는지, 혹은 항상 자기에게 유리한 것만 고집하지는 않는지 다 보고 있습니다. 당신의 업무 수행과 행동 여하에 따라서 당신의 믿음을 말로 나눌 수 있는 기회가 생기기도 하고 그렇지 못하기도 합니다.

두 번째 방법은 **인격을 통한 증거**인데, 인격은 사람의 내면 깊숙한 곳에 존재하는 실제 그 사람의 모습입니다. 사람들은 당신의 인격을 보고 당신이 어떤 사람인가를 판단합니다. 그들은 자신들이 인식할 수 있는 범위 내에서 당신의 동기를 판단하려는 경향이 있습니다.

"잭은 말은 별로 없지만 마음씨는 보석같이 아름다워. 그는 자기가 입고 있는 옷이라도 능히 벗어 줄 사람이야."

"빌은 말은 그럴 듯하게 하지만, 뭔가 꿍꿍이속이 있단 말이야. 자기가 사장 일을 다 하려 들거든."

"그 사람은 사장님이 옆에 계실 때는 그렇게 열심히 일하더니,

사장님만 안 계시면 얼마나 게으른 사람인지 직접 보셨죠?"
　사람들은 당신이 어떤 사람인지 믿고 있는 바에 따라서 당신에게 끌리기도 하고 당신을 싫어하기도 합니다.
　어느 작은 고장에서 두 형제가 그리스도인이 되었습니다. 두 사람은 각각 유명한 회사에 다니고 있었는데, 둘 다 그리스도와의 새로운 관계에 대하여 이야기를 많이 했습니다. 그러나 사람들은 그 중 한 사람의 말은 그대로 믿으면서도 다른 한 사람의 말은 우습게 여겼습니다. 왜 그랬을까요? 전자에게서는 인격 및 업무에 임하는 태도에 확실한 변화가 있는 것을 보았지만, 후자에게서는 말뿐인 것을 알았습니다. 하나님께로부터 우리의 내면을 변화받아야 합니다. 그렇지 않으면 우리의 증거는 무시될 것입니다.
　세 번째 방법은 **말을 통한 증거**입니다. 언어를 통하여 그리스도에 대한 자신의 믿음을 직접 전달합니다. 당신의 믿음을 어떻게 나누는지 알고 계십니까? 당신은 개인 간증을 나누실 수 있습니까? 일상적인 문제들로 시작하여 영적인 것들로 대화를 유도하실 수 있습니까? 다른 사람들에게 그리스도를 전하는 것을 자신 없어 하거나 두려워하지는 않습니까? 효과적인 전도 방법을 잘 가르쳐 주고 있는 실제적인 책을 추천해 드린다면 론 쎄니의 '개인 전도의 방법'과 리로이 아임스의 '이렇게 전도하라'입니다.
　직장에서 좋은 관계 가운데 있어야 하는 전체적인 목적은 자신의 행복뿐만 아니라 효과적인 증거를 위해서입니다. 그러므로 직장과 이웃에서 증거하는 데 도움을 주는 몇 가지 요소를 들어 보면 다음과 같습니다.

1. 당신이 증인이 되려 한다면 무엇보다도 먼저 자신과 하나님의 관계를 알아야 합니다. 당신은 예수 그리스도를 자신의 구세주로 영접하셨습니까? 아직까지 영접하지 않았다면 지금 계신 그 자리에서 즉시 영접하시기를 권면합니다. 이 책에 나오는 모든 원리들은 당신이 그리스도를 알고 있으며 당신 자신이 그리스도인이라는 사실을 전제로 하고 있습니다. 확신 있게 자신의 믿음을 전하기 위해서는 그러한 구원의 확신이 필요합니다.

2. 개인 간증문을 작성하십시오. 짧은 시간 안에 전할 수 있도록 자신의 영적 배경과 복음의 내용을 주의 깊게 선택하여 간결하게 기록하기 바랍니다. 개인 간증은 2분 내지 4분 이내에 할 수 있어야 합니다. 설교를 하지 말고, 다만 사실만을 나누십시오.

3. 복음을 명확하게 나누는 체계적인 방법을 두세 가지 배우십시오. 여러 가지 전도지들을 사용할 수 있겠지만 내가 추천하고 싶은 것은 네비게이토의 '하나님의 선물인 영생'과 CCC의 '사영리'입니다. 이 전도지들을 보지 않고 직접 손으로 그려 가면서 말로 설명해 줄 수 있도록 이 방법들을 익히십시오. 믿지 않는 사람들에게 전하기 전에 먼저 그리스도인 친구에게 연습을 해보시기 바랍니다.

4. 업무 중일 때는 되도록 전도하는 것을 삼가십시오. 휴식시간이나 점심시간 등을 이용하면 예수님에 대한 이야기를 할 수 있습니다. 다음 지침을 꼭 따르십시오. '동료에게 복음을 전하는 것이 어느 한쪽에게라도 회사의 업무 수행을 방해하지는 않는가?' 그러나 걸어서, 또는 차를 몰고 다른 작업장으로 이동할 때와 같은 경우에는 물론 이야기를 나눌 수 있습니다.

5. 같은 직장 사람들과 친분을 두텁게 하십시오. 잘 경청하는 자가 되어야 합니다. 그들의 문제에 순수한 관심을 가지십시오. 그런 가운데서도 당신이 그리스도인이라는 사실이 알려지는 것을 꺼리지 마십시오. 그렇다고 사람들에게 억지로 복음을 듣게 하려고 강요하지도 마십시오. 그들이 일단 당신이 그리스도인인 것을 알기만 하면 당신에게 질문해 올 수도 있으며, 당신의 삶이 매력을 준다면 더욱 그렇게 할 것입니다.

6. 복음을 나눌 기회를 찾으십시오. 다른 사람들의 삶 가운데 일어나는 큰일이나 어려움에 대해 우리는 깨어 있어야 합니다. 그럴 때가 그들이 예수 그리스도를 향하여 마음을 열기에 가장 좋은 시기가 될 수 있습니다. 기회가 오더라도 실제로 이용을 하지 않는다면 아무 소용이 없습니다. 담대하십시오. 친분을 두텁게 하는 일에만 너무 열중하다가 복음을 전하지 못하게 되는 일이 없도록 하십시오. 경우에 따라서는 한두 번 대화를 나눈 후 곧바로 복음을 전할 수 있는 사람도 있습니다. 그런 다음에 친교를 계속해도 좋습니다.

7. 직장 동료들을 집에 초대하여 함께 식사를 하면서 대화를 나누십시오. 그들과의 사회적인 유대 관계를 적극 계발하십시오.

8. 다른 사람들을 섬기십시오. 늘 깨어 손으로 직접 도울 수 있는 기회를 찾으십시오. 일에 대한 짐을 덜어 주십시오. 가정에서 하는 일도 도와주어야 합니다. 필요로 할 때에는 그들의 자녀들을 돌보아 주십시오.

이 글을 쓰고 있을 때, 우리 옆집 사람이 앞뜰에서 페인트칠을 하려고 발판을 옮기고 있는 것이 보였습니다. 그것을 보자마자

내 마음속에서는 도와주어야겠다는 생각이 일어났지만, 나는 계속 글을 쓰고 싶었고 방해받기 싫었습니다. 나는 가만히 앉아서 내가 무엇을 해야 할 것인가 갈등했습니다. 아이러니컬하게도 내가 쓰고 있는 글은 이웃 사람들과 직장 동료들에게 증거를 어떻게 할 것인가에 대한 것이었습니다. 결국 나는 나가서 그를 도와주게 되었고 그는 매우 고마워했습니다. 이를 기회로 가까워졌고 전도도 하게 되었습니다.

9. 전도 목적의 성경공부를 위하여 당신의 집을 사용하십시오. 1주일에 1시간씩 4주간을 한다든가 해서 단기간에 할 수 있도록 계획하면 됩니다. 전도 성경공부를 위한 교재들은 많이 있습니다. 네비게이토에서 나온 '인간과 하나님'을 추천합니다. 그리고 '전도 성경공부를 인도하는 방법'이라는 책자는 요한복음을 사용하여 전도 성경공부를 인도하는 법을 자세히 소개하고 있습니다.

10. 당신이 참여할 수 있는 행사에 참여하십시오. 많은 그리스도인들이 스스로를 세상에서 너무나 철저히 분리한 나머지 직장 업무를 떠나서는 전혀 동료들과 어울리지 않는 경우가 있습니다. 덕스럽지 못하거나 경건치 못한 자리에 참여한다거나 행동 기준을 낮추는 것은 삼가야 할 일이지만 그들과 함께 있을 수 있는 기회를 만드는 것은 중요합니다.

교회의 전도 프로그램과 조직적인 축호 전도에 참여하는 것은 어떻습니까? 이웃 사람들을 대상으로 하는 광범위한 전도 활동에 참여하는 것은 물론 좋은 일입니다. 그러나 이러한 활동이 직장과 이웃 사람들에게 대한 개인 전도를 대신해서는 안 됩니다.

축호 전도는 누구나 할 수 있지만 하나님께서 당신이 처하게 하신 곳에서 증거할 수 있는 사람은 당신밖에 없습니다.

제자도의 개념

누구나 아기는 아기답게 행동하기를 기대합니다. 그러나 일곱 살 먹은 어린이가 계속 아기처럼 행동하고 육체적으로나 정신적으로 성장하지 못했다면 큰 문제가 있습니다. 누가 봐도 무언가 크게 잘못되었다는 것은 명백합니다. 그리스도인으로 갓 태어난 사람에게 성숙한 그리스도인의 증거가 나타나기를 기대하는 사람은 아무도 없습니다. 그러나 수많은 그리스도인들이 여러 해가 지나도 계속 영적 아기로 남아 있다는 사실은 불행이 아닐 수 없습니다.

하나님께서는 우리가 영적으로 성장하도록 계획하셨습니다. 그분은 우리가 성숙하고, 헌신하며, 생산적인, 그리스도의 몸의 지체가 되기를 원하십니다. "범사에 그에게까지 자랄지라. 그는 머리니 곧 그리스도라"(에베소서 4:15). "갓난아이들같이 순전하고 신령한 젖을 사모하라. 이는 이로 말미암아 너희로 구원에 이르도록 자라게 하려 함이라"(베드로전서 2:2). 하나님께서는 우리가 정체되어 있지 않고 성장하기를 원하십니다. 이와 같은 성장은 종종 '제자의 도'라 지칭되는데, 우리는 예수 그리스도의 헌신된 제자들이 되어야 합니다. 헬라어로 제자라는 말은 간단히 말하면 '배우는 자'라는 뜻입니다. 성장하기 위해서는 배움과 행함이 따라야 합니다. 지식만으로는 불충분합니다. 배운 것을 매일의 삶 가운데 적용해야 합니다. 우리는 머리로 알기만 하는 그리스도인이 아니라 순종하는 그리스도인이 되어야 합니다.

제자의 도에는 많은 요소들이 포함되어 있습니다. 월터 헨릭슨은 자신의 명저 '훈련으로 되는 제자'에서 제자의 삶에 이르는 효과적인 길을 제시합니다. 다음은 제자도의 기본 영역들에 대한 몇 가지 점검 목록입니다.

- 제자는 매일 규칙적으로 하나님의 말씀을 읽고 기도하는 시간을 갖는다. 이것은 성경공부 시간이 아니라 경건의 시간을 가리킨다(베드로전서 4:7).
- 제자는 다른 그리스도인들과의 교제에 적극적으로 참여한다. 이 교제는 지역교회 및 소그룹 모임에 참여하는 것을 다 포함할 수 있다(히브리서 10:25).
- 제자는 하나님의 말씀을 정기적으로 공부한다. 그의 성경 지식이 늘어 간다(디모데후서 2:15).
- 제자는 말씀을 자신의 생활에 적용한다. 그는 '그리스도의 주재권'하에서 결정을 내림으로써 자기 삶의 모든 영역을 하나님께서 다스리시도록 한다. 그는 적극적으로 죄에서 떠나고 있다(누가복음 9:23, 잠언 4:14-15).
- 제자는 그리스도를 믿지 않는 사람들에게 자신의 믿음을 나눈다(베드로전서 3:15).
- 제자는 가정에서 성경 말씀에 기초를 둔 위치를 차지하고 있다. 그는 남편 또는 아내로서 성경적인 역할을 수행하고

있다. 그는 경건한 태도로 자녀들을 훈련시킨다(에베소서 5:22-6:4).
- 제자는 직업과 업무 면에 계속 발전하고 있으며, 성경적으로 업무에 임하고 있다(에베소서 6:5-9).

이 목록은 당신이 각 항목에서 이런 식으로 완벽하도록 요구하는 것은 아닙니다. 이는 당신이 배우는 자, 즉 성장하고 있는 자라는 뜻입니다. 간단하게 말한다면, 제자란 말씀을 통하여 매일 그리스도와 교제하며 그 말씀을 자신의 삶 가운데서 실행에 옮기는 노력을 계속하는 사람이라고 할 수 있겠습니다.

만약 이 책에 나온 몇 가지 원리들을 직장 생활에 적용하려는 노력을 시작하면서, 하나님과 개인적으로 동행하는 일에 있어서의 기본적인 일들을 소홀히 한다면, 당신은 실패하고 말 것입니다. 제자의 도에서 성장해 나갈 때 당신은 계속해서 그리스도의 주재권하에서의 결정이라는 쉽지 않은 문제에 부딪히게 될 것입니다. 그리스도의 주재권하의 결정이란 삶의 모든 영역에서 그리스도의 주재권을 인정하며 그리스도를 첫자리에 모시는 것을 뜻합니다. 많은 주재권하의 결정이 당신의 일과 연관되어 있을 것입니다. 예를 들면, 직장에서 비도덕적이거나 부정직한 어떤 일을 하도록 요구받을 수도 있지만, 그럴 때 우리의 반응은 그리스도의 주재권하의 결정을 따라야 합니다. 혹은 많은 시간외 근무와 시간외 수당이 여기에 해당될 수도 있습니다. 가족들에게나 사역에 더 많은 시간을 들여야 할 필요가 있다면, 시간외 수당을 포기하는 것이 주재권하의 결정입니다. 당신이 삶 가운데서 그러한 제자도를 실천하는 일에 적극적으로 임하고 있다면, 당신은 그리스도의 주재권하에서 올바른 결정을 하는 데 필요한 기초가 튼튼하게 될 것입니다.

현재 그리스도를 당신 삶의 주인으로 모시고 있습니까? 당신이 알면서도 주님께 드리기를 거부하고 있는 영역은 없는지요? 있다면 지금 바로 하나님 앞에서 그 문제를 해결하시기 바랍니다. 직업을 하나님께 맡기셨는지요? 이 문제를 해결해야 앞으로 나올 내용들의 뜻이 통할 것입니다. 여러 가지 점에서 제자의 도는 증거보다 선행됩니다. 제자의 도가 빠진 증거는 위선이 되고 맙니다. 위선자를 좋아할 사람은 아무도 없습니다. 불신자는 더욱 그렇습니다.

자기 직장과 일에 대하여 성경적인 자세로 임하지 않고 있는 사람이 과연 진정한 제자가 될 수 있을지는 의문입니다. 제자는 하나님께서 현재 자신이 처해 있는 곳으로 인도하셨고, 또한 현재 자신이 하고 있는 일을 즐기기를 원하고 계신다는 사실을 알고 있습니다. 하나님께서는 잃어버린 사람들에게 다가가 그들을 구원하시기 위하여 제자를 그곳에 두셨습니다. 직장 내에서 당신은 제자입니까?

실행 가능한 목표 설정

우리가 내리는 모든 결정은 다음 다섯 가지 동기 중 어느 하나에 기초를 두고 있습니다.

- 습관. 미리 생각해 보지도 않고 습관에 의지하여 결정을 내립니다. 어떤 일은 전부터 해왔기 때문에 그냥 계속하기도 합니다. 습관이란 좋을 수도 있고 나쁠 수도 있으며, 우리에게 도움이 되기도 하고 방해가 되기도 합니다.
- 긴급성과 두려움. 행하지 않을 때 일어날 결과 때문에 하게 되는 일도 있습니다. 즉시 지불해 버리는 청구서가 있는가 하면 지불을 미루는 청구서도 있습니다. 출근 시간은 잘 지키면서도 예배 시간은 제대로 지키지 않는 사람들이 있습니다.
- 욕구. 어떤 일은 그 일 자체가 즐겁기 때문에 하는 경우도 있습니다. 그 일을 하게 되는 동기는 정욕일 수도 있고, 중요성이나 필요성과는 무관한 것일 수도 있습니다. 그 일을 하고자 하는 의욕이 넘칠 수도 있는데, 때로는 지나쳐 비합리적인 경우도 있습니다.
- 편의성. 어떤 일은 우리가 원해서라든가 최선의 행동이기 때문이 아니라 순전히 어떤 목표를 달성하고 싶다는 이유 때문에 하게 되는 경우도 있습니다. 목표 달성에 가장 쉬운 길이라면 속이기까지 합니다. 편의성 때문에 거짓말을 하게 되는 경우가 종종 있습니다. 이 같은 행동의 동기는 '목적은 수단을 정당화한다'는 철학의 소산입니다. 목적만 좋으면 수단은 아무래도 좋다, 모로 가도 서울만 가면 된다는 편의주의적 생각에서 나온 것입니다.
- 선택된 방향. 우리는 어떤 행동을 선택할 때, 우리 스스로 정한 방향이나, 하나님이 정한 방향, 아니면 다른 사람이

정한 방향에 따라 선택합니다. 어떤 행동을 선택하는 이러한 결정은 올바른 목표와 올바른 우선순위에 기초해야 합니다. 어떤 일을 하는 이유를 알 때 그 일과 연관하여 양심적인 선택을 할 수 있는 것입니다.

이 다섯 가지 중 앞의 네 가지는 별로 생각을 요하지 않는 것으로서, 그냥 일어나는 것입니다. 단지 다섯 번째 것만이 깊은 생각으로 선택하는 것입니다. 때때로 앞의 것들이 각기 어울리는 곳이 있습니다. 이를테면 양치질의 이점들은 생각할 필요가 없으며, 식사 시간에 식사를 해야 할지를 결정할 필요도 없고, 레크리에이션처럼 하고 싶으면 부담 없이 해도 되는 것이 있습니다. 죄 문제나 도덕적 혹은 법적인 문제에 저촉되지 않는 한 지름길을 택하는 것이 현명합니다. 그러나 우리는 앞의 네 가지 동기만으로 살아가기보다는 좀 더 본질적인 기초 위에서 우리의 삶을 영위하기 원하고 있습니다. 우리를 위한 하나님의 목표와 연관된 목표 위에 삶의 기초를 두기 원합니다. 자신의 의지적인 결정과 선택에 따라 삶을 관리해 나가기를 원합니다.

목표의 정의를 내려 봅시다. 목표란 '일정한 기간이 경과했을 때 도달해 있어야 할 구체적인 도달점'입니다.

몇 가지 예를 들어 봅시다.

- 1년에 성경 전체를 일독한다.
- 9월 1일까지 업무와 연관된 통신 교육을 완료한다.
- 금년에 아들을 데리고 캠핑을 두 번 간다.

이런 것들이 목표일까요? 한정된 의미에서 볼 때는 그렇습니다. 그러나 좀 더 정확하게 말하자면 이것들은 어떤 목표에 도달하기 위하여 우리가 행하여야 할 활동입니다. 목표를 다시 작성해 봅시다.

- 성경 지식을 늘리기 위하여
    - 1년에 성경 전체를 일독한다.
    - 금년에 요한복음과 갈라디아서를 연구한다.

- 9개월 이내에 감독에 관계되는 업무의 숙달도를 높이기 위하여
    - 7월 31일까지 감독 업무에 관한 통신 교육을 끝마친다.
    - 나의 감독하에 있는 사람들을 위하여 매일 기도한다.

- 금년에 아들과의 관계를 더 깊게 하기 위하여
    - 아들을 데리고 캠핑을 두 번 간다.
    - 아들이 속한 팀의 농구 시합을 최소 네 번은 관전한다.

차이를 아시겠습니까? 중요한 건 캠핑이 아닙니다. 아들과의 교제가 중요한 것입니다.

목표에는 두 종류가 있습니다.
- 단기 목표(주간이나 월간 목표로부터 2년 목표까지)
- 장기 목표(2년 이상의 목표)

목표에는 네 가지 영역이 있습니다.
- 개인적/영적 삶(하나님과의 개인적인 관계)
- 가족
- 사역(교회 활동, 성경공부, 전도와 같은 외부지향적인 영적 활동들)
- 직장

도대체 목표라는 게 왜 필요합니까? 그 이유는 대부분의 사람들이 '내가 왜 이 일을 하고 있지?'라는 의문조차 품어 보지 않은 채 '좋은' 활동들에 빠져 살고 있기 때문입니다.

존은 우리 교회의 전형적인 활동가였습니다. 그는 오만 가지 일에 다 참여했습니다. 주일학교에서는 반사요, 제직회의 일원으로 봉사했으며, 모임이란 모임에는 다 쫓아다녔고, 자기 집에서는 전도 성경공부를 인도했으며, 교회의 특별 활동에도 참여했습니다. 드디어 그의 몸은 매우 쇠약해져서 불면증에 걸려 버렸고, 직장에서의 업무 능력도 급격히 떨어지게 되었으며, 가족들과의 관계도 원만치 않았습니다.

"존, 당신 삶의 주된 목표는 무엇입니까?"

"글쎄요, 어려운 질문이군요. 제 생각에는 하나님의 사람이 되는 것과 훌륭한 아버지가 되는 것, 그리고 구원받지 못한 사람들에게 그리스도를 전하는 일에 있어서 저의 책임을 감당하는 것이라고 믿습니다."

"정말로 훌륭한 목표를 갖고 계시는군요. 그럼 첫 번째 목표를 생각해 봅시다. 당신은 개인적으로 성경공부를 하고 계십니까?"

"아, 아뇨. 주일학교에서는 단지 공과를 보고 가르치고 있고, 전도 성경공부는 준비되어 있는 교재에 있는 대로만 하고 있습니다."

"기도는 얼마나 하고 계십니까?"

"어이쿠! 아주 조금밖에 안하고 있습니다."

"하나님의 사람이 되는 데 도움이 되는 어떤 일이라도 하고 계십니까?"

"글쎄요…."

"존, 당신의 목표는 하나님의 사람이 되는 게 아니라는 것이 확실하군요. 그건 막연한 꿈에 지나지 않습니다!"

존에게는 목표가 없었습니다. 자기 직장 일에 대해서는 언급조차 하지 않는 것을 봐도 알 수 있습니다. 아무 목표도 없이 단지 다른 사람들의 기대를 만족시켜 주기 위해 '일에 빠지기'는 너무나 쉽습니다.

또 한 가지 중요한 요소는 우선순위입니다. 어떤 일을 가장 먼저 하며, 두 번째로는 어떤 일을 할 것인가, 또는 어떤 일을 할지 안 할지는 우선순위에 의해 결정됩니다. 이러한 선택은 우리의 목표에 기초를 두고 있습니다. 목표가 설정되어 있지 않다면 우선순위를 정할 수가 없습니다. 우선순위에 대해서는 차후에 이야기하기로 하고, 여기서는 구체적이고 실제적인 목표에 대하여 연구해 보기로 합시다.

백지를 한 장 준비해 놓고, 몇 가지 실제적인 목표를 세울 수 있도록 하나님께서 도와달라고 기도하십시오.

1. 앞으로 10년 이내에 자신의 삶과 가족, 사역, 직장에서 이루어지기를 바라는 것들을 몇 가지 기록하십시오. 오래 끌 필요 없이 생각나는 대로 몇 가지만 적으면 됩니다(보기: 훌륭한 남편이 되는 것, 전직, 깊은 기도 생활을 하는 것). 그래야 단기 목표들을 작성할 때 그 목표들이 10년 목표들과 일치하는지의 여부를 볼 수 있습니다. 구체적인 장기 목표들을 확정 짓기 전에 몇 개월간의 단기 목표들을 세우고 확정하십시오.

2. 몇 가지 단기 목표들을 머리를 짜내어 생각해 보십시오. 1개월 내지 3개월 단위로 생각하십시오. 백지를 네 영역으로 구분합니다(개인적/영적 삶, 가족, 사역, 직장). 자신의 삶에 대한 가능한 목표들을 생각나는 대로 기록하기 시작합니다. 이것들은 자신이 알고 있던 필요들, 부족했던 것들, 바라던 것들을 반영할 것입니다. 기록할 때는 각 해당되는 영역에 기록합니다. 너무 깊이 생각하지 말고 그저 떠오르는 대로, 매우 사소해 보이는 것이라도 기록하면 됩니다. 이 목록 작성에는 10분 내지 15분 정도만 들이고 후에 다시 정리하면 됩니다. 각 영역마다 최소한 다섯 내지 여섯 가지는 기록하십시오.

3. 목표에 해당되는 항목 앞에는 (목), 활동에 해당되는 항목 앞에는 (활)이라는 표시를 하여 알아보기 쉽도록 하십시오(표 1 참조).

4. 각 영역에서 가장 중요하다고 생각되는 목표를 하나씩만 신중하게 선택하십시오. 이 네 가지를 다른 종이에 기록하십시오.

5. 이 단계가 가장 결정적인 단계입니다. 이 네 가지의 목표 달성에 도움이 되는 활동으로서 자신이 앞으로 한 달 중으로 할 수

있는 것을 한 가지씩 적으십시오. 각 활동은 단순하고, 실제적이며, 실행 가능한 것이어야 합니다. 예를 들어 당신의 목표가 기도 생활의 향상이라고 한다면, 하루 한 시간씩 30일간 기도한다는 식의 활동을 계획할 경우 십중팔구 실패할 것입니다. 오히려 하루 5분씩 매주 최소한 5일 이상 하는 것으로 세우는 것이 더 좋습니다. 직장에서 일을 더 잘하는 것이 목표라면 생산량을 100% 증가시킨다는 식의 목표를 세우지 말고, 생산 시스템 가운데서 소홀히 해왔던 한 가지 면을 시정하는 길을 찾는 것이 더 좋습니다.

6. 네 가지 영역 가운데서 당신이 내일 시작하기에 가장 좋은 영역을 한 가지 고르십시오. 한 주일이 지난 후 다른 한 영역을 추가해서 두 영역을 같이 실시하고, 제3주째에는 또 한 영역을 추가하여 세 영역을 한꺼번에 실시하며, 제4주째에는 네 번째 영역을 추가시킵니다. 다시 말하면 모든 목표를 한꺼번에 다 성취하려고 하지 말고, 점차적으로 노력을 더 많이 하십시오.

7. 1개월간 각 활동들을 실행해 보고 난 후 어느 정도 진보했는지 평가해 보십시오. 이때 조정을 할 수 있습니다. 이러한 활동들은 좋은 습관과 태도로 발전하여, 더 이상 의식적인 노력을 기울일 필요가 없어져야 합니다.

8. 단기 목표와 활동들을 성공적으로 설정했다면 자신감이 생겨서 보다 장기적이고 중요한 목표들을 세울 수 있게 됩니다. 최초로 작성한 목록으로 되돌아가서 각 영역에서 두 번째로 중요한 목표들을 결정합니다. 원한다면 지금도 이 목록에 몇 가지 새로운 항목들을 추가시킬 수가 있습니다.

개인적/영적 삶

(목) 지속적인 주님과의
   교제를 계발한다.
(활) 하루에 10분씩 기도한다.
(활)
(목)

가 족

(활) 아내와 함께 기도한다.
(목) 아들과의 관계를 더욱
   깊게 발전시킨다.
(목)
(활)
(활)

사 역

(목) 이웃 사람들에게
   전도한다.
(활) 옆집 사람들을 저녁식사에
   초대한다.
(목) 성경공부를 인도하는
   기술을 향상시킨다.
(활)
(활)

직 장

(목) 직장에서 보다 좋은
   간증을 보인다.
(활) 출근 시간을 잘 지킨다.
(목) 업무를 더 잘 수행한다.
(활)
(활)

〈표 1〉

요점: 간단하게 하십시오. 한꺼번에 전부 다 하려고 하지는 마십시오. 현실적으로 하십시오. 자신이 세운 것들을 성취할 수 있도록 자신을 훈련하십시오. "소원을 성취하면 마음에 달아도"(잠언 13:19).

주의: 기적을 기대하지 마십시오. 이것은 단지 당신의 삶에 의미와 방향을 부여하는 데 도움이 되는 도구일 뿐입니다. 하나님과 매일의 교제를 통하여 그날그날 당신을 향하신 하나님의 뜻을 발견하는 일을 대신할 수 있는 것은 없습니다. 그러나 당신의 목표에 대하여 기도해 왔다면 목표와 활동이 서로 일치하게 될 것입니다.

9. 어려운 일이기는 하지만, 3개월이 경과한 후 당신의 목표와 맞지 않는 활동 한 가지를 지워 버리십시오. 이미 일정이 꽉 차 있으므로 무엇을 빼지 않고서는 새로운 활동들을 추가할 수가 없습니다.

10. 당신의 참여를 요청받은 활동 가운데서 자신의 목표 성취에 도움이 되지 않는 활동을 최소한 한 가지 이상은 거절하십시오. 선택하는 습관을 기르십시오. 거절하기를 두려워 마십시오.

자, 이제 시작할 차례입니다. 무리가 없을 정도의 목표를 세우십시오. 하지만 지나치게 쉬운 것보다는 약간 벅찬 편이 도움이 됩니다.

마지막 제안: 남에게 보이려고 하지 말고, 정직하게 하십시오. 목표와 활동을 세워 놓고 실천하지 않는다면 아무 소용이 없습니다. 지속적인 실천을 위한 최상의 방법은 다른 사람의 점검을 받

는 것입니다. 다른 사람에게 당신의 목표와 활동 계획을 알리고, 점검을 부탁하십시오!

시간과 우선순위

"시간과 돈 중에서 어느 것이 더 가치 있을까요?"라고 어느 젊은 학생이 물었습니다.

"돈 많은 노인들에게 물어 보게나." 백만장자가 대답했습니다.

시간은 우리에게 압력을 줍니다. 또 좌절감을 안겨 줍니다. 시간은 사라져 버립니다. 시간은 한 번도 충분해 본 적이 없는 것 같습니다. 시간은 항상 모자랍니다. 시간을 잘 사용했을 때에도 좀 더 잘 사용할 수 있었을 텐데 하며 아쉬워합니다. 목적 없이 시간을 보내고 나면 맥이 빠집니다. 분명한 목표가 없으면 삶 자체가 우스꽝스러워집니다.

우리는 걷고 또 걷는다.
마침내 걷고 또 걷는 게 목표인 양
마냥 걷는다.

우리는 일하고 또 일한다.
마침내 의식도, 느낌도 없이
그저 일한다.

멈추어 뒤돌아볼 시간이 없는 걸까?
멈출 시간도 없는 걸까?
시간마저 없는 걸까?

멈추었더라면 계속 걸었을까?
뒤돌아보았더라면 그 일을 계속 했을까?

뒤돌아보지 않으면,
우리가 해온 일,
우리가 걸어온 길은
망각 속으로 사라지거나,
이런저런 어렴풋한 기억 속에서
무의미한 사슬에 묶여 버린다.

여태껏 일해 왔건만 한 일이 무얼까?
여태껏 걸어 왔건만 어디까지 온 걸까?

- 작자 미상

  목표가 없는 우선순위는 무의미합니다. 우선순위가 빠진 목표는 단지 미래의 일일 뿐입니다. 성취를 위해서는 둘 다 시간을 요합니다.
  실제적으로 살펴봅시다. 우리가 가진 대부분의 시간은 이미 직장 일이나 그 밖의 필수적인 책임들을 감당하는 일로 꽉 차 있습니다. 우리가 활용할 수 있는 시간, 즉 우리의 임의로 사용할 수 있는 자유재량 시간은 제한되어 있습니다. 그런 시간은 얼마나 될까요? 평일의 시간을 보면 대략 다음과 같습니다.

8 시간	직장 일
0.5 시간	점심 식사
1 시간	출퇴근 시간
1 시간	아침, 저녁 식사
8 시간	수면
1 시간	기타 잡다한 일들의 처리
합 19.5 시간	

우리가 자유롭게 사용할 수 있는 시간이 평일에는 4.5시간, 일주일의 닷새를 다 합해도 22.5시간밖에는 없습니다. 만약 토요일에 근무가 없다고 한다면 자유재량 시간이 약 8시간이 추가되고, 일요일에는 예배 시간 등을 제외하고 6시간쯤 추가되므로 일주일에 도합 36.5시간 정도가 되겠습니다.

이 시간들 중에서 몇 가지 집안일들과 쇼핑, 아이들을 데리고 몇몇 행사에 참석하는 일, 기타 몇 가지 '필수적인 일들'을 하는 데 필요한 시간들을 제하고 나면 24시간 정도가 남습니다. 일주일 총 168시간 가운데서 남는 시간은 불과 얼마 되지 않습니다. 이 24시간이 직장의 목표를 제외한 다른 제반 목표들을 성취하는 일에 사용할 수 있는 시간의 총량입니다. 그러나 한편, 이 시간은 직장 일에 쓰는 시간으로 보면 3일분, 즉 직장 일에 쏟는 총

시간의 60%에 해당된다는 사실에 주의하십시오!

 주어진 이 시간을 최대한으로 활용하기 위하여 우리가 해야 할 일은 별 의미도 없는 소비적 활동들에 제동을 거는 것입니다. 이를테면, 하루 몇 시간씩 TV를 보는 것이라든지, 우리의 목표와는 전혀 무관한 모임에 참석하는 것이라든지 등등. 지금까지 우리는 자유재량 시간의 반은 흐지부지 낭비해 왔습니다. 우선순위대로 살지 않는다면 '만사가 잘되겠지 하는 막연한 희망' 가운데서 인생을 헛되이 낭비하게 되고 말 것입니다.

 공군 중위 시절 나는 젊음을 믿고 기지 내의 많은 활동에 참여했습니다. 고등학교의 강의를 맡는가 하면, 청소년 프로그램을 이끌었고, 초급 장교회의 회장인 동시에, 성가대원이었으며, 스포츠를 즐겼고, 성경공부도 인도했으며, 고성능 전자기기를 수리하는 취미 등으로 연일 무휴로 뛰어다녔습니다. 아들의 얼굴을 보기조차 힘이 들었으며, 집안일은 모조리 아내에게 맡겨 버리다시피 하였습니다.

 어슬렁거리며 시간을 낭비한 때는 없었습니다. 오히려 아무 목표도, 명확한 우선순위도 없이 한꺼번에 모든 방향으로 있는 힘을 다해서 달려가고 있었던 것입니다. 아내는 나의 속도를 늦추려고 무진 애를 썼지만 나는 막무가내였습니다. 결국 큰 어려움을 겪고 난 후에야 다음의 교훈을 배우게 되었습니다. '아내의 말에 귀를 기울이라'는 것입니다. 아내는 때로 남편의 행동의 결과를 남편보다 더 잘 예측합니다. 특히 자녀들과 연관되어 있는 경우는 더욱 그렇습니다.

 결국 나는 극심한 육체적 피로 때문에 몸져눕고 말았습니다.

하나님께서 나의 관심과 주의를 끄셨고, 나는 반드시 목표를 세우고 우선순위에 따라 살기로 굳게 다짐했습니다. 그것이 내 생의 전환점이 되었습니다.

우리 삶의 기본적인 영역들을 우선순위에 따라 열거하면 다음과 같습니다.

- 하나님과의 개인적인 동행
- 가족
- 사역
- 직장

이것은 집안에 문제가 생기면 그날은 출근하지 말라는 말입니까? 또는 당신이 경건의 시간을 갖지 않았다면 그날은 성경공부를 인도하지 말라는 뜻입니까? 아닙니다. 며칠 혹은 몇 주에 걸쳐서 볼 때 위의 우선순위가 지켜져야 한다는 뜻입니다. 짧은 기간 동안 한 가지 영역(이를테면 직장)이 우선순위 제1위로 뛰어올라 거의 모든 힘을 거기에 집중해야 할 때도 있습니다.

구체적으로 말하면, 우선순위는 자신이 세운 목표에 근거해야 합니다. 가령 가족들과 함께 시간을 보내는 것이 그 주간의 목표라면 그것에다 그 주간 내의 분명한 우선순위를 부여해야 합니다. 매일 또는 매주 자신의 우선순위를 적으십시오. 당신의 제반 결정이나 주간 일정의 기초를 이 우선순위에 두도록 하십시오. 이는 간단한 얘기처럼 들립니다. 해보면 실제로 간단합니다. 하지만 놀라운 효과가 있습니다. 자신이 자유롭게 사용할 수 있는 36.5시간에 대해 이런 연구를 하고 있다는 사실을 명심하십시오.

　자신이 하기로 한 일을 모두 마치기 위해서는 시간을 어떻게 사용할 것인지 계획을 세워야 합니다. 당신은 어떻게 하고 있습니까? 가장 쉬운 방법을 한 가지 소개합니다. 곧 빈 카드를 활용하여 시간 사용 계획을 세우는 것입니다. 카드 활용법은 아마 시계가 발명된 이래 가장 훌륭한 시간 관리 도구가 될 것입니다. 카드의 한 면에는 그 주간의 우선순위를 적고, 다른 한 면에는 매일매일의 '할 일 목록(do list)'을 만듭니다. 또한 3분 정도면 할 수 있는 일 또는 그 자리에서 금방 할 수 있는 간단한 일의 목록도 만드십시오(표 2 참조).

　'할 일 목록'을 다 작성했으면 활동들의 우선순위를 정해야 합니다. 단순히 긴급하기 때문에 해야 하는 일도 있지만, 그런 것이 기준이 된다면 당신은 사전에 계획을 적절하게 세우지 못하고 있는 것입니다.

　직장에서도 시간 사용에 재량권이 부여된 일이 있다면 우선순위대로 하기 위해 위와 같은 절차를 따를 수 있습니다.

　일정 작성 및 계획을 짜는 일의 필요성을 입증하기 위하여 일주일 동안 '근무 외' 시간을 어떻게 사용하는지 기록해 보십시오. 보다 바람직한 것은 지난주를 돌이켜 보면서 매일 저녁시간과 주말의 시간을 어떻게 사용했는지 기록해 보는 것입니다. 몇 퍼센트의 시간이 허비되었습니까?

　마지막 제안: 어떤 계획이 규칙성이 있거나 습관화되면 실행하기가 더 쉬우므로 규칙적인 일정을 짜보십시오. 시간과 분까지

할 일

앞면

할 일	전화/기타
잔디 깎기	1 자동차 주유
4 성경공부 준비 완료	2 잭에게 전화: 123-4567
1 간증문 작성(2시간)	3 봅에게 전화
스미스 부부에게 편지	(휴식 시간에)
2 캐시에게 학교 공부에 대해 이야기	
3 캐런의 수학 공부 도와주기	

뒷면

우선순위

1 매일 경건의 시간(15분간)
2 매일 아내와 대화(15분 이상)
3 아이들을 위한 시간 내기
4 정원 손질 완료
5 개인 간증문 작성

〈표 2〉

는 생각하지 말고 그날 할 일의 제목만 적도록 하십시오. 예를 들면 다음과 같습니다.

월요일	자유 시간
화요일	개인 성경공부
수요일	가족들과의 시간
목요일	그룹 성경공부
금요일	자유 시간(휴식 및 오락)
토요일	오전: 공부 및 개인적인 일
	오후: 쇼핑 및 집안일
	저녁: 자유 시간
일요일	오전: 예배
	오후: 주간 계획 세우기
	기도 시간
	자녀 중 하나와 특별 시간 갖기

　이와 같은 일반적인 주간 일정표를 중심으로 하여 매주 구체적인 계획을 세우십시오. 방해를 받게 되거나 예정대로 안 되는 경우를 생각해서 자유 시간을 마련해 두거나 시간을 넉넉하게 잡는 것이 필요합니다. 이런 식으로 시간 사용 계획을 짜는 것에 대해 '너무 빡빡하여 숨이 막힌다'거나 '융통성이 없다'고 우려하는 사람도 있지만, 솔직히 말해서 그런 문제는 별로 없습니다.

토의를 위한 질문

1. 물질주의란 무엇입니까? 구체적인 증거를 몇 가지 들어 보십시오.
2. 성경적인 제자의 정의를 내려 보십시오.
3. 직장에서 복음을 전하기 위한 핵심적인 요소들은 무엇입니까?
4. 목표란 성경적 개념입니까, 인간적 개념입니까?
5. 목표와 활동의 차이에 대하여 토의하십시오.
6. 하루의 우선순위와 한 달의 우선순위의 차이에 대하여 토의하십시오. 이 두 가지는 결국 같은 것입니까?
7. 어떻게 하면 일정표를 융통성 있게 만들 수 있습니까?
8. 목표의 예를 세 가지 기록하고 이것들이 현실적이며 성취 가능한지 토의하십시오.
9. 대부분의 사람들은 목표 설정이나 일정 작성을 왜 기피합니까?
10. 목표나 우선순위를 정하지 않거나 일정을 짜지 않는 것은 죄입니까? 그 이유를 설명하십시오.
11. 더 적은 시간 안에 더 많은 일을 하는 데 도움이 된 실제적인 행동들을 이야기해 보십시오.
12. 모든 그리스도인의 주된 목표로는 어떤 것들이 있습니까?
13. 사역은 개인의 목표 가운데서 어떤 위치를 차지해야 합니까?
14. 그리스도인은 가족을 위하여 무엇을 희생해야 합니까?

제 4 장

무슨 일이 있어도 출세하려는 야망

게리가 그 직장에 처음 나가게 된 날이었습니다. 뛰어난 과학자요 유능한 관리자로서의 그의 명성은 이미 널리 알려진 터였습니다. 그는 모든 사람들을 친절하게 대했으며 자기가 속한 부서의 직원들을 알고 사귀기 위하여 부서를 한 바퀴 돌았습니다. 몇 주가 지나자 그는 자기와 말이 통하고 손발이 맞는 사람들을 찾아낸 것이 분명했습니다. 그들과만 친분을 두텁게 하고 있는 것을 보니 말입니다. 그들은 그를 위해 있는 힘을 다할 사람들이었습니다. 그의 명성을 유지하는 데 도움이 될 만한 사람들이었습니다. 그는 이기적 야망으로 가득 차 있었습니다. 자신의 성공이 먼저였습니다. 결국 그는 성공을 했고, 이어서 중요한 프로젝트를 책임 맡게 되어, 자기와 손발이 맞는 '자기 편' 사람들을 몇 명 뽑아 그 프로젝트에 가담시켰습니다. 그러나 그들은 전혀 고맙지 않았습니다. 그들이 예전에 알던 다정했던 게리가 아니었습니다. 그는 지금 힘과 영향력을 행사하며 자신들을 이용해 먹을 뿐이라는 사실을 발견한 것입니다.

야망의 딜레마

우리는 야망에 사로잡혀 있는 사람의 전형적인 모습을 쉽게 그려 볼 수 있습니다. 그는 어떤 수단을 써서든지 출세하려는 사람입니다. 그는 기어서라도 꼭대기 자리까지 오릅니다. 이 사람은 자신의 성공을 위해서라면 누가 다치건 상관치 않는 사람입니다. 자기 목적을 이루는 데 도움이 되면 삼키고, 그렇지 않을 때는 뱉어 버립니다. 그가 수행하고 있는 많은 일이 회사나 기관에 도움이 되는 건 사실이지만, 그의 동기는 순전히 이기적이라는 것을 느낄 수 있습니다. 이 사람의 목표는 지위가 될 수도 있고, 돈이나 권력이 될 수도 있습니다.

회사의 중역 자리를 노리는 사원뿐만 아니라, 십장 자리를 노리고 있는 공장 직공도 이런 사람일 수 있습니다. 여기에 속하는 사람은, 교회의 어떤 부서를 휘어잡으려는 그리스도인일 수도 있고, 남편을 어떻게든지 출세시킴으로써 부인들 사이에서 자기 위치를 확보하려고 애쓰는 아내일 수도 있습니다. 돈을 좀 더 많이 벌려고 야간에 다른 직장에 가서 밤을 새워 일하는 사무원일 수도 있고, 자녀들을 통해서 자신이 못 이룬 꿈을 이루어 보려고 자녀들의 삶을 좌지우지하는 아버지일 수도 있습니다.

잘못된 것처럼 들립니까? 물론 잘못된 일이지요. 잘못이고말고요. 이처럼 야망이 잘못된 것이라면 야망을 다 버려야 합니까? 야망 있는 사람의 반대 경우를 살펴봅시다.

존은 야망이 없는 사람입니다. 그가 야망이 없다는 것은 다른 사람들도 잘 알고 있습니다. 집과 뜰은 엉망진창입니다. 매일 밤 몇 시간씩이고 TV 앞에 앉아 시간을 보냅니다. 가족들을 위한 일이라고는 먼저 해본 적이 없습니다. 아이들은 훈계나 지도를 받지 않아 버릇이 나빠졌습니다. 그리스도인으로서도 그는 교회 자리만 채우는 교인이며, 교리적으로는 틀림없지만 전혀 그대로 살지 않는 사람입니다. 즐겨 어떤 책임을 맡는 법이라고는 결코 없으며, 직장에서는 안전과 돈에만 관심을 가지고 있습니다. 이것이 그리스도인의 표준일까요? 그럴 수는 없습니다!

여기에 딜레마가 있습니다. 야망이 너무 크면 뻔뻔스럽게 자기 출세만을 추구하게 되고, 야망이 너무 작으면 게으르고 활기 없는 삶을 살게 됩니다. 너무 크다는 건 어느 정도를 얘기할까요? 너무 작다는 건 어느 정도나 되는 걸까요?

야망 자체는 선한 것도 악한 것도 아닙니다. 이것은 배고픔, 욕구, 사랑 등과 마찬가지로 우리 본성의 일부일 뿐입니다. 그러나 배고픔은 탐식을 낳을 수 있고, 욕구는 탐욕이 될 수 있으며, 사랑은 정욕으로 변질될 수도 있습니다. 마찬가지로 야망은 이기적 야욕으로 변할 수 있습니다. 다른 모든 정상적인 욕구처럼 이것도 잘못된 방향으로 빠져 들어갈 소지가 있습니다.

성경은 야망을 정죄하지는 않지만, 잘못된 야망을 부추기는 이기심이나 교만 또는 탐심과 같은 나쁜 동기들에 대해서는 정죄하고 있습니다. 또한 성경은 야망이 부족한 데 대해서는 책망을 않지만, 믿음과 순종이 부족한 데 대해서는 책망합니다. 성경은 경건한 야망에 대해서 말하고 있습니다. 바울의 야망은 "푯대를 향하여 그리스도 예수 안에서 하나님이 위에서 부르신 부름의 상을 위하여 좇아가는 것"(빌립보서 3:14)과 "그리스도와 그 부활의 권능과 그 고난에 참예함을 아는 것"(빌립보서 3:10)이었습니다. 예수님은 섬기고자 하는 야망에 대하여 말씀해 주셨습니다. "아무든지 첫째가 되고자 하면 뭇 사람의 끝이 되며, 뭇 사람을 섬기는 자가 되어야 하리라"(마가복음 9:35).

성경의 문맥 가운데서 이것을 이해하기 위해서 좀 더 구체적으로 살펴봅시다. 사전에서 야망의 뜻을 찾아보면 "(1) 특정한 목표를 이루고자 하는 강한 의욕, 특히 성공하거나, 명예, 권력, 부 등을 얻으려는 욕구. (2) 강력하게 원하는 목표 자체"라고 되어 있습니다. 그러므로 야망을 올바르게 사용하는지의 여부는 두 가지에 달려 있습니다.

- 목표의 정당성
- 그 목표 달성을 위한 동기의 정당성

"무슨 일을 하든지 마음을 다하여 주께 하듯 하고 사람에게 하듯 하지 말라. 이는 유업의 상을 주께 받을 줄 앎이니, 너희는 주 그리스도를 섬기느니라"(골로새서 3:23-24). 이 구절은 '일하는 사람들'에게 중요한 의미를 담고 있습니다. 정당한 목표는 단 한 가지입니다. 곧 그리스도를 섬기는 것입니다. 만약 그리스도를 섬기는 것이 우리의 동기라면 승진이나 진급에 대한 문제는 하나님의 손에 맡길 수 있습니다. 열정적으로 일하는 사람은 대개 다른 사람들보다 더 많은 일을 이루어 놓을 것입니다. 사실 전심으로 일하는 것이 동료들의 눈에는 승진을 위한 노력으로 보일 수도 있습니다. 누구나 그리스도를 섬긴다는 이상(理想)에는 이구

동성으로 동의하지만, 실제로는 동기가 진정으로 올바른가를 분별하기란 어려울 수도 있습니다.

불건전한 야망의 증거

야망은 잘못 사용될 수 있습니다. 문제는 야망이 죄로 변질되는 때를 어떻게 알아내느냐 하는 것입니다. 불건전한 야망의 증거를 몇 가지 살펴보기로 하겠습니다.

자기 욕심을 채움. "네가 너를 위하여 대사를 경영하느냐? 그것을 경영하지 말라"(예레미야 45:5). 하나님 앞에는 자기 이익만을 꾀하는 그리스도인이 설 자리라곤 없습니다. 그런 사람은 알아주기를 바라고, 명예를 얻고 싶어 하며, 존경받고 싶어 합니다. 자기 이익만 도모하는 이기적이고 자기중심적인 사람입니다. 가끔 '내가 그걸 하는 것을 사람들이 보았어야 하는데'라든가 '그 사람은 내가 누군지 알고 있을까?' 혹은 '내가 그 지위에 있기만 하다면 그들이 내 말을 들을 텐데!'라고 생각합니다. 개인의 이기심에 초점을 맞춘 야망에는 하나님께서 축복하시지 않습니다.

지위와 권력을 차지하려 함. "예수께서 제자들을 불러다가 가라사대, '이방인의 집권자들이 저희를 임의로 주관하고 그 대인들이 저희에게 권세를 부리는 줄을 너희가 알거니와, 너희 중에는 그렇지 아니하니…'"(마태복음 20:25-26). "너희 중에는 그렇지 아니하니"라는 말씀은 "너희 중에서는 그렇게 해서는 안 된다"는 말씀입니다. 세상 사람들은 권력과 권세를 손에 넣으려 안간힘을 씁니다. 이 권력과 권세를 행사하여 자기의 이익을 챙기기 위해서입니다. 예수님은 이런 동기를 책망하셨습니다. 지위와 권력을 향한 욕망이 그리스도인을 움직이는 힘이 될 수는 없는 것입니다. 하나님께서 주신다면 좋은 일이지만, 그러나 지위와 권력이 최종 목표가 될 수는 없습니다. 권세를 얻고자 하는 욕망을 경계하십시오. 교회 안에서조차, 빗나간 야망, '높은 지위'에 오르고 '권력'을 잡으려는 욕망은 갈등과 마찰과 분열을 초래합니다. "너희 중에는 그렇지 아니하니."

다른 사람들을 주관하려는 욕망. "이방인의 집권자들이 저희를 임의로 주관하고… 권세를 부리는 줄을 너희가 알거니와"(마태복음 20:25). 세상에서는 자기의 목표를 이루기 위하여 다른 사람들을 임의로 주관하고 권세를 부리는 것이 보통입니다. 그리스도인들도 다른 사람들을 이끌고, 그들의 생각을 바꾸며, 그들을 조종하고자 하는 내적 충동을 경험합니다. 영향을 주려 하기보다는 자기 마음대로 주관하고자 하는 경향이 있습니다. 이런 욕망이 앞서게 되면 경건한 야망으로부터 건전치 못한 야망 쪽으로 선을 넘어간다는 것을 알아야 합니다.

부(富)를 사랑함. "부자 되기에 애쓰지 말고 네 사사로운 지혜를 버릴지어다. 네가 어찌 허무한 것에 주목하겠느냐? 정녕히 재물은 날개를 내어 하늘에 나는 독수리처럼 날아가리라"(잠언 23:

4-5). "은을 사랑하는 자는 은으로 만족함이 없고 풍부를 사랑하는 자는 소득으로 만족함이 없나니, 이것도 헛되도다"(전도서 5:10). 성경에는 부(富)와 재물에 대한 많은 가르침이 있습니다. 성경은 돈 자체가 악한 것은 아니지만 "돈을 사랑함이 일만 악의 뿌리가 되나니, 이것을 사모하는 자들이 미혹을 받아 믿음에서 떠나 많은 근심으로써 자기를 찔렀도다"(디모데전서 6:10)라고 가르치고 있습니다.

내 친구 한 사람은 스스로의 힘으로 부자가 되는 것이 자신의 목표라고 말한 적이 있습니다. 그는 이 목표를 위하여 여러 해 동안이나 자신을 불태웠습니다. 그렇게 노력을 했지만 그는 지금도 만족하지 못하고, 그의 가족들은 어려움 가운데 있으며, 아직까지도 자수성가하지 못하고 있습니다. 부를 얻으려는 야망에는 하나님의 축복이 임하지 않습니다. 그것은 그리스도인에게 올바른 목표가 아닙니다.

이 면에 관해서는 조금 나중에 다시 생각해 보기로 하겠습니다. 돈과 재물에 관심이 집중되는 오늘날의 문화 풍토 가운데서 그리스도인은 무엇이 건전한 것인지 어떻게 분별할 수 있겠습니까? 부 자체는 죄가 아닙니다. 돈을 더 벌기 위하여 열심히 일하는 것도 죄는 아닙니다. 핵심은 왜 돈을 더 벌려고 하는가에 있습니다. 예를 들어, 가족들의 식생활 개선이나 자녀들의 교육을 위해서, 가난한 사람들을 돕기 위하여, 사업체의 고용 증대를 위하여, 주님께 드리기 위하여 하는 것과 같은 것은 그 동기가 올바를 뿐더러 훌륭한 것입니다.

하나님께서 어떤 그리스도인들에게는 부를 주셨습니다. 이 사람들은 종종 주님의 사업을 위하여 후한 헌금을 하고 있습니다. 우리는 때때로 부유한 그리스도인들에 대해 그들이 그리스도를 믿기 전에 이미 부자였다고 변명해 주기도 하지만, 열심히 일해서 부유하게 된 그리스도인들을 대하여서는 시기와 의혹의 눈으로 보는 수가 있습니다. 하나님께서 어떤 사람들에게는 은사와 재능을 주셔서 성공적인 투자가요 사업가가 되게 하십니다. 따라서 하나님께서 주신 은사와 재능을 사용하여 부를 얻기 위해 열심히 노력하는 것은 합당한 일입니다. 그들에게 요구되는 것은 다만, 주님을 경외하고 사랑하며 섬기는 영적인 사람이 되는 것입니다. 자신의 사업을 정직하게 운영하며, 주님과 다른 사람들에게 후한 사람이 되어야 합니다. 그리고 부를 얻으려는 그 마음의 동기가 부를 사랑하는 것이어서는 안 됩니다. 이 문제에 대해서는 예수님께서 들려주신 달란트 비유를 공부해 보면 많은 도움이 됩니다(마태복음 25:14-30, 누가복음 19:12-26).

다른 사람과의 경쟁심. "아무 일에든지 다툼이나 허영으로 하지 말고"(빌립보서 2:3). 필립스 역에는 이 구절이 "결코 경쟁하려는 동기에서나 개인의 허영심으로 행동하지 말라"고 되어 있습니다. "시기와 다툼이 있는 곳에는 요란과 모든 악한 일이 있음이니라"(야고보서 3:16). 대부분의 사람들은 경쟁 가운데서 일을 잘합니다. 이기는 것만이 가치 있는 것이라고 생각하는 철학을 가진 이들도 있습니다.

나는 운동 가운데서 조깅보다는 핸드볼을 훨씬 더 좋아하는데, 그 이유는 핸드볼은 경쟁하는 운동이기 때문입니다. 경쟁은 체내에서 아드레날린을 추가로 분비시켜 더 큰 활동을 할 수 있도록 자극합니다. 경쟁에는 유익이 많지만, 위험도 있습니다. 단순한 경쟁이 개인 간의 대항이 될 때에는 문제가 야기됩니다. 수준 높은 업무 수행이라는 목표가 다른 사람을 '누르는 것'으로 변질되어 버린다면 경쟁은 불건전한 야망이 되고 맙니다. 우리는 다른 사람에 대해서가 아니라 수준에 대하여 경쟁해야 합니다.

아담 스미스는 경쟁을 좋아하는 세상 사람들의 모습을 다음과 같이 적절하게 표현했습니다. "모든 트로피를 다 치워 버리고 플라스틱 인형이나 고래 이빨로 상을 대신할 수도 있으리라. 하지만 득점이 기록되고 있는 한 사람들은 경기를 할 것이다."[1] 그리스도인들 사이의 잘못된 경쟁은 특히 맛이 쓰며 파괴적입니다. "만일 서로 물고 먹으면 피차 멸망할까 조심하라"(갈라디아서 5:15). 직장에서 일을 잘해야 하지만 다른 사람과의 경쟁심이 동기력이 되지 않도록 경계하십시오.

건전한 야망의 증거

불건전한 야망이 있는가 하면 건전한 야망도 있습니다. 나아가 건전한 야망은 꼭 필요한 것입니다. 모든 사람은 각자 하나님 앞에서 자기 마음속에 숨은 동기를 잘 살펴야 합니다. 선한 동기나 악한 동기를 목록으로 만든다 해도 그것만으로는 부족합니다. 얼마든지 속일 수 있기 때문입니다. 그러나 다음 몇 가지 예들은 자기를 살피는 데 도움이 될 것입니다.

하나님을 섬기고자 하는 마음. "너희는 주 그리스도를 섬기느니라"(골로새서 3:24). 그리스도를 섬기려는 야망은 사람이 가질 수 있는 가장 고귀한 야망입니다. 이런 동기로 "무슨 일을 하든지 마음을 다하여"(23절) 주님께 하듯 한다면 하나님은 당신의 삶과 당신의 일에 복을 주실 것입니다. 우리가 그리스도를 섬기는 최우선 방법은 그리스도의 말씀에 순종하는 삶을 사는 것입니다. 또한, 우리는 주위 사람들에게 복음을 증거하는 그리스도의 증인으로서 부지런하고 정직하게 일해야 합니다. 이것이 성경의 가르침입니다. 그러므로 우리는 그리스도를 섬기는 것을 근본적인 야망으로 삼아야 합니다. 우리가 지금 처한 곳에 있는 까닭은 주님께서 우리를 그곳에 두셨기 때문입니다.

그리스도의 증인이 됨. 우리의 증거는 우리가 하고 있는 일의 질과 우리의 태도에 따라서 결정됩니다. 게으른 사람은 그리스도를 믿지 않는 사람들에게서 존경을 받을 수 없습니다. 불신자들은 근면과 정직에 대한 성경적인 원리들이 그리스도인의 삶을 통해 드러나는 것을 보는 것이 꼭 필요합니다.

그러므로 승진을 원하고, 기술 향상을 원하며, 인정받기를 바라는 것들에 대한 근본적인 동기가 예수 그리스도를 증거하고자 하는 것이라면 올바른 것이라 할 수 있습니다. 이러한 동기를 가리기 위한 좋은 방법은 '최근에 동료들에게 전도를 했는가?'라고 스스로 물어보면 됩니다. 당신은 일도 물론 잘해야 하며, 또한 당신이 그처럼 일을 열심히 하도록 동기를 주는 것이 무엇인지 그들이 알 수 있도록 입술로 주님을 증거해야 하는 것입니다.

이같이 너희 빛을 사람 앞에 비취게 하여 저희로 너희 착한 행실을 보고 하늘에 계신 너희 아버지께 영광을 돌리게 하라. (마태복음 5:16)

우리가 전에 여러분에게 말한 대로 조용한 생활을 하고, 여러분 자신의 사업에 마음을 쏟고, 자기가 맡은 일을 충실히 하십시오. 이것이 여러분의 야망이 되어야 합니다. 그렇게 하면 그리스도를 믿지 않는 사람들도 여러분을 신뢰하고 존경하게 될 것입니다. (데살로니가전서 4:11-12, Living Bible)

믿지 않는 사람들을 대할 때는 지혜롭게 행동하고 기회를 최대한 이용하십시오. (골로새서 4:5, 현대인의 성경)

사회에 영향을 줌. 하나님께서는 소돔과 고모라를 멸망시키려는 뜻을 아브라함에게 밝히실 때, "내가 만일 소돔 성 중에서 의인 오십을 찾으면 그들을 위하여 온 지경을 용서하리라"(창세기 18:26)고 말씀하셨습니다. 마지막에는 10명만 찾아도 멸하지 아니하리라고 말씀하셨습니다(32절).

우리는 구약성경에서 하나님께서 한 사람을 사용하셔서 국가 전체에 영향을 끼친 수많은 예를 볼 수 있습니다. 하나님께서는 소위 신앙의 위인들에 속하는 아브라함과 같은 사람들, 다윗과 같은 사람들, 엘리야와 같은 사람들뿐만 아니라, 평범한 사람들 즉 두려움이 많았던 기드온과 같은 사람들, 비겁했던 요나와 같은 사람들, 충성되었던 갈렙 같은 사람들을 사용하셔서도 그 같은 일을 하셨습니다.

그리스도인은 능히 사회에 영향을 줄 수 있습니다. 그리스도를 믿지 않는 사람들도 그리스도인들의 존재 및 그 영향으로 말미암아 하나님의 축복을 경험하게 되는 때가 종종 있습니다. 한 사람의 그리스도인이 있음으로 해서 사무실 전체의 언어가 순화되고, 다른 사람들이 죄를 짓게 되는 것을 막아 주며, 정직한 결정을 내리도록 영향을 주고, 이웃이나 지역사회 전체의 특성까지도 변화시킬 수 있습니다.

나는 내 앞에서 지저분한 말을 내뱉는 고참 장교나 상사들에게 그런 말을 쓴 데 대하여 사과하도록 한 일이 몇 번 있습니다. 군대에서는 진급을 하게 되면 파티를 여는 게 상례였습니다. 늘상 칵테일파티였습니다. 계급은 각각 달랐지만 나는 다른 여섯 명의 장교들과 함께 같은 날 진급을 하게 되었는데, 그중 세 명은 그리스도인이었습니다. 우리는 칵테일파티 대신에 최고급 갈비 요리를 저녁으로 대접하기로 했습니다. 그렇게 하는 것이 비용이 더 많이 드는데도 셋 다 좋아했습니다. 이것은 오랫동안 내려오던 전통에도 영향을 끼친 창의적인 대안이었습니다.

사회에 영향을 주려는 야망은 가치 있는 것입니다. 이것은 정당 활동이나 학교 육성회 활동, 또는 봉사 활동이나 기타 지역사회의 활동에 참여하는 동기가 되기도 합니다. 만약 당신이 직장과 전문 분야에서 크게 존경을 받고 있다면 당신이 하는 활동을 통하여 더 큰 영향을 끼칠 것입니다.

하나님께 쓰임받음. 엘리사는 농부로서 밭을 갈고 있던 중에 엘리야를 통하여 하나님의 일에 부름을 받았습니다(열왕기상 19:19-21). 얼마 동안 엘리야를 섬긴 후(열왕기상 19:21, 열왕기하 3:11), 엘리야가 엘리사에게 "내가 네게 어떻게 할 것을 구하라"고 하자, 엘리사는 "당신의 영감이 갑절이나 내게 있기를 구하나이다"(열왕기하 2:9)라고 했습니다. 전후 문맥을 보면 그는 하나님께 쓰임받기를 간절히 원하고 있었음이 분명합니다.

솔로몬은 "지혜로운 마음을 종에게 주사 주의 백성을 재판하여 선악을 분별하게 하옵소서"(열왕기상 3:9)라고 기도했습니다. 다른 사람들을 섬기는 일에 하나님께 쓰임받고 싶어 기도했을 때 하나님께서는 그에게 부(富)와 귀(貴)의 축복까지 주셨습니다(13절).

바울도 골로새서에서 그리스도인들이 "모든 선한 일에 열매를 맺게 하시며, 하나님을 아는 것에 자라게 하시고, 그 영광의 힘을 좇아 모든 능력으로 능하게"(1:10-11) 해주시도록 구체적으로 기도했습니다. 하나님은 자신에게 쓰임받기를 간절히 소원하는 사람에게 은혜를 주십니다. 특정한 곳에서 또는 특정한 방법으로 쓰임받기 위해서는 어떤 지위나 신분, 또는 교육이 필요할 수도 있습니다. 이렇게 하여 그 자체는 자기 본위의 야망일 수도 있는 목표라도 하나님께 쓰임받고자 하는 진정한 소원이 뒷받침되어 있다면 올바른 것이 될 수 있습니다. 1961년에 나는 하나님께서 나를 공군사관학교의 교수가 되도록 인도하고 계심을 깨닫게 되었는데 그곳은 생도들을 대상으로 선교 활동을 할 수 있는 곳이었습니다. 그러나 교수가 되기 위해서는 석사 학위가 필요했습니다. 나는 대학으로 다시 돌아가 공부하고 싶은 욕심은 없었지만 하나님께서 나를 공군사관학교에 보내실 수 있도록 하기 위해서 그렇게 했습니다. 목표가 더 나은 교육이나 지위가 아니라 하나님께 대한 순종이었습니다.

영적 지도자가 됨. "미쁘다, 이 말이여. 사람이 감독의 직분을 얻으려 하면 선한 일을 사모한다 함이로다"(디모데전서 3:1). 영적 지도력과 영향력을 미치는 자가 되기를 추구하는 것은 칭찬할 만한 일입니다. 그러나 그렇게 하기 위해서는 디모데전서 3:1 이하의 자격들을 갖추어야 합니다. 그것들을 다 갖추지 못하면 그 사람은 "교만하여져서 마귀를 정죄하는 그 정죄에 빠질지도 모릅니다"(6절). 오스왈드 샌더스의 '영적 지도력'이나 리로이 아임스의 '당신도 영적 지도자가 될 수 있다'에는 영적 지도력에 대한 훌륭한 내용들이 들어 있습니다. 하워드 버트는 그 동기를 다음과 같이 잘 설명했습니다. "그리스도를 믿는다면 당신은 사랑하기 위해 이끌 것이다. 그러나 그리스도 밖에 있다면 당신은 이끌기 위해 사랑할 것이다."[2] 당신은 사랑하기 위해 이끄는가, 이끌기 위해 사랑하는가?

영적 은사를 가장 잘 사용함. "우리에게 주신 은혜대로 받은 은사가 각각 다르니…"(로마서 12:6). 하나님께서는 우리 각 사람에게 특정한 은사와 재능을 주셨는데, 우리는 이것들을 잘 계발하여 사용하여야 할 책임이 있습니다. 그 특별한 은사를 훈련하기를 원하거나 그것을 사용할 수 있는 직책을 얻게 되기를 원하는 것은 좋은 일입니다. 때로는 은사가 일반 직장에서 필요로 하는 재능과 일치하기도 합니다. 우리는 은사를 발견하고 계발해야 하지만, 이 한 가지는 반드시 알고 있어야 합니다. 즉 우리가 제자로 성장하고 있지도 않고, 모든 그리스도인들에게 명하신 일들(이를테면 성경공부, 전도, 순종 등)도 하고 있지 않으면, 우리가 가진 은사들을 발견하거나 계발할 수는 없다는 사실입니다. 하나님의 첫째 관심은 우리가 매일 하나님과 동행하는 것입니다.

이 장을 쓰는 동안 인도를 여행했습니다. 그곳의 형편을 보니 이 책의 내용 중 많은 것들이 아이러니컬하게 보였습니다. 인도의 많은 지방에서는 실업률이 50%를 넘었습니다. 대학을 졸업하고 학사 학위를 취득한 사람들 가운데 겨우 40-50%만이 졸업과 동시에 취직이 되며, 석사 학위를 소지한 사람들은 약 60% 정도만이 일자리를 얻으며, 박사 학위의 경우는 70% 정도가 그렇다고 하였습니다. 나머지 사람들은 일자리를 찾는 데 3-4년의 기간을 허송세월하며, 그중에 많은 사람들은 전공 분야를 바꾸기도 한다고 합니다.

그래서 '출세'에 대한 이 장의 논의 중에 인도 학생들에게도 해당되는 게 과연 있을까 하는 생각이 들었습니다. 한 그리스도인 학생과 이 문제에 대하여 이야기하면서 내가 알게 된 것은 거기에도 똑같은 동기가 있다는 사실이었습니다. 그는 승용차나 집을 갖고 싶어 하는 마음이 잘못된 것인지 내게 물었습니다. 고급 승용차나 대궐 같은 집이 아니라 그저 보통 차와 보통 집이라고 했습니다. 단 한 가지, 관점에 차이가 있을 뿐이지, 야망에 대한 동기는 내가 살고 있는 이곳이나 인도나 마찬가지였습니다.

  요약하면, 야망 자체는 선한 것도 악한 것도 아니지만 그 야망 배후에 숨어 있는 동기는 성경 말씀에 비추어 점검해 보아야만 합니다. 이제 세 가지의 핵심적인 원리로 돌아가 봅시다.

  첫째, 우리의 현재와 미래는 전적으로 하나님의 소관이며, 하나님께서는 자신의 기뻐하시는 뜻을 따라 우리를 승진시키기도 하시며, 번창하게도 하시며, 우리를 어떤 위치에 두기도 하십니다. "대저 높이는 일이 동에서나 서에서 말미암지 아니하며, 남에서도 말미암지 아니하고, 오직 재판장이신 하나님이 이를 낮추시고 저를 높이시느니라"(시편 75:6-7).

  둘째, 각 사람은 반드시 자신의 결정과 야망에 대한 하나님의 뜻을 개인적으로 찾아야 합니다. 우리의 동기를 판단해 줄 수 있는 사람은 아무도 없습니다. 우리가 내린 결정에 대한 책임은 전적으로 우리 자신에게 있습니다. "그러므로 어리석은 자가 되지 말고 오직 주의 뜻이 무엇인가 이해하라"(에베소서 5:17). 그러나 우리는 또한 경건하고 성숙한 그리스도인들에게 조언을 구하는 일을 등한히 하지 말아야 합니다. "미련한 자는 자기 행위를 바른 줄로 여기나 지혜로운 자는 권고를 듣느니라"(잠언 12:15).

  셋째, 사람의 가치는 재능의 많고 적음이나, 지위의 높고 낮음, 재산의 많고 적음에 달려 있지 않다는 사실입니다. 이 말씀을 기억하지 않으면 안 됩니다. "여러분을 다른 사람들과 다르게 만드신 분이 누구십니까? 여러분이 가진 것 중에서 받지 아니한 것이 무엇입니까? 그 모든 것이 받아서 가지게 된 것이라면 왜 마치 여러분 자신의 힘으로 그것들을 얻은 것처럼 자랑을 합니까?"(고린도전서 4:7, 필립스 역).

승진의 대가는 무엇인가

하워드는 마치 날 듯한 기분으로 공장장실을 걸어 나왔습니다. 그는 지금까지 여러 해 동안이나 꿈꾸어 오던 바로 그 분야의 일을 맡을 수 있는 자리로 승진 제의를 받았던 것입니다. 그것은 봉급의 인상과 더불어 회사 내에서의 안정된 지위를 얻는 것을 뜻하는 것이었습니다. 단 한 가지 마음에 걸리는 것은 2년 동안 세 차례의 이사를 해야 되고 그 기간이 끝나면 동부에 있는 어느 큰 도시에 정착해야 하는 것인데, 그처럼 큰 제안에 비하면 치러야 할 대가는 작은 것이었습니다.

그러나 생각이 여덟 살 먹은 아들에게 미치자 그는 낙담이 되었습니다. 아들 존은 선천적인 결함이 있어서 특별한 훈련을 필요로 하는 아이였습니다. 가족들이 여기로 이사 온 것도 이곳에 오면 그 훈련을 받을 수 있는 시설들이 있다는 특별한 이유 때문이었습니다.

하워드는 아내에게 그 이야기를 했습니다. 아내 역시 마음이 착잡했습니다. 그녀는 남편과 아들에게 다 같이 최선인 것을 바랐습니다. 그래서 그들은 의논하고, 기도하고, 하나님이 그들의 삶 가운데서 행하고 계시는 일을 검토했습니다. 하워드는 공장 내에서 좋은 간증과 영향을 통해 동료 두 사람을 그리스도 앞으로 인도했고, 현재 이들은 그의 도움으로 영적으로 성장하고 있었습니다. 하워드의 두 큰 아이 수잔과 릭은 교회의 십대 그룹에서 영적으로 안정된 성장을 하고 있었습니다. 사실 하워드와 그의 아내는 5년 전 이 도시로 이사 오기 전까지만 하더라도 영적으로 어린 상태요 미숙한 그리스도인들이었습니다. 하나님께서는 아들 존의 문제를 통하여 그들의 관심과 주의를 하나님께로 이끄시고 지역교회에서 영적인 도움을 받도록 하셨습니다. 그곳에서 그들은 성경 말씀을 체계적으로 배우고, 어떤 그리스도인의 개인적인 도움을 받으며 영적으로 성장하게 되었습니다.

가족들은 부임지 근처의 다른 도시에서 존을 도울 수 있는 비슷한 시설을 찾을 수 있으리라고 생각했고, 존이 훈련을 받는 기간만큼은 하워드가 가족들과 떨어져서 생활할 수 있을 것이라고 생각했습니다. 그러나 그들이 기도를 하면 할수록 승진과 관계되는 일들에 대한 평안은 점점 사라져 갔습니다. 3주 동안 깊이 생각해 보고, 또 상담도 해본 후, 두 번 다시는 이런 기회가 오지 않을지도 모르겠지만 이번 승진은 포기하기로 결단을 내렸습니다. 승진에 대한 대가는 너무나 큰 것이었습니다.

어려운 결정이었을까요? 물론입니다. 어리석은 결정이었습니까? 그럴지도 모르죠. 하지만 우리는 어떤 환경 가운데서도 하나님께서 인도하실 수 있도록 해야 합니다. 세상의 제도나 표준이 그리스도인에게 행동 지침이 되지 않는 경우가 많이 있습니다.

당신이 직장에서 승진하기 위하여 기꺼이 희생하는 것은 어떤 것입니까? 당신의 가족입니까? 당신의 사역입니까? 혹은 당신 자신의 영적 성장을 희생하시겠습니까? 결정을 내릴 때 모든 측면을 신중하게 따져 보지 않는다면 많은 경우에 이들 중 한두 가지는 희생하게 될 것입니다. 이는 결단코 올바른 것이 아닙니다.

사밀 자르는 레바논에 살고 있는 팔레스타인 난민이었습니다. 그는 네비게이토 선교회에서 훈련을 받은 아랍인의 전도를 통하여 그리스도인이 되었습니다. 그는 베이루트 대학교에 다니면서 제자로서의 훈련을 받았고, 졸업하면서 경영학 학위를 받았습니다. 쿠웨이트의 한 화학회사에 입사하여 판매 업무를 맡은 첫날 그 회사 사장이 그에게 이렇게 말했습니다. "사밀 씨, 당신이 이해해 주기를 바라는 것 가운데 첫째는 이 업무가 당신의 신(神)이 되어야 한다는 점이오. 우리는 모든 사원에게 이것을 요구하고 있소."

사밀은 속으로 잠깐 기도를 하고 나서 그 사장의 눈을 바라보면서 다음과 같이 대답했습니다. "죄송합니다만, 저에게는 이미 다른 신이 계십니다. 하지만 저는 사장님께 이런 약속을 드리겠습니다. 제가 이 회사의 일에 둘째 우선순위를 두고 판매에 임한 총량이 이 회사를 첫 번째 신으로 삼고 일하는 다른 사원들의 판매량보다 떨어진다면 저를 해고시켜도 좋습니다." 사밀의 고용주는 이 말에 놀랐지만 이 제안을 받아들이기로 했습니다.

쉬운 것은 아니었지만 사밀은 열심히 일하면서도 그리스도를 첫자리에 모시고 회사는 두 번째 위치에 두었습니다. 그러나 그의 두 번째는 다른 모든 사원들의 첫 번째보다 더 나았습니다. 현재 그는 모든 아시아 국가들과 하는 계약의 협상 책임자로서 일하고 있습니다. 하나님께서는 우선순위에 대한 사밀의 결단을 축복하사 영화롭게 하신 것입니다.

당신이 삶의 모든 영역에서 주님을 첫자리에 모신다면, 주님께서는 당신을 영화롭게 해주실 것입니다. "너희는 먼저 그의 나라와 그의 의를 구하라. 그리하면 이 모든 것을 너희에게 더하시리라"(마태복음 6:33). 그리스도께서는 분명 첫자리를 요구하십니다. 직장이 영적인 삶을 소홀하게 만드는 주원인이라면 당신은 지금 위험한 상태에 처해 있습니다.

많은 직장들이 실제로 엄청난 시간과 노력을 요구하고 있습니다. 당신은 그리스도인으로서 고용주에게 충성을 다해야 할 책임이 있습니다. 남은 업무가 있으면 자신이 맡은 책임은 수행해야 합니다. 그러나 직장이 당신의 삶 자체를 요구하고 있다면 그 우선순위는 너무 높은 것입니다.

승진의 기회가 생겼다면 그것이 자신의 삶에 어떤 영향을 미치게 될 것인지를 신중하게 검토해 보십시오. 다음 요소들을 생각해 보기 바랍니다.

- 자신의 능력. 일과 외 시간을 들이지 않고도 새로운 업무를 감당할 수 있는가?
- 자신의 거처. 거처를 옮길 것을 요구하는가? (이 주제는 다음 장에서 상세히 다룹니다.)
- 자신의 동기. 왜 승진을 원하는가?
- 자신의 가족. 가족들의 생활에는 어떤 영향을 미칠 것인가? 가족 각 개인에게는?
- 자신의 영적 생활. 개인의 영적 성장에 어떤 방해가 될 것인가?

- 자신의 사역. 그리스도를 더 효과적으로 섬기게 할 것인가? 아니면 그 반대일까?

직장에서 출세하기 위하여 가족들을 희생시키는 사람들이 대단히 많습니다. 이런 사람은 연장 근무를 하고, 일거리를 집에까지 가져오고, 무거운 사회적 책임을 떠맡으며, 출세에만 모든 신경을 다 씁니다. 그렇게 하는 동안 아내와 자식들은 소홀히 되고, 아이들 양육은 아내 혼자서 감당해야 합니다. 그렇습니다. 자녀들에게 필요한 물질은 다 있지만 아버지가 없습니다. 아이들이 십대가 되면 그들은 제멋대로 살기 시작합니다. 반항하고 원망하며, 술과 담배에 빠지고, 심지어 마약에 사로잡히기도 합니다. 그 때서야 아버지는 엉뚱한 것들에 자기 인생을 다 쏟아 부었다는 사실을 깨닫게 됩니다. 그의 출세는 이제 의미를 잃어버렸지만 때는 이미 너무 늦었습니다. 벌써 손실은 발생했습니다. 가족들이 입은 피해와 손상을 무엇으로 보상하겠습니까?

자기에게 남은 모든 시간을 교회 활동이나 사역에만 사용하는 경우에도 같은 일이 일어날 수 있습니다. 당신의 사역에 출세 노력까지 보태 버리면 가족들에게 돌아가는 시간은 더욱 적어집니다. 성경은 이 사실을 밝히 가르치고 있습니다. "한 사람이 두 주인을 섬기지 못할 것이니, 혹 이를 미워하며 저를 사랑하거나 혹 이를 중히 여기며 저를 경히 여김이라. 너희가 하나님과 재물을 겸하여 섬기지 못하느니라"(마태복음 6:24).

그렇다면 직장에는 얼마나 많은 시간을 들일 수 있을까요? 생각해 보아야 할 일반적인 문제점들을 몇 가지 열거해 보겠습니다.

과도한 일과 지나친 야망. 이러한 것들은 업무 시간이 분명하게 정해지지 않은 직장들 가운데서 흔히 있는 문제들입니다. 어떤 직장인들은 자신의 체력과 감정의 한계를 넘어서서 과도하게 스스로를 몰아붙입니다. 성격과 능력상 부적합한 업무에 종사하고 있는 사람도 있을 것입니다. 흔히 있는 잘못은 너무 짧은 시간 내에 너무 많은 일을 하려고 애를 쓰는 것인데, 자신의 업무 역량에 대하여 지나치게 낙관적으로 생각하는 것입니다. 정기적으로 매주 50시간 이상을 요구하는 일은 가정생활과 사역에 어려움을 초래합니다.

일을 너무 좋아함. 자기가 하는 일을 너무 좋아해서 그 직업이 자신들에게는 레크리에이션처럼 되어 버린 사람들도 있습니다. 자나 깨나 그 일 생각뿐입니다. 그러나 일에 대한 그런 강박에 가까운 애착은 가족들과 함께해야 할 많은 시간들을 일에 빼앗기게 하며 다른 활동들을 못하게 만듭니다. 공군에 입대한 첫 해에 나는 비행 통제관으로 케이프케네디 기지로 배속받았습니다. 그때는 우주여행이 한창때인지라 업무가 그렇게 재미있을 수가 없었습니다. 나는 모든 힘을 거기에 쏟아 부었습니다. 매일 밤 늦게까지 일했고, 때로는 일에 빠져 밤을 새기까지 했습니다. 게다가 교회 활동들까지 많이 맡다 보니 아들이 깨기 전에 출근해서 잠든 후에야 귀가하는 게 매일의 일과였습니다. 2년 동안이나 이런 생활이 계속되었습니다. 나는 가족들에게 매우 소홀히 했습니다. 하나님께서는 이런 나의 관심과 주의를 끌기 위하여 좀 따끔한 방법을 사용하시지 않을 수 없었습니다. 결과적으로 아들의 마음을 내게로 돌이키는 데는 그로부터 2년이 걸렸습니다. 이것은 우선순위에 대하여 완전히 새롭게 배운 계기가 되었습니다.

당신이 자신의 일을 너무 좋아하는 사람이라면 시간을 잘 지키십시오. 가족들과 함께 시간을 보내고 사역을 하기 위해 특별한 주의를 기울여야 합니다.

업무 성과에 대한 압력. 많은 직장에는 큰 압력이 따라다닙니다. 특별히 어떤 임무를 맡게 되거나 작업 할당량이 있으면 더욱 그렇습니다. 업무 수행 능력이 특히 떨어지는 사람인 경우에는 압력 때문에 감정이 메말라지고 시간도 빼앗깁니다. 이럴 때는 그 업무를 감당할 특별한 능력을 주시고 그런 압력 가운데서도 여유를 가질 수 있게 해주시도록 하나님께 기도하십시오.

자신의 능력이나 역량 밖의 업무. 우리 모두는 한계를 지니고 있습니다. 훈련을 받았거나 경험이 있는 업무에 대해서조차 그럴 때가 있습니다. 재능에 한계가 있을 수도 있고, 타고난 재능은 있지만 적절한 훈련이 안 되어 있을 수도 있습니다. 또는 재능도 있고 훈련도 받았지만 업무 수행 능력(주어진 시간 내에 얼마나 많은 일을 할 수 있는가 하는 것)이 떨어질 수도 있습니다.

당신이 자신의 한계를 알지도 못하고, 인정하지도 않으며, 어떤 조치도 취하지 않고 있다면, 남들과 보조를 맞추거나 그 일을 배우기 위하여 많은 시간을 더 들여야 할지도 모릅니다. 그렇게 하고도 일을 잘하거나 올바르게 하지 못할 수도 있습니다. 당신이 그 업무를 감당할 수 없을 때는 상사에게 그 사실을 알려야만 합니다. 그런 경우 대개 상사는 그 일이 수행되기를 원하므로 솔직하게 얘기해 준 데 대해 고마워할 것입니다. 당신이 그냥 침묵을 지키고 있으면 그로 하여금 당신을 적합한 사람으로 오해하게 만듦으로써 사실상 그를 속인 셈이 될 것입니다. 이 말은 새로운 분야에 대하여 전혀 손을 대지 말라거나 모험을 해보지 말라는 뜻이 아닙니다. 내 말은 상사에게 직접 가서 자신에게 필요한 훈련이나 도움을 요청하라는 말입니다. 굴착기로 땅을 파랬더니 가스관을 잘못 건드린다거나, 입찰을 잘못하여 엄청난 비용 손실을 초래한다든지, 이런 것을 바라는 상사는 없습니다. '할 수 있다'는 정신과 올바른 판단 및 정직성을 잘 조화시켜야 합니다.

직장에 얼마만한 시간을 들일 수 있겠습니까? 당신에게 보수를 주려면, 당신의 모든 노력과 역량—얼마간은 그 이상까지도—을 투자하기를 기대하는 것도 당연한 일입니다. 잠깐 동안 정당한 필요가 있다면 이를 위한 과외의 시간과 노력을 들이도록 하십시오. 당신의 고용주가 도움을 필요로 할 때 절대로 이를 저버리지 마십시오. 긴급할 때에 일을 맡길 수 있는 사람이 되되 '자신의 영혼을 회사에 팔아 버리지는 마십시오.'

내가 국방부에 근무할 때의 일입니다. 사무실의 모든 직원은 장군님이 출근하기 전에 사무실에 나왔고, 장군님이 퇴근하기 전에는 일과 후에도 몇 시간씩이고 퇴근을 하지 않았습니다. 할 일이 남아 있는 것도 아니고 무슨 특별한 일을 하는 것도 아니었습니다. 그건 그저 단순히 습관화된 관례의 일부로서 '장군님이 자리에 앉아 계실 때는 함께 자리에 앉아 있어라'는 식이었습니다. 나는 특별한 필요가 없는 한 정해진 출퇴근 시간을 지키기로 결심했습니다. 나는 일과 시간 중에 내가 해야 할 모든 업무를 다 처리했습니다. 그러나 진정한 필요가 생겼을 때는 퇴근 후에라도 다시 와서 밤을 새워 가며 그 일을 처리하곤 했습니다.

노동직은 열등한가

"내 형제들아, 영광의 주 곧 우리 주 예수 그리스도를 믿는 믿음을 너희가 받았으니 사람을 외모로 취하지 말라. 만일 너희 회당에 금가락지를 끼고 아름다운 옷을 입은 사람이 들어오고 또 더러운 옷을 입은 가난한 사람이 들어올 때에, 너희가 아름다운 옷을 입은 자를 돌아보아 가로되, '여기 좋은 자리에 앉으소서' 하고, 또 가난한 자에게 이르되, '너는 거기 섰든지 내 발등상 아래 앉으라' 하면 너희끼리 서로 구별하며 악한 생각으로 판단하는 자가 되는 것이 아니냐?"(야고보서 2:1-4).

이 말씀이 기록된 후로부터 약 2천 년이 흐르는 동안에도 변한 것은 별로 없습니다. 예나 지금이나 사람들 사이에는 지위나 부에 따라 사람을 평가하거나 경의를 표하는 경향이 강하게 남아 있습니다. 어떤 모임에서 우리는 "존스 박사님," "톰슨 사장님," 또는 "잭슨 대령님" 등의 호칭을 자주 듣습니다. 그러나 "윌리엄 목수님"이라든가 "벤튼 기술자님"과 같은 식의 호칭은 들어 보지 못했습니다. 교회에서도 마찬가지입니다. 아마도 별로 깊은 뜻은 없이, 지위나 부, 혹은 괄목할 만한 성공의 마크를 지닌 사람들에게 가치를 좀 더 부여하는 것이겠지요.

교회, 이웃, 사교 모임들은 계층이나 사회적 및 경제적 수준에 따라 구분되는 것이 사실입니다. 교회가 크면 그것은 작은 그룹들 즉 동질 집단들로 세분되는 경향이 있습니다. 사람들은 대개 자기가 속하는 사회적 또는 경제적 그룹은 자기의 직업과 직접 관련이 있다는 것을 알게 됩니다. 이것은 잘못된 일일까요? 모든 그리스도인은 그리스도의 몸 안에서 다 평등하지 않습니까? 그렇습니다. 그러나 사회 전체가 그리스도인은 아니요, 하나님께서는 우리가 이 사회의 각계각층에 그리스도를 증거하도록 의도하고 계시다는 사실을 기억하시기 바랍니다.

만약 어떤 그리스도인이 갑자기 유명해지거나 부자가 된다면, 그가 자기가 살던 낡은 집에 계속 살며, 그 전과 같은 음식을 먹고, 옛날에 타고 다니던 고물차를 계속 타려 하겠습니까? 그렇지 않으면, 좀 더 좋은 집에서 살고, 더 좋은 옷을 입고, 사교 대상까지도 바꾸겠습니까? 대부분의 사람이 후자에 속할 것입니다. 3장에서 다룬 증거의 개념을 다시 생각해 봅시다. 하나님의 목표는 지역 사회의 모든 구성원에게 영향을 주고 복음을 전하는 것입니다. 그러므로 하나님께서는 절대주권 가운데서, 각 그리스도인들의 재능 및 사회적 경제적 형편을 다르게 하여 그들이 사회의 각계각층에 처하게 하심으로써 그곳에서 그리스도의 증인이 되게 하시는 것입니다.

노동직과 비숙련직. 흔히들 '비숙련직'이란 숙련을 필요로 하지 않는 직무를 말하는데, 엄밀한 의미에서 '비숙련직'이란 없습니다. 모든 일에는 기술이 필요하기 때문입니다. 많은 사람들은 육체적으로 큰 힘이나 끈기가 요구되는 직업은 견뎌 내지 못하며, 어떤 분야의 전문가로 훈련된 사람들 중에는 손재주를 요하는 일은 전혀 하지 못하는 사람도 있습니다.

최근에 나는 조립이 되어 있지 않은 간단한 기계를 하나 산 사람에 대한 기사를 읽은 적이 있습니다.[3] 이 사람은 아무리 설명서를 읽어 보아도 그 기계를 어떻게 조립하는지 도무지 알 수가 없었습니다. 마침내 그는 근처에 살고 있던 손재주가 많은 어떤 노인에게 도움을 청했습니다. 그는 기계 부품들을 손에 들고 잠깐 연구를 하더니 곧바로 조립하기 시작했습니다. 조립은 금방 끝났습니다.

"놀랍습니다! 게다가 설명서도 보지 않고 그걸 하시다니요!" 그가 감탄을 하자 그 노인은 이렇게 대답했다고 합니다.

"사실 나는 까막눈이네. 글자를 읽을 줄 모르는 사람은 생각을 깊이 하게 마련이지."

기술이나 체력, 지적 또는 학문적 능력을 요구하는 정도는 직업에 따라서 다릅니다. 그 임금은 일반적으로 특정한 일을 감당할 수 있는 사람의 수 및 어떤 서비스나 제품에 대한 대중의 요구 정도와 관련이 있습니다. 다음 중에서 없으면 가장 빨리 아쉬워지는 직종은 무엇인지 잘 생각해 보십시오. 변호사, 엔지니어, 치과의사? 아니면 청소부, 상점 점원, 트럭 운전기사? 물론 후자에 속한 사람들이 더 빨리 아쉬워집니다. 그러나 돈은 아마도 전자에 속한 사람들이 더 많이 벌 것입니다.

성경에서는 기술을 가진 사람들에게 큰 영예가 주어져 있습니다. 부지런하고 충성된 농부나 노동자는 높임을 받았습니다. 기드온은 농부였고, 베드로는 어부였습니다. 하나님께서는 부나 지위의 고하에 관계없이 영적인 사람들을 사용하셨습니다. "형제들아, 너희를 부르심을 보라. 육체를 따라 지혜 있는 자가 많지 아니하며, 능한 자가 많지 아니하며, 문벌 좋은 자가 많지 아니하도다. 그러나 하나님께서 세상의 미련한 것들을 택하사 지혜 있는 자들을 부끄럽게 하려 하시고, 세상의 약한 것들을 택하사 강한 것들을 부끄럽게 하려 하시며, 하나님께서 세상의 천한 것들과 멸시받는 것들과 없는 것들을 택하사 있는 것들을 폐하려 하시나니, 이는 아무 육체라도 하나님 앞에서 자랑하지 못하게 하려 하심이라"(고린도전서 1:26-29).

하나님께서는 물론 재능이 뛰어나고 지혜가 많은 사람도 사용하시지만, 때때로 그런 사람은 너무 교만하여 하나님 앞에 자신의 마음을 잘 열지 못하는 수가 있습니다. 역사를 통해서 보면 하나님께서는 평범한 배경과 평범한 직업을 가진 사람들을 사용하신 적이 많습니다.

노동직이나 비숙련직은 열등합니까? 백 번을 물어도 대답은 아니라는 것입니다. 열등하다는 것은 비성서적입니다. 사회적인 가치 면에서나, 인간의 가치 면 또는 법적인 면 등 어느 모로 비추어 봐도 아니라는 대답밖에는 없습니다. 물질로 인하여 부패한 사회의 왜곡된 가치체계로 보면 열등하게 보일 것입니다. 개인의 가치는 그가 무엇을 하는가에 있지 않고 그가 어떤 사람인가에 있는 것입니다.

그렇다면 이 말은 사람이 보수가 더 높은 직업을 택하기 위하여 기술을 더 배우거나 교육을 더 받으려고 해서는 안 된다는 뜻입니까? 조용히 자기의 운명을 받아들이며, 변화는 시도하지 말아야 합니까? 물론 그런 말은 아닙니다. 그러나 자신의 재능이나 자신이 받은 훈련으로는 그런 변화가 일어나지 않거나 불가능할 경우라 할지라도 자기에게 그런 처지를 허락해 주신 하나님께 불만을 가져서는 안 된다는 뜻입니다. 하나님께서 그를 거기에 두신 데는 특별한 목적이 있으며, 그 환경 가운데서 그에게 평안과 큰 만족을 주실 것을 분명하게 약속해 주셨습니다.

개인의 능력 차이를 인정함. 사람은 정말로 평등합니까? 그렇습니다. 사람은 모두 하나님 앞에서 동등한 가치를 지니고 있습니다. 그렇다고 해서 모든 사람이 능력이나 재능까지도 똑같은 것은 아닙니다. 재능과 손재주, 지적 역량, 영적 은사는 사람에 따라 매우 다릅니다. 로마서 12:6에서도 "우리에게 주신 은혜대로 받은 은사가 각각 다르니…"라고 밝히고 있습니다. 우리 각 사람은 하나님 보시기에 각각 다르고 독특한 존재입니다. 좀 더 지적인 사람이 있는가 하면 좀 더 재주가 많은 사람도 있다는 사실을 알아야 합니다. 이것은 '좋고 나쁘고'의 문제가 아니라 단순히 차이일 뿐입니다.

본래 같은 능력을 가진 사람들이라 할지라도 그 성취도에는 차이가 있다는 사실을 인정해야 합니다. 다윗의 용사들 중에서까지도 브나야 같은 사람은 "삼십 인보다 존귀하나 그러나 첫 삼 인에게는 미치지 못하니라"(역대상 11:25)고 했습니다. 하나님께서는 다만 각 사람이 하나님께서 주신 능력을 최대한 사용하기를 원하십니다. 최종적인 결과는 하나님께 달렸습니다.

우리는 큰 은사와 재능을 가진 다른 그리스도인을 시기하기 쉽습니다. 그리스도인도 다른 사람들을 시기할 수 있는 것입니다. 이미 살펴보았듯이 성경은 "시기와 다툼이 있는 곳에는 요란과 모든 악한 일이 있음이니라"(야고보서 3:16)고 했습니다. 시기는 다른 사람의 것을 탐내는 또 다른 형태의 탐심이요, 따라서 죄입니다.

그리스도인 사회 안에서의 평등은 어떻습니까? 모든 사람이 가치에 있어서 평등한 대우를 받아야 마땅하며, 우리도 어떤 사람에게 편파적이 되어서는 안 됩니다(야고보서 2:1-4). 그러나 그리스도인 사회 안에도 그리스도의 몸의 전체 기능을 수행하기 위한 서로 다른 은사와 재능들이 있습니다. 우리는 이 차이를 인정해야 합니다. 모든 사람이 다 지도자일 수는 없으며, 모두가 다 성가대원으로 봉사할 수도 없고, 아무나 다 교회학교 교사가 될 수도 없습니다. 디모데전서 3장에 제시된 영적 자격을 갖추어야 한다는 면에서 보면, 모든 사람이 교회에서 어떤 책임이나 임무든 다 맡을 자격을 갖춘 것도 아닙니다. 자기 가계부의 정리도 제대로 못하거나 가정 예산조차 못 세우는 사람이 교회의 재정을 맡을 수는 없습니다. 교회학교에서 여덟 명까지만 제대로 지도할 수 있는 교사가 한꺼번에 오십 명을 맡을 수는 없는 것입니다. 오해하지 마십시오. 사람을 차별하는 것이 아닙니다. 다만 능력의 차이를 말하는 것뿐입니다.

우리는 이러한 재능들을 알아내고 각 사람들로 하여금 그리스도의 몸 가운데서 가장 알맞은 곳을 찾아내어 일하도록 도와주어야 할 필요가 있습니다. 또 한 가지 기억해야 할 것은, 우리 모두는 변화한다는 사실입니다. 하나님께서는 우리가 성장함에 따라서 우리를 변화시키십니다. 우리는 새로운 기술을 터득할 수도 있고 우리의 은사와 재능을 계발할 수도 있습니다. 그러므로 결코 자신이나 다른 사람들의 능력을 평가할 때 '고정된' 틀에 묶어 두어서는 안 됩니다.

올바른 자아상. 많은 그리스도인들이 자신에 대하여 왜곡된 견해를 가지고 있습니다. 그들은 자신들을 다른 사람들이 보는 대로도 보지 않고 하나님이 보시는 대로도 보지 않습니다. 어떤 영역에서는 열등감을 느끼는가 하면 어떤 영역에서는 우월감을 가지고 있습니다. "너희 중 각 사람에게 말하노니, 마땅히 생각할 그 이상의 생각을 품지 말고, 오직 하나님께서 각 사람에게 나눠 주신 믿음의 분량대로 지혜롭게 생각하라"(로마서 12:3). 필립스 역에는 "여러분의 능력에 대하여 건전한 평가를 하시오"라고 되어 있고, 현대어 성경에는 "여러분 자신을 정직하게 평가하십시오"라고 되어 있습니다.

우리가 추구하는 것은 우리 자신에 관한 진실입니다. 그러나 진실은 때로 마음을 상하게 하기도 합니다. 우리는 마치 자기가 이런저런 사람이나 된 것처럼 생각하면서 꿈속의 세계에서 살기를 더 좋아합니다. 성숙한 그리스도인의 특징 중의 하나는 삶의 모든 영역에서 진실을 기쁘게 받아들이는 것입니다. 그는 스스로에게 또 스스로에 대하여 점점 더 진실해져 갑니다. 올바른 자아상을 갖는다는 것은 스스로 과장하는 것도 아니요, 그렇다고 자신이 무가치하다는 태도를 갖는 것도 아닙니다. 그것은 자신의 은사와 재능에 대해 올바로 인식하는 것이요, 당신을 오늘의 당신으로 만들어 주신 하나님께 대해 감사하는 마음을 갖는 것입니다. 그것은 변화를 억제하고 성장을 방해하는 "난 원래 그래"식의 태도를 갖는 것이 아닙니다. 그것은 변화와 성장을 위한 토대가 되는 실제적인 평가를 하는 것입니다.

올바른 자아상을 발전시키며 자신에 대해 '건전하고 정직한 평가'를 하는 데 도움이 되는 몇 가지 방안을 소개합니다.

1. 하나님께서 당신에게 주신 재능과 은사를 발견하고 그것들에 대하여 감사할 수 있게 해주시도록 기도하십시오.
2. 당신의 강점과 약점, 재능들을 아는 대로 열거해 보십시오. (하나님께서 과거에 어떤 방법으로 당신을 축복해 주셨는가를 생각해 보십시오.)
3. 가까운 두세 친구 및 가능하다면 당신의 고용주에게 당신의 이런 면에 대하여 평가해 달라고 부탁하십시오.
4. 당신의 특별한 강점, 약점, 또는 재능을 확실히 알게 되었다고 느끼면, 당신이 가진 것들뿐 아니라 당신이 가지고 있지 못한 것들에 대하여 의식적으로 하나님께 감사하십시오.
5. 당신의 강점과 재능들을 사용하고 계발하기 시작하십시오.
6. 당신에게 은사가 없는 것이 확실한 활동 혹은 일들로부터 물러나기 시작하십시오.

친구 한 사람은, 과부로 살아온 62세의 할머니와 그분의 장래에 대하여 이야기를 나눈 적이 있는데, 그 할머니는 "내 인생에 대해 불평해 본 적이 없어요. 이게 하나님이 주신 내 운명인 걸요. 항상 즐거워요. 나는 나만의 멋진 삶을 살도록 태어났답니다"라고 말하더라는 것이었습니다. 그녀는 자신의 인생에 대해 절망하지 않고 자신에게 주어진 길을 즐거이 받아들이고 있었습니다. 주님 안에서 올바른 자아상을 갖고 있었습니다. 당신도 당신만의 멋진 삶을 살도록 태어났습니다. 하나님은 당신의 삶 가운데 당신만을 위한 특별한 목적을 가지고 계십니다.

누구나 전문가가 되어야 하는가? 모든 십대들은 장차 대학에 가서 공부하여 의사나 변호사, 엔지니어, 교사, 또는 사회사업가와 같은 전문직에 종사하는 사람이 되고자 하는 포부를 가지고 있는 것 같습니다. 그러나 은사와 재능의 면에서 볼 때 모두가 그렇게 될 수는 없습니다. 또한 그렇게 될 수 있다고 하더라도 누구나 다 그렇게 될 필요는 없습니다. 사무직이나 압력을 많이 느끼는 전문직에 종사하면서는 행복을 느끼지 못하는 사람들이 많이 있습니다. 단지 그 분야의 훈련을 받았고 보수가 많다는 이유 때문에 보수가 좋은 직종에 종사하고 있는 사람들도 많습니다. 이들 가운데는 대학 교육을 받지 않고도 할 수 있는 농장 일이나, 건설업, 기타 다른 분야에서 일하고 싶어 하는 사람들도 많이 있습니다. 직업과 직장을 선택할 때, 자신이 할 수 있는지뿐 아니라, 자신이 좋아하는지, 그리고 궁극적으로는 하나님께서 무슨 일을 하도록 자신을 부르셨는지도 평가해 보아야 합니다.

가까운 친구 한 사람은 어려운 과학 분야에서 고도의 훈련을 받은 사람이었습니다. 그는 그 방면에서 성공도 했고 유능한 인물이었습니다. 그러나 그는 자기가 좋아하고 또 잘하는 목공 일을 하고 싶다는 말을 자주 했습니다.

이 세상의 유행에 휩쓸려, 또는 주위의 압력과 강요에 못 이겨, 은사와 재능, 취향에 맞지도 않는 일을 택하지 않도록 하십시오.

직장에서 만족감을 맛보는 방법

모든 사람은 자기 직업과 직장에서 만족감을 맛보고 싶어 합니다. 그러나 당신은 언제 만족감을 갖게 되는지 알 수 있습니까? 돈을 많이 벌 때입니까? 직장에서 갈등이나 문제가 없을 때입니까? 직장이 안정되어 있을 때입니까? 자신의 처지가 좋다고 느끼고 즐거워할 때입니까?

물론 이 가운데 어느 한 가지로만 되는 것도 아니요, 다 있어야 되는 것도 아닙니다. 갈등과 문제점 가운데서도 온전히 만족할 수 있습니다. 봉급이 적고 다른 이점들이 적더라도, 자신이 어떤 일에 기여하고 있다는 사실을 통해 만족을 누릴 수 있습니다. 절대적이고 흔들리지 않는 만족감을 기대한다는 것은 자신의 인간성을 부인하는 것입니다. 만족감이란 동적(動的)이며 변하는 것입니다. 우리는 만족감을 날씨가 아니라 기후와 같이 생각해야 합니다. 날씨란 매일매일의 변화하는 기상 상태이지만, 기후란 일정한 지역 내의 평균적 날씨를 말합니다. 일정한 기간 동안의 평균 만족감을 생각하십시오.

만족도를 측정한다는 것은 어려운 일입니다. 사실 직업에 대한 만족감은 그 직업 자체만으로는 측정할 수 없습니다. 거기에는 자기 개인과 가족들의 만족 및 환경이 복합적으로 결부되어 있어 이 모든 것을 다 고려해야 합니다. 다음 질문들을 통해 자신의 직업과 직장에서 느끼는 만족감의 대략적인 정도를 측정해 볼 수 있습니다.

1. 나는 매일 그리스도와 힘있게 동행하고 있는가? (삶의 주요 영역들에서 개인적인 헌신과 순종의 여부)
   예   아니요

2. 나는 성경 말씀을 따라 가족들 가운데서 내가 맡은 기능을 수행하고 있는가? (남편과 아내가 성경적인 역할을 수행하며, 가족들은 사랑과 화합 가운데 영적인 토대 위에서 인도받고 있는지의 여부)
   예   아니요

3. 나는 근본적으로 나의 직업을 좋아하는가?
   예   아니요

4. 나는 직업에 최선을 다하고 있는가?
   예   아니요

5. 나는 작년에 직장에서 전도를 한 적이 있는가?
   예   아니요

6. 현재의 직장을 그만두는 일을 깊이 생각해 본 적이 있는가? 있다면, 그런 생각을 한 지가 적어도 여섯 달은 넘었는가?
   예   아니요

7. 내가 하고 있는 직장 일이 가치 있는 일이라고 느끼는가?
   예   아니요

8. 직장이 나의 재능을 충분히 활용해 주고 있다고 느끼는가?

              예   아니요

9. 매일 편한 마음으로 직장에 출근하는가? (업무에 대해 걱정을 하거나 주말이 되기만을 기다리지 않고)

              예   아니요

10. 직장이 가족들의 기본적인 경제적 필요를 채워 주고 있는가?

              예   아니요

'합격' 점수는 정해져 있지 않지만, 1번이나 2번 질문에 "아니요"라는 대답을 했거나, 6번 질문에 "예"라고 대답했다면, 아마 자신의 직업에서 평안을 누리지 못하고 있을 것이며, 나머지 일곱 문항 중에서 4개 이상에 "예"라고 답했다면 현재 자신의 직업에 꽤 만족하고 있을 것입니다.

직업에 대한 만족도를 높이기 위한 몇 가지 제안을 공부하기 전에 근본적인 문제를 생각해 보십시오. '하나님은 모든 사람이 자기 직업에서 만족감을 갖도록 의도하셨는가?' 하는 것입니다.

만족감을 갖지 못하는 것은 죄일까요? 성경적으로 볼 때 그 대답은 '아니요'가 되어야 합니다. 하나님께서는 직업이나 직장에서의 만족을 약속하시거나 명령하신 적이 없습니다. 우리는 우리에게 주어진 환경들에 만족해야 하지만 만족감을 맛보지 못할 수도 있습니다. 하나님은 사람들이 자기 직업에 만족하기를 기대하신다고 성경에 직접적으로 언급되어 있지는 않지만, 골로새서 3:22-23과 같은 구절을 통해 추론할 수 있는 것입니다. 이 말씀은 특별히 종들에게 주는 말씀으로, 일을 하되 주님께 하듯 전심으로 하라고 가르치고 있습니다. 종의 일 자체가 만족감을 줄 리는 없었지만, 그들은 그리스도인이기에 만족해야 했습니다. 요셉은 감옥에서 만족감을 갖지는 못했지만 만족했습니다(창세기 39-41장). 하나님은 하루 종일 탄광의 갱 속에서 탄가루를 마시면서 고되게 일하는 사람이 다른 어떤 일보다도 이 일을 하고 싶다고 말하기를 기대하시겠습니까? 자동차 생산 라인 안에서, 매일같이 똑같은 부품만 조립하거나 매일 같은 부품에 구멍만 뚫는 일을 하는 것은 이상적인 직업에 대한 당신의 생각과는 다를지도 모릅니다. 많은 직업들이 힘들고, 잘 알아주지도 않으며, 승진에 대한 전망도 없습니다. 그런 환경들 가운데서 우리는 현재 처해 있는 곳에 우리를 두신 데 대하여 하나님의 절대주권을 인정해야 합니다. 성경적인 만족감은 직장에서뿐만 아니라 개인적인 활동과 가족 간의 유대 및 일 등 이들의 상호관계 속에서도 느낄 수 있습니다. 많은 직장들이 가족들에게 필요한 물질을 공급함으로써 그들을 섬기고 있습니다. 사실 그리스도인들이 직장만으로 진정한 만족을 얻는 일은 드뭅니다.

그렇다면 만족감을 얻기 위하여 노력하는 것은 합당한 일입니까? 그렇습니다. 그 일을 위한 다섯 단계를 알아봅시다.

1. 하나님께서 당신의 현재 직장으로 인도하셨음을 알고 그것을 인하여 하나님께 감사하십시오.
2. 직장에서 태도와 행동 양면에 최선을 다해 일하십시오.
3. 직장 동료들과의 개인적인 갈등을 해소하기 위해서라면 체면을 잃는 한이 있다 하더라도 필요한 조처는 다 취하십시오.

4. 함께 일하고 있는 사람들에게 복음을 증거할 기회를 적극적으로 찾고 이용하십시오.

   5. 당신의 능력 범위 내에 있고 또 자신이 원한다면, 업무 능력을 개선하거나 직장을 옮기기 위한 계발 활동을 시작하십시오.

   간단한 제안이지만 실천에 옮긴다면 효과가 있을 것입니다.

토의를 위한 질문

1. 당신 삶 가운데 있는 야망을 어떻게 알 수 있습니까?
2. 당신이 직장에 합당하게 들일 수 있는 시간은 얼마나 됩니까?
3. 모든 사람은 전문적이거나 높은 보수를 받을 수 있는 직업을 갖기 위한 자격을 갖추려고 노력해야 합니까?
4. 재능과 은사의 확실한 차이는 무엇인지 설명해 보십시오.
5. 삶에서 만족감을 주는 것은 무엇입니까? 직장에서는? 결혼 및 가정 생활에서는?
6. '누구나 다 자기 직업 또는 직장에서 만족감을 맛보리라 기대할 수는 없다'라는 주제에 대하여 토의해 보십시오.
7. 하나님과 사회에, 다른 직업들보다 가치가 적은 직업들이 있습니까?
8. 그리스도인은 승진과 봉급 인상에 얼마나 강조점을 두어야 합니까?

제 5 장

직장, 직업, 생활 근거지의 변화

그날 밤은 직장에서 집으로 퇴근하는 데 30분이 아니라 몇 시간은 걸린 것 같았습니다. 톰의 가슴은 두근거렸고, 방금 자기 배를 주먹으로 한 대 강하게 얻어맞은 것 같은 느낌이 들었습니다. 그는 직장에서 실직당한 것입니다. 그전까지만 해도 자기 직장은 전적으로 안전하다고 생각했고, 자신은 직장에서 아주 유능한 사람 축에 속한 걸로 알고 있었습니다. 그러나 그날 감원된 다른 천여 명의 사람들도 다 유능한 사람들이었습니다.

몇 달이 걸릴지도 모르는 일자리 찾는 일이 시작되었습니다. 첫 번째의 충격이 가라앉자 그는 현재 살고 있는 곳에서 일자리를 구하기로 마음먹었습니다. 그러나 그의 결심은 이내 당황으로 변해 버렸습니다. 일자리가 없었던 것입니다. 그는 다른 고장에서 일자리를 구하기 시작했습니다. 얼마 후 1,600km 정도 떨어진 도시에서 일자리가 생겼다는 연락을 받았습니다. 기뻐해야 마땅했지만, 그는 과연 자기가 자리 잡고 살던 곳을 기꺼이 버리고 가족들과 함께 이사를 해야 할 것인가를 결정해야만 했습니다. 15년간이나 살아왔던 정든 곳이었습니다. 아이들을 생각해 보았습니다. 애들의 친구들과 학교, 교회가 머리에 떠올랐습니다. 십대가 된 아이들에게는 새로운 고장에 적응하는 것이 무척 어려운 일이 될지도 모를 일이었습니다.

우리는 이동이 많은 사회에 살고 있습니다. 대도시 지역에 사는 가족들은 평균 4-5년 만에 한 번씩 이사를 합니다. 그러다 보니 한 고장에서 유치원부터 고등학교까지 마치는 아이들은 무척 드뭅니다. 이사하는 것 때문에 아이들이 종종 고생을 합니다.

변화 시에 생각해야 할 요소

이사를 하거나 직장을 옮길 때 고려해야 될 요소들은 무엇입니까? 많은 것이 있겠지만 네 가지만 언급해 보겠습니다. 각 요소들은 이 장 후반부에서 보다 상세히 다루기로 하겠습니다.

가족. 이사를 하게 되면 아이들이 가장 고생을 하게 된다는 것은 틀림없는 사실입니다. 아이들은 친구들, 선생님들, 정들었던 곳, 중요한 여러 활동들을 다 잃어버리게 됩니다. 어른들은 큰 변화가 아이들에게 미치는 정서적인 영향을 과소평가하기 십상입니다. 애들은 나이가 들수록 새로운 환경에 적응하기가 더 어려워집니다. 새 친구들을 사귀기가 그만큼 더 어려워지기 때문입니다. 새 교회나 학교생활에 완전히 적응하는 데는 몇 달이나 걸립니다. 자녀들이 우리 삶을 주도할 수는 없지만 어떤 결정에 있어서나 신중하게 배려를 해주어야 합니다.

이사를 할 때 실제로는 누가 주된 일을 하게 될까요? 가정주부입니다. 물론 남편이 큰 짐들을 꾸리고 차에 싣고 내리고 합니다. 그러나 집을 팔 수 있도록 깨끗이 치우고, 대부분의 자질구레한 짐들을 꾸리고, 아이들의 전학 수속을 밟고, 짐을 풀고, 이사 때문에 잠시 머무르는 곳에서의 보따리 살림을 하며(심지어는 거기서 식생활을 해결해야 할 때도 있음), 새 집을 청소하고, 아이들을 돌보아 주며 필요들을 채워 주어야 하는 모든 일들을 누가 하겠습니까? 가정주부입니다. 남편은 일단 직장의 모든 일을 마무리 짓고, 가구들을 차에 싣고 내리며, 집 찾는 일 등을 돕고는 또 다시 새 직장에 나가 일에 빠져 버립니다. 물론 이렇게 하는 것이 전적으로 나쁜 것은 아니지만, 이러한 사실들을 바로 알고 아내의 숨은 노고를 이해해 주어야 합니다.

오래 전의 일인데, 그때 아내는 출산을 한 가운데서도 내 석사학위 논문을 타자로 쳤고, 큰 이사를 두 번이나 했습니다. 다 해봐야 6개월밖에 안 되는 기간 안에 말입니다. 같은 기간에 나는 중요한 사역 책임을 맡아 우리 집에서 학생들과 함께 몇 가지 활동까지 하고 있었습니다. 우리 부부는 거의 한 해가 다 가도록 아내의 몸에 어떤 일이 있는지 깨닫지 못했습니다. 한 해가 다 지났을 무렵에야 이것을 알았고 그 후 아내의 건강이 완전히 회복되기까지 거의 1년 동안이나 우리는 활동을 줄이지 않으면 안 되었습니다. 이 일을 통하여 우리는 귀중한 교훈을 배웠습니다.

'생활 근거지를 옮기는' 결정을 할 때 가족들에 대한 배려가 선행되어야 합니다.

교회 및 영적 활동. 그리스도인의 삶에서 영적인 교제는 생명과도 같습니다. 모든 사람은 삶을 통하여 영적인 영향을 서로 주고받게 되어 있습니다. 그러므로 우리는 "하나님께서 왜 나를 이곳에 있게 하셨을까? 그 임무는 완수되었는가?"라고 물어봐야 합니다. 영양가 높은 영적 음식물은 영적 성장의 기초를 마련해 줍니다. 당신에게는 교회가 필요합니다. 그리스도의 몸 안에서 갖는 교제가 필요한 것입니다. 당신 자신과 가족들이 풍성한 영적 양식을 공급받고 있다면 그 교회를 떠나기 전에 신중하게 생각해 보아야 할 것입니다. 다른 지역으로 이사를 가게 되면 그곳의 영적인 여건은 어떠합니까? 미리 조사해 보셨습니까? 당신은 영적으로 얼마나 성장한 사람입니까? 영적인 교제가 거의 없는 곳에서도 영적인 삶을 지속할 수 있겠습니까?

영적 양식을 섭취할 뿐만 아니라 다른 사람들에게 공급도 해주고 있어야 합니다. 현재 당신이 하고 있는 사역은 어떤 것이며 새로운 고장에는 어떤 기회들이 있습니까? '사역'이라는 말은 교회학교에서 가르치는 일이나 교회의 어떤 부서에서 섬기는 일과 같은 어떤 기관의 일뿐만 아니라 직장과 이웃 사람들에게 영적 도움의 손길을 뻗치는 것까지도 포함합니다. 당신이 현재 처해 있는 그곳에서 다른 사람을 훈련시켜 당신을 대신할 수 있게 해 놓지 않으면 당신이 하던 일을 계속할 사람은 아무도 없습니다.

직장. 새로운 직장의 요구에 대한 당신의 생각은 현실적입니까? 그 직장은 당신의 기대를 만족시켜 주겠습니까? 시간을 많이 들여야 하는 곳은 아닙니까? 당신이 직장이나 생활 근거지를 옮긴 이유에 따라 새로운 직장은 문제점을 해결하기보다는 더 많은 문제점을 야기할 수도 있습니다. 직장을 옮기는 바른 동기와 그른 동기에 대해서는 조금 후에 다루기로 하겠습니다.

하나님의 뜻. 궁극적으로 당신을 향한 하나님의 뜻을 분별해야 합니다. 어떤 정해진 규정이나 지침이 있어서 당신에게 무엇을 어떻게 하라고 구체적으로 말해 주지는 않습니다. 상담과 모든 검토를 거칠 때, 당신은 무릎을 꿇고 하나님의 최종적인 결정을 구해야 합니다. 하나님께서는 당신에게 최선의 것을 주기를 바라고 계십니다. 그러므로 시간을 들여서 하나님의 뜻을 분별하도록 노력하고, 그것을 실행에 옮기십시오. 이 장의 뒷부분에 이 주제에 대해 간단히 요약하겠습니다.

변화에 대한 합당한 이유

하나님은 모세를 애굽에서 광야로 인도하셨다가, 다시 애굽으로, 그리고 마지막에는 이스라엘 백성들을 애굽에서 이끌어 내어 광야를 거쳐 약속의 땅으로 인도하는 일을 맡기셨습니다. 하나님은 다윗으로 하여금 역경을 통과하게 하셔서 동굴에서부터 왕궁에 이르기까지 다양한 환경 가운데서 살게 하셨습니다. 또한 하나님은 바울의 전도여행을 인도하셨습니다.

직장이나 생활 근거지를 옮기는 것은 죄가 아닙니다. 하나님은 계속해서 우리에게 새로운 선교지를 보여 주시고 새로운 일거리를 주십니다. 그러나 선택을 하게 될 때, 우리는 변화에 대한 진정한 동기를 생각해 봐야 하는데, 거기에는 참된 동기들도 있습니다. 우리 스스로 선택하는 것도 있고 하나님께서 우리로 하게 하시는 경우도 있습니다.

가족. 이번에도 가족들을 생각해야 합니까? 그렇습니다. 내 친구 하나는 다른 지방에서 유명하고 보수가 높은 직장을 얻게 되었습니다. 그러나 이사하는 것이 가족들에게 과연 어떨지에 대하여 확신할 수 없었기 때문에 2년 동안의 시험 기간을 가져 보기로 했습니다. 그의 아내와 아이들은 다 새로운 환경과 새로 만나는 사람들과의 관계에 적응을 하지 못했습니다. 침울해지거나 불평을 하지는 않았지만 그들에게는 이전에 누리던 평안이 없었습니다. 2년 후 그들은 새로운 직장을 얻을 수 있다는 어떤 실제적인 보장도 없지만 먼젓번에 살던 곳으로 되돌아왔습니다. 그 친구는 거기서 직장을 얻었고 가족들도 행복을 되찾았습니다.

한편, 십대들의 교우 관계를 지도해야 하는 시기가 옵니다. 앨 부부에게는 십대 자녀가 둘, 십대가 되지 않은 자녀가 하나 있었습니다. 그들이 살고 있던 도시는 점차 마약과 불량 학생들의 소굴로 변해 가고 있었습니다. 그들의 십대 자녀 둘은 그리스도인들이었지만 친구들을 사귀기 시작하면서 생각과, 태도, 행동에까지 좋지 못한 영향을 많이 받게 되었습니다. 앨은 직장에서 높은 보수를 받았고 승진도 약속되어 있었지만, 자녀들의 환경을 바꾸어 주기 위해 다른 도시로 이사 가기로 결심했습니다.

가족들의 필요에 세심한 주의를 기울이십시오. 그들의 삶에서 지나간 날들을 되찾아 줄 수는 없습니다.
　가족들을 위하여 이사를 결정하게 되는 이유들은 수없이 많습니다.

- 가족들 중 누군가의 건강에 문제가 생긴 경우
- 자녀들의 진학과 교육 문제
- 가족 구성원들이 외적으로 얽히고설킨 것들이 너무 많아 정리가 필요한데, 지금 살고 있는 곳에서는 바꾸기가 쉽지 않은 경우
- 직장 또는 주위의 압력이나 요구가 가족들에게 해를 주는 경우

　회사의 전출 명령. 여러 지사를 거느린 대기업에 근무할 경우, 전출할 가능성은 항상 있습니다. 타지방으로 전출을 요구해 올 수도 있고, 여건의 변화로 어느 한 공장의 일거리가 줄어들어 다른 공장으로 전출을 가든지 아니면 사표를 내야 하는 상황에 직면하기도 합니다. 반드시 타지방으로 전출을 갈 필요는 없지만 경제적인 사정이 전출에 대한 압력을 가중시키기도 합니다. 그냥 머물러 있으면서 하나님께서 다른 직장을 주실 것을 신뢰하는 것이 믿음의 진일보가 되기도 합니다. 같은 곳에서 계속 근무하기로 한다면 그것이 하나님의 뜻인지 분명히 알고자 할 것입니다. 다른 곳에서의 취업 기회는 불확실한 경우가 많기 때문입니다. 선택을 할 때는 반드시 현재 주어진 환경 가운데서 가족들을 향하신 하나님의 뜻이 무엇인지를 알아보도록 하십시오.

개인적인 만족과 새로운 직장. 새 직장이 주는 자극과 흥미는 많은 사람들에게 동기를 불러일으키기도 합니다. 새로운 직장은 어려운 업무 조건이나 불안정한 경제적 여건으로부터 해방시켜 주기도 합니다.

마티 해리스는 열여덟 살 때부터 건축업에 종사했습니다. 일거리는 계절을 많이 탔고, 경제적으로 불안정했으며, 일에 만족이 없었습니다. 23세가 되었을 때 그는 다른 일을 하기 위하여 훈련을 받기로 결심했습니다. 가족들은 그가 야간에 기술학교를 다닐 수 있도록 6년 동안이나 절약하는 생활을 하며 활동까지도 제한했습니다. 그리하여 마침내 졸업을 했으나 그 도시에는 일자리가 없었습니다. 같은 곳에서 29년을 사는 동안 세 자녀는 학교와 이웃과 교회의 좋은 환경에 정들어 있었지만 다른 지역으로 이사하는 것만이 새로운 분야를 개척할 수 있는 유일한 길 같았습니다. 많은 기도를 한 후에 마티와 그의 아내는 하나님께서 그들에게 이사를 원하신다는 결론을 내렸습니다. 그들은 결정을 할 때, 직업에 대한 마티의 개인적인 만족과 가족들의 생활 안정에 주로 초점을 맞추었습니다. 그들은 어떤 것으로부터 탈출을 한 것은 아니었습니다. 그때까지도 마티 자신은 건축업계에서 이름이 나 있는 편이었으니까요.

그리스도인으로서 우리는 '어려운 것이 곧 선한 것'이라든가 '내가 원하는 정반대의 것이 바로 하나님이 원하시는 것'이라는 식의 공식에 따라 행동해서는 안 됩니다. 하나님께서는 우리 마음으로 소원하고 있던 것을 주시며 평안과 행복을 주십니다. 자신의 재능이나 은사가 부족한 분야에서 일하려고 할 때에는 개인적인 불만족이 곧 드러납니다. 우리가 하나님과 견고한 교제 가운데 있고, 문제들로부터 도피할 궁리만 하고 있지 않다면, 불만족은 때때로 우리에게 변화가 필요하다는 사실을 깨우쳐 주는 실마리를 제공하기도 합니다.

새로운 고장의 새로운 직장은 새로운 가능성을 열어 줄 수도 있습니다. 새로운 사역의 기회와 새로운 전도 대상자를 만날 수 있는 장을 제공할 수 있습니다. 또한 믿음으로 발걸음을 내디딤으로써 새로운 성장을 경험할 수 있으며, 자신이 하는 일에 대한 동기를 새롭게 할 수도 있습니다. 하나님께서는 문을 닫기도 하시지만 새로운 문을 열기도 하십니다. 새로운 직장 및 생활 근거지가 열린 문일 수도 있습니다.

이사를 하지 않고도 직장을 옮길 수 있는 경우라면 가족들과 교회 생활에 혼란이 없이도 새로운 일자리를 얻거나 만족을 얻을 수 있습니다. 직장을 옮기는 일을 생각할 때는 그렇게 될 수 있는지를 맨 먼저 고려해 보아야 할 것입니다.

건강. 가족 중 누군가에게 심각한 건강상의 문제가 생겼다면 필요한 조치를 취해 주어야 할 책임이 가장(家長)에게 있습니다. 천식이나 건초열과 같은 특정 질병들에 걸린 환자는 기후가 다른 곳에서 요양을 하도록 의사가 권하는 경우가 있고, 어떤 질병에 대한 전문적인 의료 시설이 특정 지역에만 있는 경우도 있습니다. 직업에 따라서 특수한 직업병을 유발하기도 합니다.

정서적인 건강 문제도 많이 있다는 사실을 기억하십시오. 그런 어려움들도 다리가 부러졌다거나 감기가 걸렸을 때처럼 실제적인 것들입니다. 단지 정서적인 건강 문제만으로 직장이나 생활 근거지를 바꾸도록 권하기에는 주저되는 점이 많지만, 거주지와 경제적인 여건, 직종 및 교회 생활이 우리의 정서적인 건강에 큰 영향을 미친다는 사실을 알아야 합니다. 만약 이러한 문제의 원인이 함께 다루어진다면 거주지나 직장을 바꿈으로써 그 정서 문제도 해결될 수 있습니다.

사역의 기회. 그리스도인 삶에서 성장해 감에 따라 누구나 자신의 영적인 필요, 은사, 기여를 새로운 시야로 바라보기 시작합니다. 경제적으로 부유해지고 세상에서 출세한다는 것이 별것이 아님을 알게 됩니다. 현실은 이루어지지 않은 꿈을 산산이 부서뜨립니다.

어떤 노인이 유명한 화가에게 그림 한 점을 들고 갔습니다. 이 그림을 본 화가는 "이걸 누가 그렸습니까?"라고 물었습니다.

노인은 "열두 살 먹은 소년의 솜씨죠"라고 대답했습니다.

화가는 놀라워하면서 말했습니다. "그 소년을 제게로 데려오십시오. 이 세상에서 가장 위대한 화가로 만들겠습니다."

노인이 대답했습니다. "그건 불가능한 일이오. 내가 바로 그걸 그렸던 소년이오."

인생이란 일이나 돈 이상의 것입니다. 하나님께서는 당신이 하나님의 나라에 특별한 영적 기여를 하도록 계획하셨습니다. 하지만 당신 편에서 그 일을 위한 준비와 훈련을 해야 합니다. 그런데 준비와 훈련의 기회를 놓칠 수가 있습니다. 또한 당신은 올바른 곳에 있어야 합니다. 당신은 더욱 효과적으로 다른 사람들을 섬기도록 도움을 받을 수 있는 곳으로 기꺼이 이사할 수 있겠습니까? 당신은 장래에 그리스도의 몸 안에서 기여할 준비를 하기 위해 지금 몇 년간을 기꺼이 투자하시겠습니까? 나는 지금 전임 사역자가 되는 데 대해 말하고 있는 게 아니라, 오히려 일반 직장에 근무하는 효과적인 평신도가 되는 데 대해 얘기하고 있는 것입니다. 당신이 효과적인 영적 기여를 하기 위해 준비하는 것을 도와줄 수 있는 교회나 기관 또는 개인을 만나면 그 기회를 놓치지 마십시오.

하나님께서는 당신이 특별한 사역이나 선교에 참여할 수 있도록 하기 위해 근거지나 직장을 옮기도록 인도하실 수 있습니다. 신참 공군 장교 때 나는 케이프케네디 기지에서 좋은 보직을 받았습니다. 몇 가지 환경을 거치면서 하나님은 공군사관학교로 내 관심을 이끄셨습니다. 나는 그곳에 있는 생도들에게 전도하고 양육하는 기회를 얻는 데 대하여 생각해 보기 시작했습니다. 외부에서 사관학교에 들어가 생도들에게 전도한다는 것은 어려움이 많았기 때문에 학교 내부에서 영향을 줄 수 있는 사역이 필요했습니다. 나는 기도하면서 준비하기 시작했습니다. 내 장래를 위해선 사관학교가 가장 좋은 보직이 되지는 않는다는 충고를 듣기도 했지만 나는 하나님의 인도하심을 느꼈습니다. 3년간의 준비를 마친 후 하나님께서는 나에게 교수요원의 자리를 주셨습니다. 그 결과 그곳에서 수백 명의 생도들이 그리스도를 알게 되어 지금은 공군 장교로서 힘찬 그리스도인의 삶을 살고 있습니다.

하나님께서 계속하여 당신에게 어떤 특정한 선교지에 대하여 말씀해 주고 계시지는 않습니까?

새 출발. 우리는 자신의 직업을 전혀 다른 것으로 바꾼 사람들의 이야기를 자주 듣습니다. 농부가 된 엔지니어, 목수였으나 후에 대학을 졸업하고 의사가 된 사람, 독자적인 사업을 경영하던 사업가가 그 생활의 무거운 압력이 싫어서 그것을 그만두고 시간제로 일하고 보수를 받는 직업을 택했다는 등의 이야기를 많이 들어 왔습니다. 많은 사람들이 처음에는 자신에게 맞는 직업을 선택하지 못합니다. 그들은 잘못 선택한 그 직업을 '운명'으로 받아들이고 일생 동안 '지구력'으로 버텨 나가야 할까요? 꼭 그럴 필요는 없습니다. 하나님은 그런 사람을 새로운 삶과 직업으로 인도하실 수 있습니다.

샘은 31세의 기혼 남자로서 세 자녀가 있고, 교회 활동을 적극적으로 하는 사람이며, 대학은 1학년까지만 마쳤고, 건물 관리자로서 많은 봉급을 받는 사람이었습니다. 하나님께서는 그를 다시 대학으로 가서 교사가 될 준비를 하도록 인도하셨습니다. 교사로서의 초봉은 지금보다 못했습니다. 하지만 그는 7년간 야간대학을 다녔습니다. 자신과 가족들에게 다 고달픈 일이었지만 그들은 자신들이 하는 일에 확신이 있었습니다. 38세가 되어 대학을 졸업하고 그는 교사로서의 생애를 시작했습니다.

당신이 이제 갓 그리스도를 믿게 되었거나 최근에 들어서야 영적으로 성장하는 삶을 살게 되었는데, 현재의 환경이 영적 성장에 너무도 방해가 되는 경우, 환경을 바꾸고 싶어 할 수도 있습니다. 새 출발을 하기 위해서는 직장이나 근거지를 옮길 필요가 있을지도 모릅니다. 만약 그런 경우라면 하나님께서 당신과 당신의 환경에 변화를 주시도록 그분을 의뢰하십시오.

이 장에서 지금까지는 자의에 의해 직장을 옮기는 이유들을 주로 다루었습니다. 그러나 실직하거나 해고되었을 때는 어떻게 합니까?

실직. 국가 경제의 악화로 불경기가 되었다면 수많은 직장인들이 실직할 수 있습니다. 이 장의 서두에서 언급한 톰의 예는 그런 처지에서 많은 사람들이 직면하는 딜레마의 핵심을 잘 말해 주는 것입니다.

엔지니어였던 내 친구는 갑자기 실직을 당했습니다. 평소에 자기 직장만큼은 안전하다고 생각해 온 터였기 때문에 실직은 전혀 예상 밖의 일이었습니다. 다른 일자리를 구하는 데 별 문제가 없을 것으로 생각했으나 막상 찾아보니 그 고장에서는 일자리가 전혀 없었습니다. 결국 많은 기도를 한 후 믿음으로 새로운 발걸음을 내디뎠습니다. 그와 가족들은 집을 팔고 저축해 둔 돈을 찾았습니다. 그리고 그는 대학원에 진학하여 다른 분야에서 일하기 위한 공부를 시작했습니다. 취직자리를 구하는 몇 달 동안 가족들은 실업자의 처지에 대하여 금방 알게 되었습니다. 자기들이 다니던 교회에서조차 도움을 주겠다고 나서는 사람은 별로 없었고 그들의 필요에 대해 묻는 일조차 없었습니다.

사라 웰스는 '이터니티'라는 잡지에 실직을 주제로 쓴 글에서 이렇게 밝혔습니다. "교회의 교우들은 그저 가볍게 미소를 지어 보이거나 우리를 피했습니다. 내가 남편에게 말했죠. 마치 우리 중에 누가 죽은 것 같은 기분이라고. 사람들은 두렵거나 거북한 것처럼 행동하더군요."[1]

실직은 두려움과 무기력을 낳습니다. 그러나 그것은 우리의 교만을 깨뜨려서 우리를 하나님 앞으로 나아가게 만듭니다. 확실히 실직은 이사에 대한 합당한 이유를 만들어 주기도 합니다. 하지만 당신이 실직했다면 어떻게 하시겠습니까? 몇 가지 실제적인 제안을 드립니다.

1. 그것이 비록 견디기 힘든 일이라 하더라도 당신에게 그런 환경을 주신 하나님께 감사하십시오.
2. 하나님께서 이런 환경을 통하여 당신에게 가르쳐 주기를 원하신다고 생각되는 몇 가지 교훈을 아내와 함께 목록으로 만들어 보십시오.
3. 재산 목록을 만들어 보십시오. 저축은 얼마나 있습니까? 보험금은? 퇴직금이나 연금은 얼마나 되며 어느 기간까지 받을 수 있습니까? 필요시 즉각 현금화할 수 있는 물건들은 어떤 게 있습니까? 예를 들면, 승용차 같은 것이 여기에 속합니다. 이자를 조건으로 돈을 빌리는 것은 삼가십시오.
4. 재산 목록을 바탕으로 얼마 동안이나 직장 없이 살아갈 수 있을지 판단하십시오.
5. 생활비를 최소한도로 줄이십시오. 허영심을 일체 배제하십시오. 이전 수입의 1/2 또는 2/3로도 생활할 수 있을지 모릅니다. 신용카드 사용은 중지하십시오. 봉급을 많이 받을 때 빌려쓴 돈의 액수가 많다면 매달 보다 적은 액수만을 갚는 방법을 찾아보십시오. 채권자들에게 편지로나 말로 당신의 처지를 설명하십시오.

6. 당신의 처지에 대하여 가족들과 함께 의논을 하십시오. 함께 기도하십시오. 가족들은 단합이 잘될 것이며 기꺼이 적은 액수로도 생활할 것입니다.

7. 목사님께 당신의 사정을 알리고, 교회에 기도를 요청하십시오. 친구들에게도 알리십시오. 그들이 취직자리를 알고 있을지도 모릅니다.

8. 자존심 때문에 식료품 등과 같은 도움을 거절하는 일이 없도록 하십시오. 다른 사람들로 하여금 함께 나누는 즐거움을 누릴 수 있도록 기회를 주되, 도움받는 것을 당신의 '권리'인 것처럼 당연시하며 기대하지는 마십시오.

9. 다른 고장에 사는 친구들이나 친척들에게도 당신이 직장을 구하고 있다는 사실을 알리십시오. 그들 가운데 취직자리를 알고 있는 사람이 있을지도 모릅니다.

10. 즉시 일자리를 찾기 시작하십시오. 이력서가 도움이 된다면 자신의 경력을 잘 기록한 이력서를 준비해 두십시오. 도서관 등에 가면 도움이 되는 책자들이 있으니 참고하십시오. 글을 잘 쓸 줄 모른다면 다른 사람에게 도움을 요청하십시오.

11. 실직에 따르는 '실업 급여' 등을 신청하십시오. 실업 급여란 당신 자신과 회사 측에서 평소에 적립해 온 것이지 그들이 당신을 위해 기부하는 것이 아닙니다.

12. 하루 8시간은 일자리를 찾는 데 투자할 계획을 세우십시오. 그 일이 현재 당신이 해야 할 '업무'입니다. 다른 지역에서 사원 모집 중인 회사들에는 이력서를 일찍 발송해 두십시오. 회신이 오기까지 시간이 걸릴 수도 있음을 염두에 두어야 합니다.

13. 채용 책임을 맡은 담당자와 개인 면담을 할 수 있는 길을 항상 찾도록 하십시오.

14. 일자리를 찾다 보면, 당신의 분야가 아닌 곳에 보수가 낮은 일자리가 더러 있다는 것을 알게 될 것입니다. 이러한 것들도 목록을 만들어 두십시오. 일시적으로 그런 곳에서 일할 필요가 있을지도 모릅니다. 실제로 이런 직종들 가운데 야간에 일할 수 있거나 시간제로 일할 수 있는 곳이 있으면 그렇게 해보십시오. 낮에는 계속해서 보다 나은 일자리를 구하러 다닐 수 있습니다.

15. 직업소개소에 알아보십시오.

16. 재훈련 또는 진학의 가능성도 생각해 보십시오. 이것이 당신의 분야를 바꿀 수 있는 기회일지도 모릅니다.

17. 당신의 아내가 일시적으로 취직할 수 있는 가능성도 검토해 보십시오. 이상적인 것은 아니지만 하나의 방편으로 이것도 생각해 보아야 합니다.

18. 현재 살고 있는 지역에서 취직자리가 없을 경우 다른 지역으로 이주하는 것도 신중하게 검토해 보십시오.

19. 무엇보다도 하나님과의 개인적인 교제를 계속 발전시키십시오. 하나님은 당신의 관심과 주의를 끌기 위해 이 기회를 이용하고 계시는지도 모릅니다.

해고. "당신, 해고야!" 찬바람이 도는 말입니다. 그런 일이 발생할 경우, 피고용인 쪽에서 생각해 보면 부당해 보이는 게 보통입니다. 그러나 그런 일은 일어납니다. 이유가 정당하든 부당하든 해고되었다는 사실은 바꿀 수 없습니다.

사람들이 해고당하는 몇 가지 주요 원인들을 살펴보는 것도 도움이 될 것입니다.

- 저조한 업무 성과(품질, 속도, 또는 생산량)
- 능력 밖의 업무 또는 훈련받지 못한 일(무자격)
- 다른 사람들과의 좋지 못한 관계(알력)
- 업무상의 심각한 과오
- 나태 또는 고의적인 업무 지연
- 신뢰성의 결여

해고되었을 때에도 본질적으로는 '실직'의 경우를 위한 앞서의 제안을 따를 수 있습니다. 그러나 여기에는 몇 가지 덧붙이고 싶은 말이 있습니다. 첫째로는 경고입니다. '실직'이라는 용어를 썼다 하더라도 실제로는 '해고'당한 것일 수도 있습니다. 그럴 때는 당신 자신이 알 것입니다. 이런 경우에는 그 사실을 인정해야 합니다. 그렇지 않으면 하나님께서 당신이 체험을 통해 배우게 하시려는 교훈을 배우지 못하게 되고, 다음 직장에서 또 그런 잘못을 되풀이할 것입니다.

1. 먼저 당신이 해고된 이유를 판단해야 합니다. (그리스도인으로서의 삶 때문에 그렇게 된 경우는 거의 없습니다.)
   (1) 고용주가 당신에게 밝힌 해고 사유를 기록하십시오. 잘 모르겠거든 전화를 걸어서 물어보십시오. 사실을 그대로 말해 달라고 이야기하십시오.

(2) 자신의 생각에 해고 사유라고 여겨지는 것을 기록하십시오. 솔직해야 합니다. 근본 원인을 추적해 보십시오.
   (3) 이런 일의 재발을 방지하는 방안을 강구하십시오.
2. 앞으로 취직하게 될 회사의 고용주에게 솔직해야 합니다.
3. 자신의 삶 가운데서 쓴 뿌리를 경계하십시오.

 자, 이제 '실직' 부분에서 소개한 지침들을 따르십시오. 실패가 곧 끝은 아니라는 사실을 기억하십시오. 다음 직장에서 일을 잘 하면 해고당했다는 오명을 씻을 수 있습니다.

변화에 대한 미심쩍은 이유

 직장이나 근거지를 옮기는 데 대한 올바른 이유들도 있지만 의문의 여지가 있는 이유들도 있습니다. 이 가운데 몇 가지는 이미 언급한 적이 있지만 변화와 연관 지어 다시 한 번 생각해 보기로 하겠습니다.

 돈. 돈이 변화의 이유 가운데 하나가 될 수는 있겠지만 전적인 이유가 되어서는 안 됩니다. 당신이 최저 생활 혹은 그 이하의 생활을 하고 있는 경우라면 돈을 좀 더 벌기 위하여 변화를 갖는 것은 있을 수 있는 일입니다. 그러나 물질적인 부를 좀 더 누리기 위하여 돈을 더 벌 욕심으로 변화를 시도한다면 거기에는 의문의 여지가 많습니다.

출세. 좀 더 높은 자리에 앉기 위해서 직장이나 근거지를 옮기는 것을 생각하는 것은 조심해야 합니다. 이때는 가족들의 필요나 다른 이유들도 주의 깊게 고려해 보아야 합니다. 이런 목적으로 한두 번 정도 옮기는 것은 무방하겠지만, 자녀들이 나이가 들어 가는데도 자주 옮기는 것은 문제들을 야기합니다. 자녀들이 어리다면 근거지 변화가 가족들에게 주는 외적인 상처는 적을 것입니다.

문제로부터의 도피. 문제가 근본적으로 자신이 만들어 낸 것이라면 도피한다고 해서 해결되지는 않습니다. 옮기지 말고 그것을 해결하기 위해 당신이 할 수 있는 모든 노력을 경주하십시오.

회사의 요구. 이것만으로는 근거지를 옮기는 일에 대한 충분한 이유가 될 수는 없습니다. 그것은 다만 하나의 요인일 뿐입니다. 회사를 그만두든지, 같은 회사 내의 보수가 더 낮은 다른 업무를 맡을 수도 있습니다.

변화를 시도하기에는 너무 늦을 때

직업을 바꾸거나 직장이나 근거지를 옮기기에 너무 늦을 때가 있을까요? 이상적인 면에서 보면 "전혀 없다!"라고 말하고 싶지만, 현실적으로는 한계점이 있는 게 사실입니다. 고려해야 할 세 가지 요인은 다음과 같습니다.

- 시간과 나이
- 경제적 여건
- 가족 문제

　당신의 나이가 사십대 후반이나 그 이상이라면 나이 때문에 직장이나 직업을 바꾸는 일에 제한을 받습니다. 많은 회사들이 특별한 자격이나 경력(이를테면 전문 기술직이나 중역)이 없는 한 그런 연령층의 사람들을 고용하기를 꺼립니다. 직업을 바꾸는 데 이상적인 나이는 삼십대입니다. 그때쯤이면 자신의 능력과 한계점에 대하여 많은 것을 알며, 새로운 분야의 회사에서 생산적이 될 수 있는 시간적 여유도 아직 남아 있습니다. 시간은 새로운 직업에서 훈련을 받고 준비를 갖추는 데 필요한 한 가지 요인입니다. 여러 해 동안의 훈련이 필요한 직종이 있는 반면 몇 달간의 훈련으로도 충분한 직종도 있습니다.
　직업을 바꿀 때의 가장 큰 장애 요소가 되는 것은 경제력의 부족입니다. 일정 기간 교육이나 훈련을 받는 데 필요한 경비와 생활비가 없는 사람들도 많고, 새 직장을 위하여 이사하는 데 필요한 돈이 충분치 못한 사람들도 많습니다. 그러나 하나님의 뜻이 분명하고 당신도 간절히 원한다면 다 해결될 수 있는 문제입니다. 교육과 연수의 경우, 국가나 기관 또는 단체가 베풀어 주는 모든 기회와 장려금을 이용하십시오. 이자가 싸고 상환 기간도 유리한 학자금 융자를 받을 수도 있습니다. 연수나 직업 교육은 야간에 받을 수도 있습니다. 한두 해 정도는 부부가 함께 시간제로 일해야 할 필요가 있을 수도 있습니다. 여기에는 적지 않은 희생이 따르지만, 오늘의 희생은 내일을 위한 투자입니다.

직업을 바꾸는 게 아니라 직장을 옮기는 것을 계획하고 있다면 곧바로 저축을 시작하고 예산을 절감하십시오. 다른 장소나 다른 회사에서 근무하려면 낮은 초봉을 감수해야 할 경우가 종종 있습니다. 직장을 전전하는 사람이 되지 않도록 조심하십시오. 고용주는 직장을 자주 바꾸는 사람을 의심합니다.

직장이나 직업을 바꿀 경우에는 어떤 종류의 희생이 따르게 마련이므로 가족들에게 미치는 전체적인 영향을 확실히 알고 있어야 합니다. 그들에게 지장은 없습니까? 그들은 이 변화를 지지하고 있습니까? 이것은 자녀들로부터 그들에게 가장 귀중한 당신을 빼앗아 가는 것은 아닌지요? 당신의 결정 때문에 아내가 압력을 받게 되지는 않습니까? 당신의 개인적인 유익이나 만족을 위하여 가족들을 희생시켜서는 안 됩니다. 그러나 변화가 장차 그들에게 가져다줄, 가능한 모든 유익들을 계산해 보십시오.

변화를 갖기에 너무 늦은 경우는 결코 없지만, 시기가 늦어지고 나이를 먹으면 그만큼 치러야 할 값이 커집니다. 상황이 좋아지기를 항상 기다리고 있을 수는 없습니다. 그런 때는 오지 않을지도 모르니까요.

하나님의 뜻을 발견하는 데 필요한 지침

하나님의 완전하신 뜻을 찾을 수 있는 비법이라도 있으면 얼마나 좋을까 하고 모든 사람이 바라지만 그런 건 없습니다. 하나님의 뜻을 찾는 데 대한 교육—실패하면 환불이 보장된—이라도 있었으면 하고 바라지만 그런 것도 없습니다. 믿음으로 행하는 것이 그리스도인의 삶의 핵심입니다. 믿음으로 행하자면 크고 작은 일들에 대한 하나님의 뜻을 알아야 합니다. 그러나 하나님의 뜻을 안다는 것과 하나님의 뜻을 행한다는 것은 별개의 문제입니다. 알고도 행치 않는 것은 죄이며, 알지 못하고 행하는 것은 어리석은 일입니다.

하나님은 우리가 그분의 뜻을 알기를 원하십니다. "그러므로 어리석은 자가 되지 말고 오직 주의 뜻이 무엇인가 이해하라"(에베소서 5:17). 하나님은 우리를 인도해 주실 것을 약속하셨습니다. "내가 너의 갈 길을 가르쳐 보이고 너를 주목하여 훈계하리로다. 너희는 무지한 말이나 노새같이 되지 말지어다. 그것들은 자갈과 굴레로 단속하지 아니하면 너희에게 가까이 오지 아니하리로다"(시편 32:8-9). 대입만 하면 저절로 풀리는 공식 같은 건 없지만, 하나님의 뜻을 발견하도록 이끌어 주는, 널리 알려지고 믿을 만한 원리들은 있습니다.

하나님과의 개인적인 동행. 하나님과의 정상적인 관계 가운데 있지도 않으면서 크고 작은 일들을 결정할 때 하나님의 뜻을 찾으려고 한다면 이는 주제넘은 일입니다. 하나님과 개인적으로 친밀히 동행하는 삶을 사는 것은 하나님의 뜻을 찾는 데 있어서 가장 기본이 되는 선결 요소입니다. 당신이 하나님의 뜻을 분별하는 데 어려움이 있다면 다음과 같은 선행 조건들을 점검해 보십시오.

1. 당신은 거듭난 그리스도인입니까? 하나님께서는 그분의 자녀들에게만 응답하십니다. 당신 자신이 개인적으로 예수 그리스도를 구주로 영접한 적이 없다면 하나님의 인도하심을 기대할 수 없습니다(요한복음 1:12, 3:16 참조).

2. 당신은 알고 있는 모든 죄를 자백했습니까? 당신의 삶 가운데는 하나님께서 언젠가 보여 주신 죄들이 아직 남아 있을지도 모릅니다. "내가 내 마음에 죄악을 품으면 주께서 듣지 아니하시리라"(시편 66:18). 하나님께 당신의 죄를 자백함으로써 의사소통의 길을 터놓으십시오(요한일서 1:9 참조).

3. 당신은 매일 하나님과 교제를 나누고 있습니까? 매일 성경말씀을 읽고 기도하고 있습니까? 당신은 배우자와 대화도 없이 나날을 지내려고 하겠습니까? 이와 마찬가지로 하나님께서는 매일 우리와 교제를 갖기 원하십니다.

4. 당신은 알고 있는 바를 순종하고 있습니까? 우리는 이미 하나님께서 우리가 행하기를 원하고 계시는 것들을 많이 알고 있습니다. 여기에는 다음과 같은 것들이 있습니다.

- 다른 그리스도인들과의 생동적 교제
- 당신의 삶과 입술로 복음을 증거함으로써 드러내 놓고 자신을 그리스도와 동일시함
- 성경적인 가족 관계

하나님께서 과거에 자신의 뜻을 보여 주셨는데 당신이 순종하기를 거절했을 수도 있습니다. 당신이 이미 그분의 뜻으로 알고 있는 것을 행하기 전까지는 그분의 인도를 기대할 수 없습니다. 구약성경에 기록된 이스라엘의 역사가 이 사실을 입증하고 있습

니다. 그들은 하나님의 명령을 알고 있었지만 행하기를 거부했습니다. 그리하여 그들이 회개하고 그 명령에 순종하기 전까지는 하나님이 베푸시는 놀라운 축복을 누릴 수가 없었습니다(느헤미야 8장과 9장은 이에 대한 좋은 예를 보여 줍니다).

기도. 다음 단계는 기도입니다. 마음을 비워 두고 하나님께서 원하시는 것은 어떤 일이라도 하겠다고 아뢰십시오. 자원하는 심령을 주시도록 기도하십시오. 결정의 세부 사항에 대해서도 규칙적으로 기도하고, 인도하심을 구하십시오. 가족들과 함께 기도하고, 다른 사람들에게도 기도를 부탁하십시오(베드로전서 3:12, 마태복음 7:7-8).

말씀의 인도. 말씀을 정기적으로 읽으면서 당신의 동기와 생각 및 결정에 분별력을 주는 내용이나 아이디어들을 깨닫게 해주시도록 기도하십시오. 해야 할 일에 대해 직접적으로 얘기해 주는 성경 구절을 기대하지 마십시오. 자신의 소욕을 두둔해 주는 듯한 구절들에 자기도 모르게 끌리기가 쉬운데 그래서는 안 됩니다. 단지 하나님께서 말씀과 성령으로 당신에게 말씀해 주시도록 기도하십시오. 어떤 구절을 문맥 중에서 끄집어내어 하나님께서 전혀 의도하지 않으신 어떤 뜻으로 만들려고 하지 마십시오. 직접적인 명령과 원리들을 찾으십시오(히브리서 4:12 참조).

환경적 여건. 제반 사실들을 파악하십시오. 그 사실들을 기록하십시오. 당신이 파악한 제반 사실과 성경 말씀 및 상담을 통하여 얻을 수 있는 것들을 다 쓰십시오. 종이에 기록된 말은 감정이나 느낌보다 훨씬 객관적입니다.

경건한 상담. 우리가 볼 수 없는 것들을 다른 사람들은 볼 수 있는 경우가 종종 있습니다. 그들의 질문은 우리로 하여금 새로운 방향으로 생각해 보도록 해줍니다. 그들은 우리의 잘못된 생각이나 심지어는 죄까지도 분별하기도 합니다. 영적인 문제에 관한 상담은 반드시 그리스도인과만 해야 합니다. "복 있는 사람은 악인의 꾀를 좇지 아니하며…"(시편 1:1).

그러나 때로는 비그리스도인에게 상담을 구해도 상관없는 경우도 있습니다. 이를테면 특정한 직업에 대한 자료를 모을 때라든가, 어떤 도시에 대한 사실에 입각한 정보나, 어떤 지위에 대한 자격에 관해 알고자 할 때가 그런 경우입니다. 하지만 영적 시야가 필요한 일이라면 비그리스도인은 아무 도움도 줄 수 없습니다.

또한 한 방향으로 치우친 상담을 해줄 것으로 생각되는 사람들에게만 상담을 구하여 그것들만 판단 자료로 쌓아 두지 않도록 주의하십시오. 당신에게 결정을 내려 줄 수 있는 사람은 아무도 없다는 사실을 명심하십시오. 그렇게 해주기를 기대해서도 안 됩니다. 결혼과 같이 매우 감정적인 문제에 대해서는 자신의 욕심과 의견에 동조해 주는 사람을 찾을 때까지 이 사람 저 사람 찾아다니며 상담을 구하는 경향이 있습니다. 그러한 가능성을 경계하십시오(잠언 15:22 참조).

자신의 소원. 자신의 소원도 중요합니다. 하나님은 당신이 행복해지기를 원하십니다. 하나님과 긴밀한 가운데 있다면 자신의 감정과 소원은 하나님이 원하시는 방향을 가리키는 표지판이 될 수도 있습니다. 마음에 끌리는 것을 써보십시오. 종이에 써보면 그것이 감정적인 것이 확실하다거나 또는 육신적인 면이 강하다고 입증될 수도 있습니다. 기록된 소원들은 또한 개인의 감정을 사실 및 환경과 연관시키는 데 도움을 줍니다(시편 37:4 참조).

인내. 우리는 보통 하나님을 재촉합니다. 습관적으로 '지금 당장'이라는 단어를 씁니다. 그러나 하나님께서는 종종 '기다리라'고 하십니다. 우리는 하나님께서 즉시 알려 주시길 바라지만, 영적으로 성숙했다는 증거는 곧 하나님을 즐거이 기다릴 줄 아는 것입니다(히브리서 10:36, 야고보서 1:3-4, 시편 37:7 참조).
론 쎄니(전 네비게이토 선교회 국제회장)가 한번은 내게 이런 말을 한 적이 있습니다. "좋은 결정도 있고 빠른 결정도 있지만, 좋고 빠른 결정은 없다네." 시간이 꼭 필요한 경우들이 있습니다. 하나님의 시기 조절은 완벽합니다. 그분은 마감 시간이 되기 전에 틀림없이 자신의 뜻을 보여 주실 것입니다. 주위의 엄청난 압력을 받고 있는데도 하나님의 분명한 뜻을 모르는 경우, 섣불리 결정을 내리려 하지 말고 하나님을 기다리십시오.

건강. 아프거나, 침울하거나, 피로한 상태에서는 결정을 내리지 마십시오. 분노 가운데 있거나 마음이 산란할 때도 절대로 중대한 결정을 해서는 안 됩니다.

마음의 평안. "그리스도의 평강이 너희 마음을 주장하게 하라"(골로새서 3:15). 하나님은 자신의 뜻을 행하는 사람들에게 흔들리지 않는 평안을 주십니다. 이 평안은 휴일 날 편안히 앉아 따뜻한 햇볕을 즐길 때 느낄 수 있는 것과 같은 달콤하고 기분 좋은 그런 종류의 평안은 아닐지도 모릅니다. 자기 팀이 경기에 이겼을 때 느끼는 것과 같은, 흥분에 도취된 감정도 아닐 것입니다. 우리는 두려움 중에서도 평안을, 즉 하나님의 뜻을 행하고 있다는 데 대한 견고한 확신에서 나오는 평안을 가질 수 있습니다.

박사 과정을 밟기 위해 다시 대학으로 갈 생각을 하기 시작하면서 나는 갈등을 겪었습니다. 돌아가고 싶지 않았습니다. 해야 할 공부가 얼마나 많은지도 알고 있었고, 실패의 위험이 있다는 것도 알고 있었습니다. 결정을 내리고 나서도 염려가 되긴 했지만 그것이 하나님이 원하시는 바라는 사실을 알고 있었습니다. 두려움의 와중에서도 내가 하나님의 뜻을 행하고 있음을 알고 있었습니다. 그때 염려에 대하여서는 영적인 문제로 다루어야 했지만, 여전히 내 결정이 옳았다는 사실을 알고 있었습니다.

한 가지 경고하고 싶은 것은, 우리가 하나님과의 교제 가운데 있지 않다면 사탄이 우리에게 그릇된 평안의 느낌을 줄 수 있다는 사실입니다. 그러므로 마음의 평안을 비롯한 위의 여러 지침 중에서 어느 한 가지만 보고 하나님의 뜻으로 확정 짓지는 마십시오. 이 모든 것들은 합력해서 하나님의 뜻을 나타낼 것입니다.

결정하고 기다릴 것. 일단 결정을 했다고 하더라도 그 일이 최종 확정될 때까지 하루나 이틀을 기다려 본 후 다른 사람들에게 알리는 것이 현명할 때가 종종 있습니다. 하루나 이틀을 지나도 그 일이 옳다는 생각이 변하지 않으면 비로소 행동으로 옮기십시오. F. B. 마이어의 말을 들어 봅시다.

　경황 중에 행동하지도 말고, 남들이 그대를 좌지우지하도록 허용하지도 말라. 스스로 조용하고 잠잠하라. 그대의 영혼을 골방의 정적 속으로 밀어 넣어, 심장의 박동이 정상이 되고 그대를 어지럽히던 놀람이 진정될 때까지 침묵하라. 그대가 행동하고 싶어 아주 안달이 나 있을 그때가 바로 가장 비참한 실수를 저지르기 쉬울 때인 것이다. 마음속으로 어떤 것을 하겠다 말겠다 하지 말고, 하나님께서 그분의 길을 알려 주실 때까지 기다리라. 그 길이 감추어져 있는 한 행동의 필요성은 전혀 없으며, 그대가 처한 곳에 그대를 붙들어 두심으로 인하여 생긴 모든 결과는 하나님께서 친히 책임을 지실 것이다.[2]

되돌아가지 말 것. 올바른 결정이 내려지기만 하면 사탄은 의심을 불러일으키며 마음이 흔들리게 할 것입니다. 하나님께서 빛 가운데서 보여 주신 것을 어두움 가운데서 의심하지 마십시오. 하나님의 뜻을 분명히 발견했으면 결코 되돌아가지 않도록 주의하십시오. J. 오스왈드 샌더스는 이렇게 말했습니다. "쟁기를 손에 잡았으면 절대로 뒤를 돌아보지 마십시오. 그렇지 않으면 주님은 당신에게 '하나님의 나라에 합당치 않다'라고 말씀하십니다. 믿음으로 뿌린 것을 결단코 불신으로 파헤치지 마십시오."[3]

실행할 것. 기도와 말씀 가운데 이 모든 단계를 밟으십시오. 이 모든 과정에서 하나님께서 당신에게 말씀하실 기회를 드리십시오. 하나님의 음성에 귀를 기울이십시오. 하나님의 뜻을 발견하였습니까? 그렇다면 이제 행동으로 옮기십시오. 하나님께서 당신에게 은혜로 보여 주신 것을 믿음으로 행하십시오.

어떻게 옮길 것인가

살아 있는 나무를 뽑아서 다른 땅으로 옮겨 심는 것은 까다로운 작업입니다. 뿌리를 다치지 않고 삽으로 나무 주위의 땅을 파서 나무를 뽑을 수 있게 만든 다음, 조심스럽게 흙째 들어 올립니다. 이때는 어느 때보다도 신경을 더 써서 뿌리에 붙어 있는 흙이 될 수 있는 한 많이 붙어 있도록 하고 뿌리는 될수록 적게 잘라 냅니다. 그 다음, 옮겨 심고서도 이 나무에 물과 거름을 더 많이 주고 특별히 주의 깊게 보살핍니다. 나무를 옮기는 법은 알고 있지만 사람을 옮기는 법도 알고 있습니까? 특별히 어린 자녀들을 옮기는 법을 알고 있습니까? 어떤 뿌리는 잘라지겠지만 그들의 기를 죽이지 않으며 그들의 행복을 손상하지 않고서 그것을 자를 수 있어야 합니다.

가족들이 한 지역에서 다른 지역으로 이사할 때 주의해야 할 몇 가지 핵심적인 사항을 들어 보겠습니다. '이상적인' 이사란 없으며 어떤 이사는 큰 역효과를 나타내기도 합니다. 얻는 것이 있으면 잃는 것도 있게 마련입니다. 그러므로 이사만 하면 모든 문제가 해결될 것처럼 지나친 기대나 환상을 갖는 것은 금물입니다. 늘 현실에 만족하고 감사하는 태도가 중요합니다.

준비. 준비를 많이 할수록 혼란을 덜 겪습니다. 할 일들을 마지막 순간까지 미루어 놓지 마십시오. 그렇게 되면 식구들이 육체적으로 감정적으로 메마르게 될 것입니다.

가족들을 다 참여시킬 것. 이사를 할 것인지 결정하는 일에 가족들을 다 참여시킨 것같이, 이사하는 일에도 가족들이 다 참여하게 하십시오. 무엇을 가져갈 것인가, 어떻게 운반할 것인가, 그 일은 누가 맡을 것인가에 대하여 가족들의 의견을 모으십시오. 그들의 감정을 이해하려고 노력하십시오.

시기. 가능하다면 자녀들에게 편리한 시기에 이사를 하십시오. 자녀들이 학교에 다니고 있다면 방학을 이용하십시오. 아내의 입장도 확인하십시오. 당신 혼자서 이사할 지역으로 먼저 가서 살고 이사는 나중에 하는 것을 고려해 볼 필요도 있습니다.

사전 준비. 집의 위치를 결정하기 위해 이사하기 훨씬 전에 먼저 이사할 지역으로 가보십시오. 학교는 어디에 있는가? 좋은 교회는 어디에 있는가? 주택 사정은 어떠한가? 가족들이 임시로 거처할 곳도 미리 알아 두어야 합니다. 직장과의 거리나 가옥의 형태보다도 학교와 교회의 위치에 더 역점을 두십시오. 가능하기만 하다면 아주 살 집으로 곧바로 이사하는 것이 가장 좋습니다.

시간을 충분히 확보할 것. 이사 전후의 시간을 충분히 확보해 두십시오. 그렇게 하면 이사에 충분한 신경을 쓸 수 있게 됩니다. 하루 만에 모든 준비를 끝내고 그 다음날에 이사하겠다는 식으로 하지는 마십시오. 필요하다면 이사를 위하여 휴가를 앞당겨 사용할 수도 있습니다. 경제적 여유가 있다면 '포장 이사'를 고려해 볼 수도 있습니다.

빠른 시일 내에 안정을 되찾을 것. 새로 이사한 집에서 안정을 빨리 찾으면 찾을수록 가족들은 그만큼 빨리 안락한 분위기를 맛볼 것입니다. 가족들이 신체적으로는 빨리 적응이 되었다 하더라도 정서적인 안정을 얻게 하는 데 기적이 일어나기를 기대하지는 마십시오. 새로운 곳에서 관계를 맺는 데는 시간을 요합니다. 우리 식구들이 지난번에 이사를 했을 때는 딸아이가 "지난번에 살던 곳보다는 여기가 더 좋아"라고 말하게 되는 데 거의 3년이 걸릴 정도로 적응이 어려웠습니다. 떠나온 곳의 장점을 회상하는 말은 되도록 하지 마십시오. 당신 자신이 만족하는 것이 자녀들이 적응하는 데 큰 도움이 될 것입니다. 그리스도인 가정을 속히 찾아서 가족들이 그리스도인의 교제를 가질 수 있게 해주어야 합니다. 출석할 교회를 고르느라고 몇 달 동안을 허송세월하는 일이 없도록 하십시오.

무엇보다도 가정은 집과는 다르다는 사실을 기억해야 합니다. 가정은 만들어 나가야 합니다. 우리는 여러 차례 이사를 다녔지만 아이들이 적응하는 데 있어서 심각한 문제는 일어나지 않았습니다. 긴장과 두려움은 있었지만 아이들은 우리와 함께 있는 한 동요하지 않았습니다. 하나님은 당신의 보증인이며, 당신은 그들의 보증인인 것입니다.

새 직장에서의 출발은 어떻게 할 것인가

새 직장에서의 첫출발은 그 후의 업무 수행만큼이나 중요합니다. 어떤 사람들은 첫출발이 좋지 못하여 두고두고 회복을 못하는 경우도 있습니다. 첫인상은 오래가는 법입니다. 좋든 나쁘든 처음에 맺는 관계들은 그 다음 수년간의 업무에 대한 당신의 만족도를 결정합니다. 몇 가지 기본적인 원리를 알면 큰 감정적인 상처는 받지 않을 수 있을 것입니다.

집중할 것. 첫 한두 달간은 당신의 업무에 자신의 시간과 에너지의 110%를 쏟을 각오를 하십시오. 이는 먼저 전적인 안정을 취하기 위함입니다. 이것이 급선무라는 사실에 대하여 가족들의 이해를 얻으십시오. 새 업무를 잘 배우십시오.

당신에게 기대하는 바를 알 것. 당신의 업무는 무엇입니까? 당신이 알고 해야 할 일이 무엇인지 분명히 알아야 합니다. 적극적으로 알아내십시오. 추측은 금물입니다. 기록을 하십시오. 공부를 많이 하십시오. 확실치 않다면 물어보십시오. 일을 처음 하는 사람에게 모르는 것이 있다는 것은 흠이 되지 않습니다. 그러나 후에는 모른다는 게 용납이 되지 않습니다.

배우는 자가 될 것. 모든 업무는 나름대로의 특성이 있습니다. 혹은 적어도 그 일을 하는 사람에게는 그렇습니다. 질문을 하거나 지도를 요청하십시오. 중대한 실수를 저지르기보다는 물어보는 것이 낫습니다. 모르는 체 하지도 말고, 다 알고 있는 것처럼 행동하지도 말며, 솔직하게 배우려고 노력하십시오.

대인 관계를 계발할 것. 동료들과 친해지도록 하십시오. 당신이 새로 들어온 직원일 때 일반적으로 그들에게 더 쉽게 접근할 수 있습니다. 그들에게 질문을 하여 도움을 받을 수도 있습니다. 물론 잡담으로 근무시간을 허비해서는 안 되지만, 이야기를 나눌 수 있는 모든 기회를 다 이용하십시오. 이것은 즐거운 근무 환경과 앞으로의 전도를 위한 기초를 놓을 것입니다.

과외의 노력. 일과 시간 외의 시간을 투자하는 것과 일과 외의 노력을 기울이는 것을 두려워하지 마십시오. 질 높은 업무 수행을 목표로 하십시오. 여덟 시간 동안의 일관작업에 임하는 공장이나 상점에 근무한다면 시간외 근무는 할 필요가 없을지도 모르겠지만 시간이 끝난 후에도 공부는 할 수 있을 것입니다. 대부분의 기계 장치들에는 조작 설명서가 있으므로 그것을 사용하십시오. 가족들과 함께할 시간을 가지려면 항상 이러한 일과 외의 노력을 할 수는 없겠지만, 당신의 업무를 맡게 된 후 몇 주일이나 몇 달 동안은 이렇게 할 수 있습니다. 이런 노력을 통해서 업무에 대한 큰 '확신과 자신'을 얻을 수 있을 것입니다.

일을 잘 마무리 짓는 사람이 될 것. 업무를 끝마치지 않으면 아무에게도 도움이 되지 않습니다. 반제품을 어떻게 쓸 수 있겠습니까? 그러므로 시작한 일은 시간에 맞게 끝맺는 사람이라는 평을 얻도록 하십시오. 믿을 만하고 성실한 사람이라는 평판을 얻게 될 때 비로소 당신은 하나님의 성품을 나타내는 것입니다.

토의를 위한 질문

1. 하나님의 뜻을 발견하는 데 필요한 세 가지 핵심 요소는 무엇입니까?
2. 당신이 직장을 옮기고자 하는 타당한 이유들로는 무엇이 있습니까? 토의 그룹에서 당신의 이유들에 대해 비평을 하게 해보십시오.
3. 당신은 변화를 원하는 자신의 동기를 어떻게 알아낼 수 있겠습니까?
4. 교회와 당신은 직장을 잃은 사람에 대하여 어떤 반응을 보여 주어야 하겠습니까?
5. 직장을 잃게 되는 주요 원인들에 대하여 토의해 보십시오.
6. 직장을 잃게 되었을 때 그리스도인은 어떤 반응을 보여야 합니까?

제 6 장

전임 사역

나는 전임 사역자가 되는 것에 관심도 없었고 되고 싶은 생각도 없었습니다. 그리스도인으로서 나의 삶의 초창기에는 이 방향으로 인도받은 적도 없었고, 그 일에 매력을 느끼지도 못했습니다. 그러나 1972년 5월의 어느 날 밤 하나님 앞에 무릎을 꿇고 나는 전임 사역자의 길을 갈 용의가 있으며, 공군 장교 생활을 그만두고 네비게이토 선교회의 전임 간사가 되겠다고 기도했습니다.

많은 사람들이 나의 결정에 비판적이었으며, 어떤 사람들은 회의적이었습니다. 어느 퇴역 장교는 내게 '정신 나간' 사람이라고까지 말했습니다. 할머니는 눈물을 흘리시고, 아내도 처음에는 염려를 했습니다. 대부분의 친척들이 충격을 받았습니다. 반대로 나의 결단을 믿음의 거보를 내딛는 것이라고 생각하는 사람들도 있었습니다. 그러나 그 길은 불합리한 것처럼 보였습니다. 왜냐하면 앞으로 6년 반만 더 근무하면 연금을 받을 수 있는 기한인 군 생활 20년이 차기 때문입니다. 그때까지는 기다려야 한다고 생각하는 사람들이 많았습니다.

나로 하여금 이런 결단을 내리도록 만든 것은 무엇이었습니까? 직업군인으로서 공군에 복무하는 것이 만족스럽지 않은 것은 아니었습니다. 당시 나의 계급은 소령이었고 보직도 좋은 것이었고, 유망한 분야에서 박사 학위도 취득했습니다. 사실 나는 모든 면에서 내가 맡은 업무를 매우 즐기고 있었고, 가족들도 그런 생활을 즐거워했습니다.

또한, 일반 직장인으로서 사역에서 열매가 없는 것도 아니었습니다. 미 공군사관학교에서 6년간 교수로 근무하는 동안 생도들 가운데서 커다란 영적 사역을 일으킬 수 있었습니다. 수백 명의 젊은이들이 그리스도를 영접하였으며, 그 가운데서 많은 사람들이 장차 지도자의 위치에 서게 되면 공군 전체에 커다란 영향을 미치게 될 헌신된 제자들로 성장하는 것도 보았습니다.

그렇다고 해서 내가 네비게이토 선교회로부터 거절하기에는 너무나 아까운 어떤 '제안'을 받은 것도 아니었습니다. 사실 아무런 경제적인 보장도 없었습니다. 나를 재정적으로 후원해 줄 사람들을 내 스스로 구해야만 했는데, 이는 네비게이토 선교회는 보장된 봉급이 없이 믿음으로만 임무를 수행하는 기관이기 때문이었습니다.

내가 이렇게 하게 된 참된 동기는 나의 영적 은사 및 장래의 사역에 관하여 하나님께서 내게 주신 깊은 확신에 기인한 것이었습니다. 일반 직장인으로서 사역에 깊이 관여할수록 나는 가족들의 필요를 제대로 채워 주기 위해서는 직장 일과 사역 중 하나는 제한을 둘 수밖에 없다는 것을 알게 되었습니다. 자녀들이 나이가 들어 가면서 내가 할애해 주어야 할 시간이 늘어 가는데,

직장에서도 요구가 점점 많아지고 시간을 더 들여야 하게 되었습니다. 무언가 양보하지 않으면 안 되었습니다. 동시에, 사람들에 대한 나의 사역의 결과들도 내가 그런 종류의 사역에 은사와 재능을 가지고 있음을 분명히 보여 주었습니다. 나의 관심은 내가 종사하고 있는 분야보다는 사람 중심으로 점점 기울어 가고 있었습니다.

내가 네비게이토 선교회 간사가 되고자 한 또 한 가지 중요한 요인은 나 자신이 거의 17년간이나 네비게이토 선교회와 맺어 온 지속적인 관계였습니다. 나는 자신의 삶을 통해 이러한 사역의 열매를 맛보았으며 이것을 다른 사람들에게도 가르쳐 왔습니다. 나는 만약 하나님께서 나를 전임 사역자로 부르신다면 네비게이토 선교회에서 일하겠노라고 이미 결심한 바도 있었습니다.

그러나 내가 이런 결단을 내리는 과정에서 분명한 지표가 없었습니다. 상담 내용은 서로 엇갈렸고, 찬성하는 쪽과 반대하는 쪽의 숫자가 똑같았습니다. 일반 직장인의 신분으로 하는 사역보다도 전임 사역자로서의 사역이 더 열매가 많고 효과적이라는 보장도 물론 없었습니다. 결국, 최종 결정을 내릴 때는 기도 및 말씀의 인도로 돌아갔습니다. 그때 이래 전임 사역자로 주님을 섬겨 오면서 나는 조금도 후회하지 않았고, 다른 생각을 해본 적도 없습니다. 하나님께서는 분명하게 인도해 주셨고 지속적인 평안을 주셨습니다.

나의 경우나, 이와 비슷한 경우를 고려하고 있는 많은 사람들을 상담해 주는 일을 통하여, 나는 몇 가지 사실들을 관찰했고 일반 직장을 그만두고 전임 사역자가 되는 데 관한 몇 가지 결론을 이끌어 냈습니다. 여기서 다루고 있는 내용은 처음부터 전임 사역자의 길을 택하고자 하는 사람들에게 초점을 맞춘 게 아니라는 점을 밝혀 둡니다. 물론 그런 사람들의 경우라도 이 내용들 중 많은 것이 도움이 될 수는 있을 것입니다.

전임 사역의 정의

전임 사역에 관한 토의를 하다 보면 일종의 두려운 느낌이 들거나 선입관 또는 오해가 생기게 마련입니다. 따라서 용어에 대한 정의를 먼저 내리는 것이 필요하다고 생각됩니다. 여기서의 '전임 사역자'라는 용어는 교회나 기독교 기관 또는 선교 단체의 어떤 일을 자기 직업으로 선택한 사람을 지칭하는 것으로 하겠습니다. 전임 사역은 기능과 장소에 따라 각각 두 가지 범주로 나눌 수 있습니다.

먼저 기능에 따라서는 직접적인 사역과 간접적인 사역으로 나눌 수 있습니다.

직접적인 사역. 이것은 대상이 그리스도인이든 비그리스도인이든 간에 사람들을 직접 다루는 모든 사역을 포함합니다. 예를 들면, 목회자, 기독교 교육 담당자, 부흥사, 선교사, 신학교 교수, 기독교계 학교의 성경 교사, 네비게이토 선교회나 CCC, IVF, YFC 등과 같은 선교 기관의 간사, 성경을 가르치거나 해석해 주는 일을 하는 사람 등이 여기에 포함됩니다. 넓은 의미에서 이 기능은 '말씀 전하는' 은사를 다 포함합니다(가르침, 전도, 권면 등).

간접적인 사역. 봉사 또는 지원 기능을 하는 일체의 사역을 말합니다. 여기에는 행정 실무자, 기계 설비 담당자, 비서, 컴퓨터 프로그래머, 경리 담당자, 방송 및 출판 담당자, 건물 수선 및 관리자, 기타 교회나 기독교 기관 등에서 필요로 하는 가지각색의 역할을 맡은 사람들이 다 포함됩니다. 이것은 '봉사'의 은사를 수반합니다(베드로전서 4:11 참조).

장소에 따라서는 국외 사역과 국내 사역으로 나눌 수 있습니다.

국외 사역. 다른 나라 및 다른 문화권 안에서 사역을 하는 모든 전임 사역자가 여기에 포함됩니다. 다민족 다문화 사회인 경우에는, 자국 내에서의 사역이라 할지라도, 분명하게 구별되는 민족이나 문화권(이를테면 미국에서의 인디언)에서 이루어지는 사역은 여기에 포함시킬 수 있습니다.

국내 사역. 큰 여행이나 문화적 적응이 필요 없는 자국 내의 사역입니다.

'선교사'라는 용어는 일반적으로 '국외 사역'의 범주에 적용됩니다. 그러나 여기서는 국외뿐 아니라, 자국 내의 지역교회 이외에서 선교하는 사람들(이를테면 학원 전도를 위해 파송된 사람들)까지도 다 포함하는 넓은 의미로 쓰고자 합니다.

전임 사역에 대한 잘못된 생각

　조지 페닝턴은 자신이 다니던 교회의 선교를 위한 수양회 마지막 날 모임에서 선교사로 나가기로 헌신했습니다. 그는 스물아홉 살로 두 자녀를 둔 아버지였으며, 건축 공사장의 감독으로 성공한 사람이었습니다. 그는 선교를 위해 신학교에서 3년간 공부한 후 남미의 어느 나라에 교회를 개척하기 위해 파송되었습니다. 4년 후 조지는 환멸과 쓰라림, 실패감과 좌절감을 안은 채 선교사 생활을 도중하차하고 귀국해 버렸습니다. 왜 그랬을까요?
　조지의 이력을 잠깐 살펴봅시다. 그는 선교사로 나가기 전 다른 사람을 하나도 주님께로 인도한 적이 없었습니다. 그저 평범한 주일학교 교사였을 뿐입니다. 고등학교 때 스페인어 성적은 줄곧 '양'이었으며, 신학교에서도 악전고투를 계속했지만 그저 나이 때문에 더 어려운 것이라는 말에 격려를 받아 밀고 나갔습니다. 파송에 앞서 가진 선교위원회의 면담에서도 선교 사역의 수행에 필요한 그의 기능에 대한 것보다는 주로 교리적인 문제들을 물었습니다. 그가 선교지에 도착해 보니 선배 선교사들 사이에는 심한 갈등이 있었고 적극적인 훈련이나 감독은 거의 없었습니다. 언어 공부는 비참하리만큼 힘들었습니다. 그 후 또 한 가지 발견한 사실은, 자신이 건물을 짓기 위해서는 사람들을 잘 조직할 수 있었지만, 영적인 목표를 위해서 사람들을 하나로 묶는 능력은 없다는 것이었습니다. 건축 공사에 있어서, 한 달 동안 노력을 해도 못을 똑바로 박을 줄 모르는 인부는 결국 그 일을 못하는 사람이기 때문에 그를 해고시켜 버리는 것이 최선의 해결책이라는 사실을 조지는 알고 있었습니다. 그래서 그는 자신을 선교지에서 해고한다는 의미에서 귀국해 버렸던 것입니다.

이 이야기는 교회를 성장시키는 데 실패한 목사, 사람들과 함께 일할 능력이 없는 청년 지도자, 또는 사람들을 그리스도께로 인도하지 못한 전도자의 모습을 설명해 줍니다. 도중하차하는 선교사의 비율은 대단히 높아서 첫 임기를 마치고 나면 25-50%에 달합니다. 훈련받은 목사들 중에 더 이상 목회를 하지 않고 있는 사람도 수없이 많습니다. 전임 사역자의 길을 도중에 포기한다는 것이 불명예가 되지는 않습니다. 이것은 일반 직장인이 직장이나 직업을 바꾸는 것과 다를 바 없습니다. 그러나 그리스도인 사회에서는 그 사람에게 실패자라는 낙인이 찍히고 있습니다.

전임 사역에 대한 잘못된 생각과 오해는 많은 사람들의 마음 가운데 여전히 남아 있습니다. 흔히 전임 사역자를 꿈꾸고 있는 사람들이 공통적으로 마음속에 그리고 있는 유리한 점이나 축복들이 있는데, 몇 가지 살펴보기로 하겠습니다.

전임 사역은 쉽다. 많은 사람들은 전임 사역을 다람쥐 쳇바퀴 돌리는 듯한 고된 세상 일로부터의 도피 수단으로 여기고 있습니다. 그러나 내가 알고 있는 대부분의 전임 사역자들은 일주일에 50 내지 70시간씩 일하고 있습니다. 스케줄에 융통성이 있을 수는 있으나 일은 끝이 없습니다. 단 하루라도 휴일답게 쉬어 보기가 어렵습니다. 사역자는 항상 '대기 상태'에 있습니다. 그는 대개 자신이 '하나님의 돈'으로 살아가고 있음을 알고 동기를 부여받는 사람이기 때문에 일을 생산적으로 잘해야 합니다.

전임 사역은 결코 쉬운 일이 아닙니다. 후원자들조차도 그들에게 더 열심히 그리고 더 많은 시간 일하기를 요구하는 감이 있습니다. 자기 일을 기피하는 사람에게 장기간 일을 맡길 교회나 기관은 아무 데도 없을 것입니다.

성과에 대한 압박감이 덜하다. 어떻게 보면 전임 사역자는 자신의 사역의 성공을 나타내 보여야 하는 압력을 더 많이 받고 있습니다. 문제는 성과를 어떻게 측정하느냐 하는 것입니다. 이러한 애매모호함에도 불구하고 사람들은 평가를 합니다. 공통적인 평가 기준은 모임의 회수, 참석자 수, 결신자 수, 세례 받은 자 수, 상담 시간 양, 그리고 특정한 사역에 있어서의 사람의 수적인 증가 등입니다. 행정 간사의 경우 그 평가는 일반 직장과 마찬가지로 일의 성취량으로 따집니다.

환경이 더 영적이다. 제한된 범위 내에서는 사실일 수가 있습니다. 그러나 전임 사역을 하는 사람들이라고 해서 자동적으로 일반 직장인들보다 더 영적이라는 법은 없습니다. 그들도 역시 몸으로 일을 하며, 죄를 짓고, 실수를 하기도 합니다. 때에 따라서는 그들의 상황이 더 어려울 수도 있습니다. 일반 직장에서는 영적인 기대가 전혀 없지만 사역에서는 일이 영적인 방법으로 다루어지지 않으면 실망이 대단히 커지기 때문입니다.

갈등이 적다. 사람들이 있는 곳에는 어디에나 갈등이 있습니다. 경우에 따라서는 갈등이 일반 직장보다 더 클 수도 있습니다.

영적인 일에서 언성을 높이다 보면 다른 모든 영역에도 문제가 유발되기 때문입니다. 사역에 있어서 영적인 관계들은 갈등의 강도를 더 높입니다. 그 결과 교회는 분열되고, 목사들이 해임되며, 제직들이 서로 화목하지 못하고 하는 일이 벌어질 수 있습니다. 마찰을 일으킬 소지들은 항상 존재합니다.

그러나 성경은 갈등을 해결할 수 있는 지침을 주고 있습니다. 이 지침들을 따르기만 한다면 한마음으로 연합하여 일할 수 있는 환경, 일반 직장에서는 결코 이룰 수 없는 좋은 환경을 만들어 낼 수 있습니다.

기도와 성경공부를 할 시간이 충분하다. 사실 전임 사역자들은 주어진 시간 안에 자신이 성취할 수 있는 양보다 더 많은 요구를 받고 있습니다. 기도와 성경공부를 위한 충분한 시간을 확보하기 위해서는 투쟁을 해야 합니다.

전임 사역자가 되려면 희생이 필요하다. 많은 사람들은, 전임 사역자가 되면 재정적으로 커다란 희생을 할 것이라고 우려합니다. 하나님의 뜻 가운데 사는 것이 희생입니까? 물론 아닙니다. 그것은 특권이며 축복입니다. 짐 엘리엇 선교사는 순교하기 전에 이렇게 썼습니다.

잃어버려서는 안 될 것을 얻기 위하여,
간직할 수 없는 것을 주는 사람은 어리석은 사람이 아니다.

물질에 있어서도 하나님은 위대한 공급자이며 진정한 필요들을 채워 주시는 분입니다. 전임 사역자들에게 부(富)가 주어지는 경우는 드물지만, 가난에 쫓기는 것이 부르심에 대한 증거라고 가정해서는 안 됩니다. 어떤 사람들은 물질적으로 어려운 시기를 견뎌 내야 할지도 모르지만, 오늘날 많은 전임 사역자들에게 충분한 보수가 지급되고 있습니다. 가장 어려운 환경은 보장된 보수가 없고 '믿음'만으로 선교에 임해야 하는 경우입니다. "일꾼이 그 삯을 얻는 것이 마땅하니라"(누가복음 10:7. 마태복음 10:10 참조)는 성경적인 기초 위에서 보수의 수준을 높이기 시작하는 교회와 기관들이 점점 더 늘어 가고 있습니다.

많은 해외 선교사의 경우에는 건강이라든가, 가족들의 환경, 개인적인 안정과 같은 면에서 희생이 있을지도 모릅니다. 이러한 희생을 과소평가해서도 안 되지만, 많은 선교사들은 자신들이 하나님께서 원하시는 곳에 와 있다는 것으로 만족을 경험하고 있기 때문에 그것을 희생이라고는 전혀 생각지 않습니다.

신비스러운 '부르심'을 받아야 한다. 전임 사역자가 되기 위해서는 '하나님의 부르심'에 대한 어떤 신비한 체험이나 느낌, 또는 극적인 감정적 경험이 필요합니까? 이런 경험이 있어야 한다고 주장하는 사람들도 있지만 그것이 기준이 되어서는 안 됩니다. 전임 사역자로의 부르심이 일반 직장에서 하나님을 섬기라는 부르심과 다르다는 것을 뒷받침할 만한 내용을 성경에서 찾아볼 수 없습니다. 어느 경우든 하나님의 뜻을 찾는 게 필요합니다.

전임 사역으로 부르실 때 하나님께서는 어떤 사람에게 특정한 사역에 열매를 주시고 일정한 기간 동안 되풀이하여 성경을 통하여 그에게 말씀해 주심으로써 그 방향으로 인도하기 시작하십니다. 선교를 위한 수양회 등에서 있게 되는 '선교에의 도전'을 무시할 생각은 없습니다. 그런 기회를 통해 전임 사역자로 헌신하기도 하는데, 그것은 좋은 일입니다. 하지만 하나님은 한 가지 특정한 방법만을 사용하여 부르시지는 않습니다. 전임 사역자의 길을 고려할 때 어떤 신비한 체험이나 느낌, 또는 극적인 감정적 경험을 기다리지는 마십시오. 하나님께서는 다른 방법을 사용하여 당신의 관심을 이끄실지도 모릅니다.

당신이 이 세상에 그리스도를 전해야 하는 일의 긴급함을 더욱 명확하게 깨달아 갈 때, 하나님께서 말씀을 통하여 날마다 당신에게 말씀해 주실지도 모릅니다. 선교지에서 크게 필요로 하는 은사가 당신에게 있음을 나타내는 열매를 현재 당신의 사역 가운데서 맺고 있을 수도 있습니다. 하나님은 당신의 인간관계까지도 주관하시는 분이시기 때문에 당신에게 전임 사역을 생각하도록 촉구할 사람들을 만나게 하실 수도 있으십니다. 당신의 일상적인 환경들을 통하여 하나님께서 조용하게 인도하시도록 하십시오.

필요가 부르심의 요소가 된다. 사역에 필요한 일꾼들의 숫자가 실제 그 일에 뛰어드는 사람 수보다 훨씬 많다는 것은 기정사실입니다. 그러나 어떠한 필요가 있다고 해서 그것이 부르심의 요소는 아닙니다. 각 사람은 일꾼의 필요성뿐만 아니라 개인의 특별한 은사와 하나님의 개인적인 인도를 숙고해 봐야 합니다. 절대적인 필요는 항상 존재하지만, 하나님께서는 어떤 사람이 본 필요를 채우기 위하여 반드시 그 사람을 부르시는 것은 아닙니다. 하나님께서 '필요'라고 생각하시는 것들은 반드시 채워질 것입니다. 그러나 사람들이 '필요'라고 생각하는 것들은 채워지지 않을 것이요 채워져서도 안 됩니다. 도와달라는 간절한 호소가 각처에서 들려오고 있지만 그런 호소들이 다 부르심은 아닙니다. 다만 기회들일 뿐입니다.

나의 은사는 더욱 만족스럽게 사용될 것이다. 전임 사역을 할 때 영적 은사가 가장 잘 사용된다는 가르침은 성경 어디에도 없습니다. 그런 환경 가운데서 더 제대로 또는 더 만족스럽게 쓰임받는다는 어떤 암시도 없습니다. 사람들의 은사는 어떤 환경 가운데서도 만족스럽게 사용될 수 있습니다. 그러나 전임 사역에서의 각 직분은 특수한 형태의 능력과 은사를 필요로 하기 때문에, 각인의 은사와 능력에 따라 어떤 사역에서 제외되거나 다른 사역으로 하나님의 인도를 받을 수도 있습니다.

거대한 필요

앞에서 전임 사역에 대한 잘못된 생각들을 설명한 것은, 실망을 주기 위해서가 아니라 다만 사실을 알게 하는 데 그 목적이 있습니다. 사람들은 그리스도를 모르는 채 죽어 가고 있고, 선교 노력은 준비된 일꾼의 부족으로 불구 상태에 있고, 많은 나라들이 선교사들에게 문을 닫고 있는 중이며, 교회들은 자격을 갖춘 일꾼들을 절실히 필요로 하고 있으며, 선교사 파송 위원회는 특별한 지원 자격을 갖춘 사람들을 찾고 있습니다. 마태복음 9:37-38은 모든 시대에 해당이 됩니다. "이에 제자들에게 이르시되 '추수할 것은 많되 일꾼은 적으니 그러므로 추수하는 주인에게 청하여 추수할 일꾼들을 보내어 주소서 하라' 하시니라."

그러나 이러한 진정한 필요는 다만 헌신되고, 자격을 갖추고, 훈련된 사람들에 의해서만 채워질 수 있습니다. 무능력자는 아무 소용이 없습니다. 하나님의 사업은 탁월하게 이루어져야 하고, 그 수준은 높아야 하며, 훈련은 철저해야 합니다.

모든 그리스도인은 전임 사역자가 될 가능성을 생각해 보아야 합니다. 인도하실 기회를 하나님께 드리십시오. 기회를 찾아보십시오. 당신에게 은사가 있다면 마음의 준비는 되어 있습니까? 마음의 준비가 되었다면 훈련은 받으셨습니까? 무엇보다도 당신은 그리스도께 헌신되어 있으며 영적으로 성장하고 있습니까?

역설적인 얘기지만, 과거에 하나님께서 매우 부적당해 보이는 사람들, 즉 인간적인 눈으로 보면 자격도 없고 훈련도 받지 못한 사람들도 사용하셨다는 사실을 나는 인정하지 않을 수 없습니다. 그러나 그들은 이 세상에서 잃어버린바 된 사람들을 마음에 두고 있었고, 하나님의 부르심을 받았으며, 그들의 삶의 열매가 이 사실을 증명해 주었습니다. 그 누가 베드로(어부)나 윌리엄 케리(구두 수선공)나 무디(구두 수선공) 같은 사람을 선택하겠습니까? 우리는 한갓 인간으로서 계획하고, 평가하고, 조직하고, 결정하지만, 하나님께서는 그런 한계점들을 뛰어넘으시는 분이십니다. 하나님이 사용하실 수 없는 사람은 없습니다.

전임 사역자의 길을 고려할 때 필요한 지침

대부분의 그리스도인들은 일생 중 몇 번 정도는 전임 사역자의 길을 고려해 보고자 하는 충동 내지는 관심을 느낍니다. 하나님께로부터 구체적인 부르심을 받은 후, 다음과 같은 중요한 질문에 답해야 합니다. "사역을 시작한다면, 내가 효과적으로 쓰임받을 것이라는 사실을 어떻게 확신할 수 있을까?" 다음에 제안한 몇 가지 지침들은 전임 사역자로 진로를 바꾸어야 할 것인가를 결정하는 데 도움을 줄 것입니다.

성경적인 자격. 가장 중요한 지침은 디모데전서 3장과 디도서 1장에 있는 교회 지도자의 성경적인 자격들을 갖추는 것입니다. 그 내용은 개인의 영적 성숙도, 평판, 가정생활 및 하나님과의 개인적인 동행 등을 다루고 있습니다. 모든 그리스도인이 다 그러한 수준에 도달하려고 노력해야 하겠지만, 이것들은 특히 전임 사역자나 영적 권위를 가지는 위치를 고려하고 있는 사람이 갖추어야 할 최소한의 필수 요건입니다. 이러한 기준에 어긋나게 되면 사역은 질이 떨어질 것입니다. 그러므로 이 요구 조건들에 비추어 자신을 점검해 보십시오.

자신의 은사와 재능을 분별함. 하나님께서는 모든 사람에게 특별한 은사와 재능을 주셨습니다. 당신은 자신의 재능을 평가할 수 있어야 합니다. 자신의 재능들을 제대로 평가할 수 없다면(로마서 12:3), 당신이 어떤 일에 기여할 것인지 어떻게 결정할 수 있겠습니까? 어떻게 알 수 있을까요? 오직 당신 자신의 삶의 열매를 통해서 알 수 있습니다.

잠재 가능성이 아니라 결과를 보십시오. 당신이 복음 전하는 자라면 당신을 통해서 결신한 사람들은 어디 있습니까? 당신이 교사라면 성공적으로 가르친 경험이 있습니까? 당신이 이끄는 자라면 당신을 따르는 자들은 어디에 있습니까? 당신의 은사와 재능은 당신이 부르심을 입은 임무와 합치되어야 합니다. 좋은 마음과 자원하는 심령이 하나님께서 주신 재능을 대신할 수는 없습니다. 전자는 노력하겠지만, 후자는 성취합니다.

영적 은사의 한계 및 용량을 결정함

당신은 자신의 은사와 재능의 열매들을 살펴볼 필요가 있습니다. 그러나 이에 그치지 말고 자신이 가진 재능의 한계, 다시 말해서 자신의 용량도 생각해 볼 필요가 있습니다. 같은 은사를 가졌다고 해서 같은 열매를 맺는 것은 아닙니다. 그 효율 면에서 차이가 있습니다. 소그룹을 인도할 수는 있으나 400명이나 되는 회중을 인도하지는 못하는 사람도 있고, 큰 회중에게는 말씀을 잘 전하나 개별적으로 지도자를 가르치거나 훈련시키는 일은 못하는 사람도 있습니다. 아는 사람들은 그리스도께로 인도하면서도 낯선 사람에게는 전도를 못하는 그리스도인들도 있습니다.

어떤 일을 할 수 있는가뿐만 아니라 그 일을 얼마나 잘할 수 있는가도 평가하십시오. 훈련은, 물론 능률을 높여 주겠지만 용량을 그다지 넓혀 주지는 못합니다. 성숙한 사람이라면 자신의 은사뿐 아니라 자신의 용량도 알고 있어야 합니다.

그러나 당신이 전임 사역에 맞는 재능과 은사를 가지고 있다면 당신은 전임 사역자가 되는 문제에 관해 하나님 앞에서 자신을 비워 두어야 할 책임이 있습니다. 그릇된 겸손이나 자기 비하로 인해 뒤로 물러서는 일이 없도록 하십시오. 윌리엄 케리는 마음 속으로 자신을 능력이 부족한 사람이라고 생각했지만 성경을 여러 인도 방언으로 번역함으로써 인도 사람들에게 그리스도를 심어 주었습니다. 육신의 재능으로는 실패하는 것도 결의와 근면은 성공을 가져옵니다. 그러나 결의와 근면이 더해진 재능이 이 세상에 줄 큰 영향을 생각해 보십시오!

평가를 받음. 당신이 해온 일과 행할 수 있는 일에 대하여 항상 다른 사람들의 객관적인 평가를 받도록 하십시오. 구체적으로 하십시오. 정중하고 듣기 좋게 하는 모든 칭찬들에 귀를 기울이지 마십시오. 이것은 당신의 사활이 걸려 있는 문제이며 수백 마디의 친절한 말도 진실을 대신할 수는 없습니다. 다른 사람들에게 다음과 같은 질문들을 해보아야 합니다.

- 내가 가진 장점을 몇 가지 들면 어떤 것이 있는가?
- 당신은 그것을 어떻게 아는가? 구체적으로, 어떻게 그것이 드러나는 것을 보았는가?
- 나의 약점을 몇 가지 들어 보면 어떤 것이 있는가?
- 내가 전임 사역자가 된다면 어떤 일을 잘 할 것 같은가?

- 내게는 어떤 일이 어렵겠는가?
- 내가 그 일(질문자가 고려하고 있는 직무)을 하는 데 대해 어떻게 생각하는가?
- 실제적으로 어떤 증거를 보고 당신은 그런 느낌을 갖게 되었는가?

도움을 얻기 위하여 당신을 알고 있는 몇 사람에게 이런 식으로 도움을 요청하십시오. 나아가서 비그리스도인들, 이를테면 당신의 고용주에게도 상담이 아니라 평가를 위해서 물어볼 수 있습니다. 여기서 당신은 상담을 구하고 있는 것이 아니라 정보와 평가 자료를 모으고 있는 것입니다. 사실에 초점을 맞추고 각 평가의 요점을 기록한 다음 그것들을 서로 연관 지어 봄으로써 어떤 일치점이 드러나는지 살펴보십시오.

스스로를 평가하는 일을 소홀히 하지 마십시오. 감정이 개입되어 있을 때라도, 당신은 자신에게 어느 정도까지는 사실적이며 정직할 수가 있습니다. 물론 당신의 배우자도 최대한 객관적으로 당신을 평가해야 합니다.

가족의 단합. 당신이 기혼인 경우라면 부부가 함께 이 결정을 내려야 하는데, 이 결정이 자신의 수입이나 지리적인 거주지에 중대한 영향을 미칠 때는 특히 그러합니다. 자녀들이 이런 변화의 숨은 뜻을 이해할 만큼 나이가 들었다면 그들도 이 결정에 참여시켜야 합니다. 전임 사역에 있어서, 가족들이 결단 및 사역의 과정에서 온전히 한마음으로 단합하는 것은 중요한 일입니다.

도 전

    이 분야에는 거대한 필요와 많은 기회가 있습니다. 당신이 자격을 갖추었고 부르심을 받는다면 전임 사역자의 일은 당신에게 기대 이상으로 큰 만족을 줄 것입니다. 그러나 이 일이 도피처로 사용될 수는 없습니다. 그 일을 한다 해도 당신은 여전히 이전과 같은 영적 문제를 지닌 같은 사람이기 때문입니다. 당신은 똑같은 마찰 및 권위에 대한 동일한 갈등을 겪을 것입니다. 우리는 그리스도인으로서 사람들의 생명을 구하기 위한 전장에 나와 있습니다. 그러므로 우리가 어디에 있든지 사탄의 공격은 피할 수가 없습니다.

    회계사로서 성공한 사람이 기독교 기관의 회계 업무에 대하여 내게 물어 왔습니다. 그는 자신의 업무를 좋아했고 그 일을 통하여 사람들을 돕고 있었습니다. 그러나 그는 부자가 되려는 사람들을 위하여 돈을 회계하는 일이 아닌 영원한 가치가 있는 사업에 기여하고 싶었습니다. 그리하여 그는 자기의 회계 지식을 사용할 수 있는 어느 기독교 기관의 간사가 되었습니다.

    나는 전임 사역자가 되기로 결심한 것을 후회하지 않습니다. 하나님께서 밝히 인도해 주셨고 나 자신도 크게 만족하고 있습니다. 그러나 이전의 13년간의 직장 생활도 값진 것이었다고 생각하고 있습니다. 그 기간은 멋진 준비 기간이었습니다.

    모든 사실을 알았고 또 하나님께서 원하시는 바를 깨달았다면 행동으로 옮겨야 합니다. 찬성과 반대들을 기록해 놓은 노트가 당신을 움직이지는 못합니다. 오로지 믿음으로 발걸음을 내디뎌야 합니다. 일반 직장이든 전임 사역이든 온전히 믿음으로 사는 것이 진정한 삶입니다. 믿음을 대신할 만한 것은 아무것도 없습니다. 그것만이 만족을 가져다줍니다.

> 여호와께서 모세에게 이르시되, "여호와의 손이 짧아졌느냐? 네가 이제 내 말이 네게 응하는 여부를 보리라." (민수기 11:23)

토의를 위한 질문

1. 전임 사역을 정의하십시오.
2. 전임 사역자가 되려는 이유에는 어떤 것들이 있습니까?
3. 일반 직장인으로서의 사역과 전임 사역자로서의 사역의 차이점에 대하여 토의하십시오.
4. 부르심, 은사, 필요 사이의 다른 점과 상호 관계에 대하여 토의하십시오.
5. '모든 그리스도인은 전임 사역자가 될 가능성을 생각해 보아야 한다'는 말에 대하여 토의하십시오.
6. 자격이 있고 부르심을 받는다면 전임 사역자가 되기에 가장 좋은 나이는 몇 살입니까?
7. 전임 사역자가 되기 전에 일정 기간 동안 일반 직장에서 근무해 보는 것의 장단점은 무엇입니까?

제2부

여러 가지 환경

(Circumstances)

　제2부의 각 장은 각각 특정 형태의 직업에 적용됩니다. 그러므로 독자들은 자신의 처지에 해당되는 장을 읽어 보기 바랍니다. 예를 들어 월급을 받으며 여행을 많이 해야 하는 직장에 근무한다면 8장과 14장을 읽으십시오. 시간급(時間給)을 받으며 작업 시간이 긴 경우라면 7장과 14장을 읽으십시오. 고정급을 받는 직장 여성이라면 8장과 10장을 읽으시면 됩니다.
　제2부를 읽기 전에 반드시 1부를 먼저 읽으시기 바랍니다. 7장부터 14장까지는 그 자체만으로는 불완전하며, 제1부 내용의 연장이라고 볼 수 있습니다.

제7장

시간급 근로자

존 클랙슨은 따분했습니다. 솔직히 진저리가 났습니다. 지루하고 답답했습니다. 15년간 날이면 날마다 같은 직장에 출근해서 똑같은 일을 반복하는 그 생활이 이제는 일분일초까지 지겨워졌습니다. 그가 하는 일은 자동차 조립인데 생산 라인에 앉아서 근본적으로는 똑같은 작업만을 지금까지 해왔습니다. 새로운 차종이 개발될 때나 다른 기술이 도입될 때, 또는 이따금씩 생산 라인의 다른 부서에서 일하게 될 때는 변화가 있긴 했지만 그것도 며칠만 지나면 단조로움을 느꼈습니다. 마침내 그는 '일하기 싫다'는 것을 스스로에게 시인하게 되었습니다.

존은 결근을 하려는 핑계들을 찾기 시작했고, 실제로 전보다 더 자주 아팠으며, 공연히 까탈을 부리며 가족들을 들볶기 시작했습니다. 그의 노임은 괜찮았고 따라서 경제적으로는 넉넉한 편이었습니다. 그는 '주말만 기다리는 삶'을 살기 시작했고, 자신의 삶과 돈을 취미 활동과 집을 고치려는 계획에 쏟아 부었습니다. 그러나 결국은 자기 집을 개조해 나가는 일은 끝나고, 취미 활동에 대한 흥미마저 사라져 버렸습니다.

자신이 그리스도인이었기 때문에 더 비참한 생각이 들었습니다. 자신이 계속 불만을 품고 있음을 스스로 깨닫고 있었고, 그런 생각을 해서는 안 된다는 것도 알고 있었습니다. 죄의식을 느꼈습니다. 그는 자신의 실제 감정과 '항상' 기뻐해야 한다는 그리스도인으로서의 의무감 사이에서 갈등했습니다. 교회 활동과 그리스도인들과의 교제까지도 짐처럼 느껴져 소극적이 되기 시작했습니다.

그때 예상치도 않았던 두 가지 중대한 사건이 일어났습니다. 어느 날 저녁, 해리 잭슨의 아내 앨리스로부터 전화를 받았는데, 그녀는 울면서 존에게 도움을 요청했습니다. 해리는 같은 공장의 옆 라인에서 일하는 사람인데, 방금 심장마비로 중태에 빠져서 병원으로 옮겼다는 것이었습니다. 앨리스는 존이 '신앙이 깊은' 사람임을 알고 있다면서 존이 아내와 함께 와서 자기 남편에게 믿음을 불어넣어 달라고 간청했습니다. 존은 놀랐습니다. 왜냐하면 그와 앨리스는 회사에서 소풍갔을 때 인사를 한 번 나눈 것 외에는 만난 적이 없었기 때문입니다. 존은 언젠가 전도를 하지 못한 데 대해 죄책감을 느끼고 해리에게 전도지를 한 장 준 일이 있었을 뿐입니다.

두 번째 사건은 레이먼드 에릭스와 관계된 것인데, 이 사람은 존이 일하고 있는 자동차 회사의 중견 간부사원이었습니다. 존과 레이먼드는 같은 교회의 교인이었지만 교회 학교에서 잠깐 만나는 정도였습니다. 레이먼드는 부유하고, 성공적인 직장인이었으며, 대단히 바쁜 사람이었습니다. 존은 그의 재산과 '기독실업인'으로서 교회에서 갖는 위치, 그리고 회사에서의 그의 지위를 부러워했습니다. 그런데 레이먼드의 아내가 그를 떠났기 때문에 두 사람은 이혼을 하게 될 것이라는 소문이 들려왔습니다. 알고 보니 그 소문은 사실이었습니다.

그 이혼 소동은 이상적인 직업에 대한 존의 착각을 산산이 깨뜨려 버렸습니다. 심장마비 사건으로 해리와 앨리스는 그리스도를 영접하게 되었습니다. 이것은 존에게 있어서 인생과 일에 대한 새로운 시야를 갖게 해준 계기가 되었습니다. 그는 동료들과 이웃 사람들을 그리스도께로 인도해야겠다는 새로운 목표를 가지게 되었습니다. 업무는 여전히 똑같았지만 그는 딴사람이 되었습니다. 그는 하나님께서 왜 자기를 그 공장에서 일하게 하셨으며 그 환경에 적응하게 하셨는가를 알게 되었습니다. 그는 규칙적인 일정을 주셔서 가족들과 함께 시간을 보낼 수 있도록 해주신 데 대하여 하나님께 깊이 감사했습니다.

우리 각자는 존 클랙슨의 경우에 연관시켜 볼 수 있는데, 특별히 우리의 직업이 그와 비슷할 때 더욱 그렇습니다. 그는 해답을 찾았습니다. 당신은 어떻게 그런 해답을 찾을 수 있겠습니까? 이 장은 당신이 처한 바로 그 가운데서 이러한 해답을 찾는 법을 다루고 있습니다.

이 장은 시간급(時間給) 근로자 즉 시간급을 받으면서 하루 여덟 시간씩 정규적으로 시간제 근무를 하는 근로자의 경우를 설명하고 있습니다. 이 부류에 속한 직업은 공장 노동자로부터 트럭 운전기사, 점원, 사무직원에 이르기까지 다양합니다. 이 부류의 직업 중에는 재미있는 것도 있고, 어려운 것도 있으며, 쉬운 것도 있습니다. 그러나 공통적인 것은 근무시간이 일정하고 근무

시간에 따라 보수를 받는다는 점입니다. 보수는 낮은 것에서부터 높은 것에 이르기까지 천차만별입니다. 일이 만족스럽고 재정적으로도 안정된 직업이라고 하더라도, 어떻게 그 직업이 자신의 전체 삶에 적합한가 하는 데 대해서는 여전히 생각해 볼 여지가 있습니다.

유리한 점과 유익

여러 가지 면에서 이런 직종은 다른 어느 직종보다도 자유롭고 유리합니다. 대부분의 다른 직종처럼 여기서도 두 가지 측면을 생각해 보아야 하는데, 곧 영적인 측면과 육체적인 측면입니다. 영적인 측면이란 하나님께서 왜 나를 이곳에서 일하게 하셨는가에 대한 마음의 태도와 전망을 말하며, 육체적인 측면이란 자신의 실제 근무 사정과 근무시간을 의미합니다. 우리의 목표는 영적인 측면을 계발하고, 육체적인 측면의 유리한 점을 취하는 데 있습니다.

일정한 근무시간. 근무시간이 일정하다는 것이 권태를 느끼게 하는 요인이라고 생각할지 모르겠지만 실상은 이것이야말로 자신의 시간을 계획할 수 있는 자유와 여지를 주는 것입니다. 이런 직장에서 일하는 사람은 비어 있는 저녁시간을 자유롭게 사용할 수 있습니다. 주말 계획을 미리 잘 세워 놓을 수도 있습니다. 직장 일 때문에 자신의 계획이 영향받는 경우는 별로 없습니다.

시간이 흐지부지 날아가 버리는 일이 있을지는 몰라도 그게 직장일 때문은 아닙니다. 근무시간이 일정하다는 점을 이용해서 근무 이외의 시간들을 잘 활용하여 가족들과 함께하며, 영적인 성장에 힘쓰고, 주님의 일을 하시기 바랍니다.

  명확한 업무. 이런 종류의 일들은 대부분 그 업무 내용이 명확합니다. 무슨 일을 어떻게 해야 하는지 정확하게 알 수 있습니다. 일을 끝내는 시간 및 퇴근 시간도 분명하게 알고 있으며, 일단 퇴근하면 다음 날까지 업무 관계는 잊고 지내도 됩니다. 개인적인 감독을 못 받을지도 모르지만, 대개 자신에게 기대되는 과업이 무엇이냐에 대해서는 의문의 여지가 별로 없습니다. 많은 사람들은 압력을 느끼는 것이나, 감독이나 매상고로 인해 염려하는 것을 싫어합니다. 명확하게 한계가 정해진 업무는 마음이 아주 편합니다.

  안정된 근무지. 시간제로 일하는 직장인들은 다른 사람들보다 이동이 적습니다. 회사 내에서의 전보 발령은 회사가 커다란 재정적 위기를 맞거나 공장이 문을 닫지 않는 한 그렇게 흔치는 않습니다. 직위가 높아지면 더욱 안정될 것입니다. 아주 인기 있는 기술을 가지고 있다면 자의로 다른 데로 옮길 수는 있겠지만 그럴 필요를 느낄 경우는 별로 없을 것입니다. 이러한 안정성은 한 지역에 뿌리를 깊이 박으며 친분을 두텁게 할 수 있게 해줍니다. 그것은 장기간에 걸친 전도와 가족들의 성장에 썩 좋은 기회를 제공해 줍니다.

분명한 성취감. 이 범주에 속하는 직종에서는 성과를 알 수 있는 게 보통입니다. 일과를 끝마칠 때면 자기가 그날 성취한 업무량을 알 수 있는 것입니다. 육체노동을 요하는 직업이라면 자신이 일을 열심히 했다는 것을 알게 됩니다. 이렇게 일한 사람은 평안한 휴식을 맛봅니다. 사람은 자신의 손으로 이루어 놓은 것을 보면 큰 만족을 느낍니다. 자신이 마친 일을 보고 싶어 하는 성격의 소유자라면 이런 직종이 어울릴 것입니다.

점점 높아 가는 안정성. 대부분의 이런 직종에서는 근무연한이 많아질수록 고참이 되며, 노동조합에서 발언권도 커지고, 경험도 많아지기 때문에 그 안정성도 더 커집니다. 계절을 타는 일이나 도급 공사가 아닌 경우라면, 업무 수행 능력만 신뢰와 인정을 받고 있으면 안정성은 점점 커질 것입니다. 이것은 큰 이점으로서, 다른 일들에 신경을 쓸 수도 있도록 마음과 감정에 여유를 줍니다. 이 점이 변화를 방해하거나 기피하게 하는 요인이 되어서는 안 되겠지만, 올바른 시야를 가지면 이 안정은 사역에 매우 활력을 더해 줄 수 있습니다.

불리한 점과 제약

어떤 직종이든지 불리한 점과 제약은 있습니다. 극복이 불가능하거나 바꾸지 못할 것들은 아니지만, 알아 두면 해결에 도움이 되고, 또한 자신이 처한 환경에 대한 통찰력을 얻을 수 있습니다.

이동이 힘듦. 시간급 직장에 자리를 잡게 되면 매우 인기 있는 특이한 기술을 가지고 있지 않는 한 자리를 옮기기가 힘든 경우가 종종 있습니다. 그러므로 늘 같은 직장에서 같은 업무만을 반복하는 경향이 생기게 되며, 이동을 하려면 모험이 따릅니다. 숙련된 노동자가 남아돌아가는 곳에서 다른 직장을 구한다는 것이 어려우리라는 것은 쉽게 알 수 있을 것입니다. 일단 오래 근무했던 직장을 떠나면 선임 자리를 잃게 되며 새로운 회사에서는 말단으로부터 다시 시작해야 합니다.

보수. 근래에는 노동직과 숙련직의 임금 수준에 괄목할 만한 향상이 있었지만, 여전히 필요 수준을 크게 능가하지는 못하고 있습니다. 임금에는 한계가 있는데 이것은 근무한 시간과 직접적인 관련이 있습니다. 많은 시간급 직장은 여전히 최저임금 수준에 머물러 있는데, 여성 근로자들 경우에는 특히 더 심합니다.

권태. 앞에서 예를 들었듯이 반복적인 작업을 하는 직종에서 권태는 현실적인 문제입니다. 변화를 좋아하고 다양성을 추구하는 사람에게는 직장 일이 단조롭다는 것은 심각한 결점입니다. 사람을 빈번하게 접촉하는 직종은 단조로움이 덜하긴 하겠지만 시간급 직장 가운데서 다양성이 많은 곳은 거의 없습니다.

성과에 대한 압력. 시간급 직장은 성과를 목적으로 사람들을 고용합니다. 그러므로 성과가 없는 사람은 직장을 잃게 될 것입니다. 많은 양의 부품들을 만들거나, 금속 조각을 절단해야 하며,

많은 양의 서류를 타이핑하거나 자동차의 특정한 부분을 수리해야 하며, 상당한 업무량을 정해진 시간 내에 마쳐야 합니다.

이러한 조건들은 압력을 주게 됩니다. 일을 훌륭하게 수행한다고 하더라도 요구되는 속도에 맞추지 못할 수도 있습니다. 성과에 대한 압력은 감정적인 면과, 나아가서는 영적인 면에까지 영향을 줄 수가 있습니다. 이런 문제가 있다면 그것을 어떻게 해결할 수 있겠습니까? 몇 가지 제안을 드립니다.

1. 자신이 경영진에서 요구하는 만큼의 성과를 낼 수 있을지 평가하십시오. 대부분의 경우는 낼 수 있습니다.

2. 감당할 수 없다면, 요구되는 것을 해낼 수 있는 다른 부서로 옮길 수 있는 길을 찾으십시오.

3. 좋지 못한 태도로 그 압력과 맞붙어 싸우지 말고, 요구되는 바를 실제로 이행하려고 노력하십시오. 감정적으로 안정되어 있을 때 용량이 점차 늘어나는 것을 알게 될 것입니다.

영적 위험

모든 직장에는 영적 위험이 있습니다. 위험의 대부분은 직장 자체가 수반하고 있다기보다는 환경에 대한 태도 또는 반응에서 비롯됩니다. 각 직장은 영적 문제점들을 야기할 수 있는 특성들이 있습니다. 이것들을 알아 두면 위험을 깨닫고 대처하는 데 도움이 될 것입니다. 이러한 문제들에 대한 대부분의 해결책은 이미 다룬 바 있습니다.

쓴 뿌리. 직장의 여러 필요 사항에 대하여 자신에게는 선택권이 거의 없을 때, 쓴 뿌리가 나기 쉽습니다. 즉, 사장, 회사, 조직, 작업 조건이나 동료들에게 쓴 뿌리를 가지는 것입니다. 쓴 뿌리는 '하나님이 왜 나를 좀 더 지적인 사람으로 만들지 않으셨을까? 왜 나는 교육을 더 받지 못했을까? 왜 좀 더 좋은 직장에 들어갈 수 있는 기술을 갖지 못했을까?' 하고 생각할 때 생겨납니다.

쓴 뿌리를 가지고 있는 그리스도인은 궁극적으로 하나님께 쓴 뿌리를 갖고 있다고 볼 수 있는데, 이는 하나님께서 그를 그 환경 가운데 두셨다는 사실에 불만을 품는 것이나 다름없기 때문입니다. 아주 나쁜 것은 쓴 뿌리란 아무 도움도 되지 못하고 항상 자신과 다른 사람들을 해치기만 한다는 것입니다. "너희는 돌아보아 하나님 은혜에 이르지 못하는 자가 있는가 두려워하고, 또 쓴 뿌리가 나서 괴롭게 하고 많은 사람이 이로 말미암아 더러움을 입을까 두려워하고"(히브리서 12:15).

자부심의 결여. 우리 사회에서는 시간급으로 일하는 사람은 별로 알아주지 않습니다. 대개 우리의 일상 필수용품을 공급해 주는 사람은 '전문가들'이 아니므로, 이런 대우는 잘못입니다. 전문가들이 연구 조사를 거쳐 계획까지는 하지만 그러한 계획을 실행하는 사람들, 즉 실제로 생산 활동을 하는 사람들은 바로 이 '노동자들'입니다. 스스로 속아 자신이 하는 일을 간부 직원들이 하는 일이나 전문직 종사자들의 일과 비교하게 되면 자기 자신을 열등하게 생각하게 됩니다. 하나님이 보시기에는 모두가 똑같습니다. 고용의 형태가 어떠하냐 하는 것으로 사람을 평가하지 말고, 그 직장에서 어떻게 일해 나가고 있느냐 하는 것으로 평가해야 하는 것입니다. 당신을 지으신 분도 하나님이시요, 당신이 처한 그곳에 당신을 보내 주신 분도 하나님이십니다. 하나님께 대들려 하지 말고, 당신이 현재 처해 있는 그곳에서 당신을 사용하실 수 있도록 하나님께 기회를 드리십시오.

돈을 더 벌려는 욕심. 돈의 유혹을 받지 않는 사람은 거의 없습니다. 돈은 결코 충분히 가질 수는 없는 것 같습니다. '충분히'란 말은 항상 자신이 가진 것보다 조금 더 많이 갖는 것을 뜻하니까요. 보수가 낮은 직장에 근무하면 끊임없이 돈 때문에 갈등을 겪습니다. 사람들은 자신들의 생활수준을 낮추려고 하는 대신, 어떻게든 돈을 더 벌려고 아등바등하는 경향이 있습니다. 시간외 근무를 하여 수입을 늘리고, 부직을 구하며, 아내까지 일터로 내보냅니다. 이렇게 하여 더 좋은 집을 사고, 더 비싼 옷을 사며, 더 멋진 가구를 들여 놓고, 더 자주 외식을 하며, 더 많은 오락기구들을 장만하고, 더 멋지게 휴가를 보내고 싶어 합니다. 돈을 더 가지고 싶은 욕심에 끌려가다 보면 주님의 일에 드리는 것은 점점 줄어들고, 가족들에게 소홀해지며, 영적인 평안이 사라질 위험에까지 처하게 됩니다. 가족들의 의식주 문제를 해결해 주는 것이 가장의 책임이지만, 그것을 반드시 플라스틱으로 만든 신용카드, 시간외 수당, 또는 대부금으로 해결하려 할 필요는 없습니다. 자신이 할 수 있는 범위 내에서 정상적인 수단으로 살아가십시오.

우리 부모님은 내게 훌륭한 본을 보여 주셨습니다. 비록 가진 것은 얼마 없었지만 그분들은 자신들이 가진 것을 지혜롭게 사용하셨습니다. 그분들은 가진 것 이상은 쓰지 않으셨습니다. 외상을 달아 놓는 일은 별로 없었습니다. 구체적인 지출 항목별로 돈을 나누어 놓고 해당 항목의 돈이 다 떨어지면 그 항목의 지출을 그치셨습니다.

야망의 부족. 같은 일을 반복하는 직장이나 자격 조건 때문에 제한을 받고 있는 곳에서는 동기와 야망을 잃기 쉽습니다. 이런 곳에서 일하는 사람들은 다른 곳이나 더 좋은 곳을 꿈꾸거나 바라는 게 보통입니다. 하지만 잘못된 희망은 업무 성과를 떨어뜨리거나 심지어는 해고를 당하게 하기도 합니다. 고용주는 우리의 참여와 일을 통하여 번영하는 게 아닙니까? 우리는 경건한 야망을 가지고 살아가야 하며, 하나님께서 우리를 위해 열어 주신 것이 무엇인지 알아야 합니다. 맡은 일을 잘하고 좋은 태도를 유지함으로써 좋은 간증을 보여야 할 것입니다.

사회적인 압력. 거친 말, 매정한 비평, 지저분한 농담, 동화(同化)의 압력은 많은 시간급 직장에 상존하는 것 같습니다. 때로는 그들의 삶의 방식을 따라가고 싶은 유혹이 너무나 커서 자신이 무기력해지기도 합니다. 이렇게 되면 그리스도인은 이중적인 생활을 하게 되며, 직장에서 일할 때의 모습과 다른 곳에서의 모습이 전혀 다른 이중 인간이 되어 버립니다.

우리는 자신이 참여하고 있는 모든 그룹에서 영향을 주는 사람이 되거나 아니면 영향을 받는 사람이 됩니다. 우리는 다른 사람들과 잘 어울리지 못하는 '난 그대보다는 거룩해' 식의 사람이 되지 않도록 해야 합니다. 그들과 함께 어울리면서 그들의 친구가 되어 주어야 하지만, 그들의 불경건한 행동이나 동기를 본받을 필요는 없습니다. '난 그리스도인이기 때문에 그런 짓은 하지 않아' 하는 식의 접근법은 피해야 합니다. 오히려 우리에게 주신 확신을 따라 조용하면서도 적극적으로 살아간다면 하나님께서 우리에게 전도할 기회를 많이 주실 것입니다. "너희는 이 세대를 본받지 말고 오직 마음을 새롭게 함으로 변화를 받아, 하나님의 선하시고 기뻐하시고 온전하신 뜻이 무엇인지 분별하도록 하라"(로마서 12:2).

구약에서, 동화되기를 거절함으로써 결과적으로 하나님의 축복을 받은 훌륭한 본이 되는 사람은 다니엘입니다. 동화의 유혹을 받을 때마다 다음 질문을 해보십시오.

1. 성경에는 이와 연관하여 어떤 명령이 있는가?
2. 동화됨으로써 얻을 수 있는 것은 무엇인가?
3. 나의 가족들이나 다른 그리스도인들 앞에서 이 일을 할 수 있겠는가?
4. 이것은 그리스도를 위한 나의 간증에 도움이 될 것인가, 손해가 될 것인가?

일에 대한 윤리적인 문제. 대부분의 직장에서는 윤리적인 문제가 일어나게 마련입니다. 그중 몇 가지를 들어 보면, 일을 고의적으로 게을리 하는 것, 거짓된 서류 작성, 수준 이하의 기량 발휘, 근무시간이나 회사 공금의 그릇된 사용, 다른 동료들의 비행을 숨겨 주는 것, 여러 형태의 거짓말 등입니다. 모든 상황 가운데는 그 나름대로의 복잡성과 참작할 만한 사정이 있습니다. 그러나 우리는 경우마다 성경적인 지침을 적용해야 합니다.

어떤 직장의 구체적 상황에 대해 조언을 해줄 수는 없지만 아래 사항들은 일반적인 지침들입니다.

1. '이것은 성경 말씀과 직접적으로 반대되고 있는가?' 하고 자문해 보십시오. 만일 말씀과 어긋난다면 하나님께 순종해야 합니다. "베드로와 요한이 대답하여 가로되, '하나님 앞에서 너희 말을 듣는 것이 하나님 말씀 듣는 것보다 옳은가 판단하라. 우리는 보고 들은 것을 말하지 아니할 수 없다' 하니"(사도행전 4:19-20).

2. 의심스러울 때는 경건한 조언을 구하십시오. 같은 직종에 근무하는 그리스도인이나 다른 성숙한 그리스도인에게 상담을 청하십시오.

3. 기도하고, 말씀을 찾으며, 자신의 확신을 굳게 하십시오.

4. 비록 직장을 잃게 된다 할지라도 자신의 확신대로 밀고 나가십시오.

직장 일과 생활을 분리함. 업무가 재미없고 만족감이 없을 때 사람들은 직장 생활을 직장 밖의 생활로부터 분리하려는 경향이 있습니다. 그러한 삶은 좋지 못한 습관 또는 만성적인 고통처럼 되어 버리며, 직장에서 보내는 시간을 무시하려 듭니다. 그러고서는 저녁이나 주말만을 기다리며 살아갑니다. 매주 40여 시간을 그렇게 흘려보낸다면 전 생애의 25% 및 깨어 있는 시간의 40%를 허비하고 마는 셈입니다. 그렇게 많은 시간을 마음에도 없는 활동에 억지로 드려야 한다는 것은 얼마나 큰 비극일까요! 그 시간은 마땅히 자부심을 향상시키며, 주위 사람에게 전도하며 영적으로 도와주는 사역 및 전체 생애에 기여하는 시간이 되어야만 합니다. 하나님께서 당신에게 그 직장을 주신 것은 다른 사람들에게 그리스도를 증거하도록 하기 위한 것이지 빵 문제만 해결해 주기 위한 것만은 아닙니다. 직장 생활과 자신의 삶을 잘 조화시키고 더 이상 두 세계에서 살지 않도록 하십시오.

지침과 제안

어떤 직업도 똑같을 수는 없지만 유사점이 있는 직업은 많이 있습니다. 시간급으로 일하고 보수를 받는 직장인을 위해 기본적인 문제점과 특성을 살펴보았습니다. 이제 자신에게 주어진 이 특정한 환경을 어떻게 하면 잘 이용할 수 있는가를 알 필요가 있습니다. 도움이 되는 몇 가지 방안을 소개합니다.

스케줄이 일정하다는 점을 이용할 것. 당신의 일과는 규칙적이기 때문에 그것을 이점으로 활용하십시오. 미리 한 주 혹은 한 달의 계획을 세울 수도 있을 것입니다. 우선순위와 시간 사용에 대해서는 제3장을 참조하십시오. 괜히 시간만 소모하는 활동은 삼가고, 자신의 목표와 우선순위에 맞는 활동을 계획하십시오. 예를 들면, 다음과 같습니다.

- 매월 최소한 이틀 저녁은 가족들과 함께하기
- 자녀들의 몇몇 주요 활동에 참여(예: 음악회, 운동 경기)
- 최소한 월 1회 믿지 않는 부부와 만나 친분 관계를 맺기
- 몇 가지 영적 활동에 참여하기
- 개인 성경공부

토요일을 최대한 이용할 것. 대부분의 사람들은 토요일을 흐지부지 보내고 맙니다. 느지막이 일어나 집안을 어슬렁거리다가 현관에 나가 신문을 가지고 들어와 소파에 앉아 읽으며 커피를 한두 잔 마시고, 아내의 심부름을 몇 가지 들어 주고는 자리를 잡고 앉아 스포츠 중계를 보다가 보면 아무것도 한 일 없이 어느새 시간이 다 가고 맙니다. 완전히 자신의 통제 아래 있었던 시간, 그래서 자신이 잘 활용할 수 있었던 하루를 허비해 버린 것입니다. 토요일 계획을 잘 세워서 흐지부지 흘려보내지 않도록 해야 합니다. 다음 지침을 참고하면 도움이 될 것입니다.

1. 늦잠 자지 말고 일찍 일어나 주님과 깊이 있는 교제 시간을 가지십시오. 일주일 중 서두르지 않아도 될 유일한 때입니다.
2. 오전 시간을 이용하여, 개인적인 성경공부를 하거나, 주일 성경공부반의 공과를 준비하거나, 다음 주에 해야 할 활동을 준비하십시오.

3. 큰 작업(이를테면 페인트칠이나 큰 공사)을 할 생각이라면 미리 계획하여 소용되는 물건들을 미리 준비하고, 일을 할 때는 그 일에만 전념하도록 하십시오.

4. 작은 일거리나 잡일은 피하십시오. 이런 일은 평일의 저녁 먹기 직전의 시간을 이용해서 하십시오.

5. 아내에게 두 시간 정도의 자유 시간을 주십시오. 당신이 아이들을 봐주십시오. 아내가 시장 보러 가는 동안만 그렇게 하지 말고 자유 시간 동안에도 그렇게 해주십시오.

6. 네 시간짜리 TV 중계방송 등 시간을 빼앗기는 프로는 피하십시오. 이런 것이 항상 나쁘다는 것은 아니지만 이것이 자유 시간의 15%나 소모한다는 사실을 알아야 합니다. 실내에서 라디오나 TV를 틀어 놓고 할 수 있는 일도 있긴 하지만, 그런 것에 시간을 낭비하지 마십시오.

7. 토요일 저녁 계획은 한 달 전에 미리 세우십시오. 예를 들면, 한 주는 아내와 함께 밖에서 보내고, 한 주는 다른 부부를 초대하여 함께 식사하며 교제를 갖고, 한 주는 온 가족이 함께 보내고 하는 식으로 계획을 세우는 것입니다. 토요일 저녁 중 적어도 한 번은 집에서 보내도록 하십시오. TV가 가정생활의 중심이 되지 않도록 주의하십시오. 가족 모두를 위해, TV 보는 것을 제한하시기 바랍니다.

수입이 허용하는 범위 내에서 생활할 것. 결혼 생활에 가해지는 가장 큰 압력 중의 한 가지는 가족들의 수입을 넘어선 지출의 결과입니다. 자신의 수입의 범위 내에서 생활하는 것을 배우십시오. 지출에 대해서는 철저하게 가지치기를 잘해야 합니다. 경제적으로 큰 부담을 주는 '물건들'은 돌려보내든지 팔아 버리고, 간소하게 사는 법을 배우십시오. 무엇보다도 주님의 일에 후하게 그리고 즐거이 드리십시오.

이웃과의 관계를 개발할 것. 하나님께서 특정한 이웃을 당신에게 허락해 주신 데는 목적이 있습니다. 당신의 이웃 사람들은 아마 대부분 당신과 비슷한 직업을 갖고 있어서 당신과 어울릴 수 있을 것입니다. 그들을 알아 가십시오. 당신의 가정을 개방하여 영향을 주며 전도할 수 있는 길을 찾으십시오.

직장 업무를 탁월하게 수행하려는 태도를 개발할 것. 자신의 업무가 무엇이든 최선을 다하십시오. 이에 관해서는 앞에서 이야기한 바 있지만 거듭 강조할 필요가 있습니다. 당신의 전도는 당신이 일을 어떻게 하느냐에 따라 크게 영향을 받습니다.

동료들을 위하여 기도할 것. 하나님은 다른 사람들에게 그리스도를 나타내게 하시려고 당신을 그 직장에 보내셨다는 사실을 명심하십시오. 그들을 위해 정기적으로 기도하되 그들로 복음을 깨달을 수 있게 해주시며 그들에게 말로 증거할 수 있는 기회를 주시도록 기도하기 바랍니다.

제 8 장

봉급생활을 하는 근로자

척 호너는 자신이 마치 덫에 걸린 것 같았습니다. 3년 동안이나 농기구 제조 회사에서 기계공으로 일해 온 그는 업무에도 능한 사람이었고 보수도 보통 수준은 넘었습니다. 그러나 주위에서 정년퇴직할 나이가 가까워질 때까지 근 30년간을 똑같은 일만 해온 사람들을 볼 때마다 자신의 장래도 그렇게 될까 봐 은근히 두려웠습니다. 그래서 그는 얼마 안 되는 저축을 찾고, 자신은 물론 아내까지 부직을 가지면서 일한 덕택으로 대학에 들어가 어렵게 공부하여 드디어 공학사 학위를 취득했습니다.

그는 업무의 성격과 경제적인 면에서 새로운 자유를 기대했습니다. 그는 해방감을 느꼈습니다. 그는 어느 큰 회사의 보수가 높은 자리에 취직이 되었습니다. 첫해는 마치 신혼 시절 같았습니다. 많은 봉급, 규칙적인 출퇴근 시간, 훌륭한 근무 환경 등 나무랄 데 없었습니다. 그는 고정된 봉급을 받을 뿐 아니라 출퇴근 시간 기록기로부터 해방된 것이 정말로 기뻤습니다. 그런데 예기치 못했던 일들이 발생하기 시작했습니다.

회사가 큰 계약을 하나 맺었는데 그 일을 위해서 신규 사원까지 채용했습니다. 그러나 이 사람들은 훈련도 받지 않았고 자격도 갖추지 못한 상태였습니다. 계약서에는 엄격한 납품일이 명시되어 있는데, 생산 속도는 한계가 있어 상황은 점차 긴박해져 갔습니다. 그 계약의 이행에 대한 주 책임은 척에게 있었습니다. 그는 그 같은 임무에 감사했지만, 여덟 시간 근무는 열 시간으로, 다시 열두 시간으로 늘어났습니다. 얼마 되지 않아 토요일 저녁까지 근무하게 되었습니다. 압력은 점점 커져 직장뿐 아니라 가정에서도 긴장 가운데 지낼 정도가 되었습니다.

척은 자신의 모든 자유가 다 어디로 가버렸는지 의아해지기 시작했습니다. 봉급이 정해진 정규 사원이기 때문에 업무량과 책임이 커져도 봉급은 그대로였습니다. 그러한 척에게 새로운 문제가 터졌습니다. 가중되어 가는 압력에 시달리다가 그는 계산상 큰 실수를 하게 되었는데, 사장은 그에게 개인적으로 이 책임을 지게 했습니다.

척은 갑자기 직장과 장래에 위기를 맞게 되었습니다. 그 다음 열흘간은 악몽이었습니다. 견디기 힘든 중압감 가운데서 매일 12시간 내지 14시간씩 강행군을 했습니다. 이제는 봉급을 받는 직급이 그렇게 매력적으로 보이지도 않게 되었습니다. 현실이 그를 덮쳤으며 그는 자신이 낸 손해를 메우기 위해 혼신의 힘을 다하여 일했습니다.

당신의 경우가 척의 경우와는 다를지 모르겠지만, 책임이 있는 위치에서 일하는, 고정 봉급을 받는 사원들이 이와 같습니다. 이 장에서는 매월 약정된 봉급을 주고서 명시된 목적을 이루는 데 필요한 일이라면 무엇이든지 다 할 것을 요구하는 직종을 다루고

자 합니다. 이러한 직종에는 근본적으로 두 종류가 있습니다. 즉, '생산 지향적 직종'과 '사람 지향적 직종(중간 관리직)'입니다.

생산 지향적 직종에는 엔지니어링, 과학 연구, 교육, 회계, 컴퓨터 프로그래밍, 편집, 기타 기술을 요하는 일 등이 있습니다. 이들은 구체적으로 분명한 업무 성과 또는 결과를 '생산'해 내야 하는 책임이 있습니다. 하지만 다른 사람들이 생산하는 것을 관리하는 책임까지는 없습니다.

사람 지향적 직종은 중간 관리직이 여기에 해당되는데, 십장, 공장장, 선임 엔지니어, 영업부장, 슈퍼마켓이나 백화점의 지배인 등이 포함됩니다. 일반적으로 이들은 생산이나 서비스에 직접 참여하기보다는 한 걸음 떨어진 위치에서 사람들을 관리하고 감독하는 일을 합니다.

유리한 점과 유익

앞장에서 소개한 많은 유익점이 봉급을 받는 경우에도 다 해당됩니다. 그러나 직업과 그 직업에 종사하는 사람들의 종류에 약간의 차이가 있습니다.

직업에 대한 만족. 고정된 봉급을 받는 직에 있는 사람들은 어쩔 수 없어서 하는 경우보다는 자신의 선택에 의한 경우가 많습니다. 그러므로 대체로 자신들의 일을 즐거워하고 직장에서 만족을 맛볼 것입니다. 이들은 일정한 책임을 맡기 좋아하고, 출퇴근 시간 기록기에 매이는 것을 싫어하는 사람들입니다. 대개 그 직업에 대하여 사전에 구체적으로 알고 있었기 때문에 직업에 대한 만족도를 미리 예상할 수 있었을 것입니다

보수. 이들의 봉급은 대개 높기 때문에 보다 큰 경제적인 여유를 줍니다. 그러나 사람이란 있으면 있을수록 더 좋은 집과 더 좋은 가구를 사고 싶어 하며 더 좋은 음식을 먹고 싶어 하는 법이기 때문에, 아이러니컬하게 봉급이 높아도 더 여유 있는 것이 아니요 예산은 여전히 빠듯할 수 있습니다. 이들은 주님의 사업에 물질을 드리는 일에 자기보다 수입이 낮은 사람보다 오히려 더 인색할 위험도 있습니다.

지위. 인간적인 눈으로 볼 때 이 직종에 있는 사람들은 어느 정도 지위가 있습니다. 이런 사람들은 '전문가'로 비칩니다. 하나님의 관점에서는 차이가 있을 수 없지만 이 세상의 제도는 이런 구별을 만들고 있습니다. 교만해지는 대신 이 점을 이용하십시오. 이런 지위를, 대화를 하고 복음을 증거하고 사역을 하는 데 발판으로 사용하십시오. 당신은 유사한 직종에 있는 다른 사람들에게 자연스럽게 접근할 수 있을 것입니다. 자신의 지위를 하나님의 영광을 위해 사용하는 것은 마땅한 일입니다.

이동성. 이러한 직업의 직장인에게는 이동성이 있습니다. 이들의 분야는 '연공서열제(年功序列制)'와는 무관하며, 어쩔 수 없이 기능상 한 회사에 묶여 있어야 할 일도 없으므로, 다른 회

사로 옮기거나 같은 회사 내에서 보직의 변경이 쉽습니다. 한 직장이나 지역에 매이지 않습니다. 결과적으로 사역의 장소 변경에 필요한 융통성을 증가시켜 더 많은 사역의 기회를 제공합니다.

동기. 이러한 직종은 종종 큰 동기력과 도전을 줄 것입니다. 그 직책은 덜 기계적이요 덜 단조롭습니다. 일반적으로, 사람들이나 임무에 대한 일정한 책임이 주어지며 이것이 큰 동기를 불러일으킵니다. 자유와 책임과 창의성을 좋아하는 사람들에게는 이 직업이 훌륭한 직종이 될 것입니다.

불리한 점과 제약

보수가 많아지면 책임도 많이 따릅니다. 책임은 구속을 가져옵니다. 그러므로 유리한 점과 함께 자신의 개성, 은사, 재능과 능력을 견주어 보면, 신중히 고려해 보아야 할 불리한 점과 제약을 가져오는 사항들이 있는 것입니다.

스케줄. 봉급을 받는 근로자는 고용주의 필요에 더 민감하며 더 드려져야 하는 입장에 있습니다. 스케줄은 더 빡빡해질 수도 있고, 직장 일에 일과 외의 시간과 노력을 들여야 할 때도 있을 것입니다. 점차 자신의 스케줄도 마음대로 짤 수가 없게 될 것입니다. 고정급을 받는 사원으로서의 봉급과 지위에는 더 복잡한 책임과 스케줄이 따라오는 것입니다.

중압감. 시간급 직종에는 성과에 대한 압력이 있다고 했습니다. 봉급직에는 압력이 더 가중되며, 업무 성취의 방법은 확실하게 정의되어 있지 않습니다. 업무는 주어진 시간 동안 손으로 하는 노동보다는 재능과 능력에 주로 의존합니다. 자신이 한 일에 대한 평가는 대개 객관적인 사실이나 명확한 측정 수단이 아니라 주관적이거나 질적인 면을 토대로 하여 이루어집니다. 이것은 자신이 직접 한 일이 아니라 자신이 감독하고 있는 사람들이 한 일에 달려 있는 경우가 많습니다. 근무 중에는 일에 대한 중압감으로부터 벗어나기가 어려우며, 일과 외의 시간에도 그 압력을 느끼며 살아야 합니다.

야망. 봉급직 사원은 그 지위와 업무 내용에 따라 보수가 달라집니다. 그러므로 승진 자체가 목표가 되기 쉬우며, 야망은 당신의 사고를 지배하는 한 요소가 됩니다. 이것이 잘못된 것은 아니지만 반드시 영적인 방법으로 다루어야 합니다. 제4장은 이 문제에 대해 구체적인 도움을 줍니다.

책임. 봉급이 많아질수록 그에 따른 책임도 점점 커집니다. 당신의 봉급은 일정한 시간에 '생산한 제품'의 양에 대한 대가가 아니라 '수행한 책임'의 양에 대한 대가인 것입니다. 이것이 불리한 점은 아니지만 구속을 가져올 수 있습니다. 왜냐하면 그 책임이란 일을 지정된 기간 안에 다 완료하도록 요구할 뿐만 아니라, 감정적인 에너지까지 소모시키기 때문입니다. 책임 맡기를 좋아하는 사람들도 있습니다. 그런 사람에게는 이것이 제약이 아니라

도리어 유리한 점이라고 볼 수 있습니다. 일정한 책임이 따르는 일을 싫어한다면 그런 사람은 이런 직종에 적합하지 않은 사람이라고 할 수 있습니다.

영적 위험

이러한 직종에만 있는 독특한 영적 위험이랄 수는 없겠지만, 언급할 필요가 있는 두드러진 위험 몇 가지는 다음과 같습니다.

- 교만
- 물질주의
- 야망

교만을 일으킬 수 있는 요소는, 봉급, 직위, 사회적 지위, 학력, 재능 등 여러 가지가 있습니다. 교만은 언제나 파괴적인 결과를 초래합니다. 교만은 불화를 가져오며, 대인 관계에 긴장을 야기하고, 영적 성장과 전도를 방해합니다. 삶 가운데 교만이 나타나기 시작하면, 그것이 너무 깊이 스며들어 깨닫지도 못할 지경이 되기 전에 즉시 고치십시오. 교만이라는 병에 면역성을 가진 사람은 아무도 없습니다.

물건들을 살 만한 돈이 당신에게 없는 것 같을 때도 물질주의는 당신의 삶을 잠식해 들어옵니다. 물질주의는 하나의 태도, 즉 물질들에 대한 잘못된 욕망을 가리킵니다. 물질적인 것들은 소유하면 소유할수록 더 많이 가지고 싶어집니다. 대부분의 경우 필수품이 아닌 사치품에 대해 그러한 욕심을 느낍니다. 물질주의가 당신 삶에서 주된 동기력이 되지 않도록 이를 경계하십시오.

야망은 앞에서 불리한 점으로 다루었습니다. 이것 또한 심각한 영적 위험입니다. 하나님의 뜻과 자신의 재능과 능력에 일치하는 동기를 가지십시오.

지침과 제안

업무와 스케줄에 대처하는 우리의 태도에 따라 우리가 그것을 주관할 수도 있고, 그것이 우리를 주관할 수도 있습니다. 고정 봉급을 받는 사람이 보다 유리하게 업무를 수행할 수 있도록 도움을 주는 몇 가지 실제적인 제안을 소개합니다.

자신의 능력을 판단할 것. 승진과 책임은 봉급을 받는 사원직의 자연적인 산물이므로 필수적으로 자신의 강점은 물론 한계점도 알고 있어야 합니다. 승진은 할 수 있겠지만 그것이 가족과 사역에 어떤 값을 치르게 하지는 않습니까? 자기의 능력 밖의 일을 감당해야 하는 승진은 피하십시오. 그런 승진은 자신과 가족, 그리고 사역에 다 같이 어려움을 초래할 것입니다. 하나님께서 절대주권 가운데 당신에게 주신 한계점 이상으로 자신을 밀어붙이기에는 인생이 너무나 짧습니다. 제4장은 이 문제에 관해 많은 도움을 줄 것입니다.

토요일을 잘 사용할 것. 토요일은 당신 마음대로 사용할 수 있는 가장 좋은 시간입니다. 대부분의 사람들은 이 많은 절호의 시간을 낭비하고 있습니다. 제7장에서 상세히 다룬 내용들을 참조하십시오.

지나친 일과 외 근무는 피할 것. 일과 외 근무를 할 필요가 있을 때, 고정급 사원인 당신은 그 필요에 대처해야 할 의무가 있습니다. 그러나 일과 외 근무가 습관이 되어서는 안 됩니다. 그것은 당신의 가정생활과 사역에 큰 영향을 미치기 때문입니다. 초과 근무가 습관화되어 버렸다면 다음 요인들을 평가해 보기 바랍니다.

1. 나의 정규 업무를 다 수행하지 않았기 때문에 초과 근무를 하는가? 정해진 정상 근무시간 내에 집중적으로 일해서 다 마칠 수는 없는가?
2. 단지 사람들에게 좋은 인상을 주기 위하여 퇴근 시간 후에도 일을 하고 있는 것은 아닌가?
3. 일과 외 근무가 단순히 하나의 습관으로 형성되어 온 것은 아닌가?
4. 초과 근무가 불필요한 것은 아닌가?

이 질문들 가운데 어느 한 가지라도 "예"라는 대답이 나온다면 일과 외 근무에 대한 원인은 당신 자신에게 있다는 말이므로, 즉시 이를 정상으로 돌이키기 위한 조치들을 강구해야 합니다. 현재의 근무 여건상 초과 근무가 필요하다면 다음 단계를 밟도록 하십시오.

  1. 당신이 하는 일을 2-3주 동안 기록하십시오.
  2. 일과 외 근무를 줄이기 위한 방도를 찾기 위해 그 기록을 직속상관에게로 가지고 가서 현 상황에 대하여 토의를 하십시오. 문제 해결을 그에게 일임하지 말고 문제 해결에 도움이 되는 제안들을 내놓으십시오.
  3. 다른 방도가 없다면, 당신이 진정으로 그 일을 계속하기를 원하는지 결정을 내리십시오. 이것은 당신을 다른 직장으로 인도하시려는 하나님의 방법일 수도 있기 때문입니다.

  이 과정에서 모든 일과 외 근무를 다 피하려고 하지는 마십시오. 일과 외 근무는 봉급직 사원인 당신의 책임에 포함된 합법적인 요소입니다. 그러므로 단순히 지나치게 하는 것은 피하되, 꼭 필요한 경우의 일과 외 근무는 계속하십시오.

  가족들과의 시간을 계획할 것. 가족은 언제나 직장보다 중요하므로 그들과의 시간에 높은 우선순위를 두십시오. 직장에서의 압력과 일과 외 근무 및 승진을 위한 집념 속에서 살다 보면 가장 중요한 가족들에게 자칫하면 소홀해지기 쉽습니다. 주간 계획이나 월간 계획을 세울 때 가족들과 함께 보낼 구체적인 시간을 계획하십시오. 휴가 때는 그들과 함께하는 특별한 시간이 되게 하고, 그들이 즐거워하는 것들을 하도록 하십시오.

돈을 잘 사용할 것. 봉급이 많아짐에 따라, 돈을 더 많이 쓰며 허비하는 경향이 있습니다. 하나님께서 여러분의 돈을 주신 데는 목적이 있는데, 그것은 필시 당신으로 하여금 교회나 선교 기관에 더 많은 액수를 헌금하도록 하시려는 뜻일 것입니다. 진정한 필요를 채우는 게 아니라 안락과 생활수준 향상에만 기여하는 지출에 대하여는 사전에 하나님께 기도해 보십시오.

그리스도인들은 주님의 일을 위하여 드리는 부분뿐만 아니라 모든 돈에 대하여 하나님 앞에서 책임을 지고 있습니다. 물건이 아니라 사람을 위하여 투자해야 합니다. 값이 점점 떨어지는 물건(이를테면 가구, 옷, 자동차 등)을 사려고 빚을 지는 일은 피하고 현금으로 살 수 있을 때까지 기다리는 것이 좋습니다.

자신의 지위를 잘 이용할 것. 고정 봉급을 받는 사원직은 회사나 지역사회에서 상당한 지위를 가지고 있을 때가 많습니다. 이러한 지위를 자신의 영광이 아니라 하나님의 영광을 위하여 사용하십시오. 다른 사람은 전도할 수 없는 대상들에게도 당신은 전도할 수 있습니다. 나 자신도 내가 엔지니어라는 점과 과거에 공군에 있었다는 점 때문에 쉽게 복음을 전할 수 있는 기회가 많았습니다. 다른 엔지니어들이나 공군들은, 내가 자신들의 처지나 상황을 복음에 실제적으로 잘 연관시킬 수 있다고 믿고서 내 말에 귀를 기울였습니다. 세상 사람들은 당신이 누구이냐보다는 당신이 무엇을 하는 사람이냐에 더 공감을 느낍니다.

자신의 위치나 지위로 인해 교만해지지 마십시오. 이 문제에 빠지지 않게 지켜 주는 간단한 질문이 있습니다. "나는 왜 사람들에게 나의 지위를 알리기를 원하는가? 자랑하기 위해서인가? 아니면, 나의 전도에 귀를 기울이게 하기 위해서인가?" 당신의 동기가 열쇠입니다.

제 9 장

가정주부

비벌리는 대학을 졸업하고 번창 일로에 있는 어느 회사에 취직해서 높은 보수에다 좋은 직책을 맡게 되었습니다. 2년간 근무한 후, 그녀는 교회의 직장인 모임에서 만난 어느 엔지니어와 결혼했습니다. 결혼 생활 2년 동안에 사내아이 둘이 태어났습니다. 비벌리는 엄청난 적응이 필요했습니다. 더 이상 자신의 시간을 마음대로 조절할 수도 없었고, 생활비는 빠듯했으며, 남편과 두 아이에게 신경을 써주어야 할 일은 끝도 없어 항상 쫓겨야 했습니다. 이웃과 교회에서 영적인 활동을 하고 싶었지만 시간이 도무지 나지 않았습니다. 그녀는 가족들의 요구에 화가 나기 시작했으며, 만성적인 피로에다 병까지 자주 앓았습니다.

비벌리와 같은 가정주부의 숫자는 수천 수만에 이를 것입니다. 그들은 막연히 불만을 느끼며, 생활에 자극이 없고, 괴로우며, 지쳐 있습니다. 잠재력과 능력을 이렇게 낭비하고 말다니 얼마나 안타깝습니까!

가정을 꾸려 가는 일에 대한 최근의 신랄한 공박의 영향을 받아 온 여성들이 많이 있습니다. 그들이 주장하는 바는 봉급 수준에 따라 어떤 일의 가치가 결정되는데, 가정주부에겐 봉급이 없으므로 이 일은 가치가 없다는 결론이 나온다는 것입니다.

　가정에 남아 있도록 하나님께 부르심을 받았다고 느끼는 여성이라면 누구나,

- 자신이 하는 일의 가치에 대한 성경적인 확신과,
- 한 개인으로서 그리고 한 사람의 '일꾼'으로서 자신의 잠재력을 극대화하는 효과적인 계획을 가지고 있어야 합니다.

　잠언 31장에는 아내요 어머니로서 하나님께 인정을 받은 한 여인이 나옵니다. 그녀는 유능하며, 조직적이며, 활기차고, 후덕하며, 가족 중심적이면서, 품위 있고, 친절하며, 영적으로 성숙한 여인입니다. 가정주부의 일이 가정부의 일과 같을 수는 없습니다. 물론 가정부의 일도 가정주부의 일의 일부이기는 하겠습니다. 아마 가정주부의 일이란 다른 어떤 직장 일보다 더 나을 것입니다. 이 일은 한 여성의 성품과 개성을 그대로 반영합니다. 가사 또는 가정 관리는 성취 결과를 관찰할 수 있는 몇 안 되는 직업 중의 하나입니다. 왜냐하면, 집은 가정주부의 손길과 창의력을 나타내 주며, 가족들(남편과 자녀들)은 자신들과 그 가정주부(아내 또는 어머니)의 일상적인 상호 관계를 거울처럼 반사하기 때문입니다. 이 장 뒷부분에서는 이러한 특성들을 가정에서 적극적으로 나타낼 수 있는 구체적인 방법들을 살펴보겠습니다.

유리한 점과 유익

독자성. 가정주부는 자기 나름대로의 작업 방식을 채택하며 그 방식을 따를 수 있는 상당한 자유가 있습니다. 물론 가족들에 대한 책임이 있긴 하지만 다른 직장인처럼 '고용주'에게 보고를 하지는 않습니다. 그녀는 자신의 일에 대한 지침과 표준을 스스로 정할 수가 있고, 우선순위와 관심사들을 스스로 결정하고 이에 맞추어 자신의 많은 시간을 조절할 수도 있습니다.

셜리와 조안은 친구 사이인데, 가정을 꾸려 가는 스타일이 서로 다른 전형적인 예입니다. 둘 다 이십대 후반으로서, 각각 취학 전의 자녀가 둘씩 있고, 남편들은 하루 여덟 시간씩 주 5일 근무하는 직장인입니다. 그들은 같은 교회에 다니고, 같은 동네의, 형태도 비슷한 집에 살고 있습니다.

그러나 비슷한 점은 그것뿐입니다. 셜리는 활동적이고 '대인 관계가 넓은' 성격의 소유자입니다. 아침 6시에 일과를 시작하여 1시간 동안 일상적인 집안일을 차례로 처리합니다. 가족들과 아침 식사 후에는 아이들과 함께 놀아 줍니다. 그 다음에는 성경공부, 친구 집 방문, 공예 교실, 교회 활동으로 이어집니다. 집에 있을 때는 집이 활동 무대가 되어, 사람들이 드나들고 전화벨이 쉴 새 없이 울립니다. 셜리네 집을 깨끗하다거나 조용하다고 얘기한 사람은 아직 없었지만, 누구나 거기에 가보면 즐거움을 느낍니다.

조안의 하루는 1주 전에 미리 세워 놓은 상세한 스케줄에 대한 주의 깊은 점검으로 시작됩니다. 메뉴는 꼼꼼하게 짜여 있고, 일은 체계화되어 있으며, 사교 활동도 미리 잘 계획되어 있습니다.

아이들은 조직적인 활동들과 창의적인 계획 가운데서 자라며, 늘 깔끔했고 옷도 잘 입었습니다. 그녀는 소수의 친밀하고 신실한 친구들과의 교제를 계속했습니다.

이와 같이 개성이 서로 다른 이 두 사람은 자기 가정 안에서, 또 가정생활을 통하여 각각 자신을 자유롭게 나타내고 있습니다.

스케줄의 융통성. 가사만큼 융통성이 있는 일은 거의 없습니다. 효과적인 가정관리를 위해서는 필수적으로 어떤 스케줄이 따라야 하겠지만, 그 스케줄은 가족들의 필요 사항과 개인적인 필요 및 각 주부의 관심에 맞추어 짤 수 있습니다. 때로 가정주부는 자신의 기준과 활동에 맞도록 자신의 일의 분량을 줄이기도 하고 늘리기도 합니다. 스케줄 짜는 일 및 시간 사용에 대해서는 이 장 끝 부분에서 더 상세하게 다루기로 하겠습니다.

창의성. 융통성 있는 스케줄은 창의적인 활동을 할 수 있는 시간도 낼 수 있게 해줍니다. 어떤 일은 가사의 자연스런 일부가 되는 것도 있습니다. 그 밖의 것들은, 가정에 기여가 되긴 하지만 개인적인 재능과 취미 표현의 성격이 더 강합니다. 이러한 창의적인 일거리를 몇 가지 들면 아래와 같습니다.

- 장식
- 공예나 공작
- 의상 디자인
- 서예
- 영양학 공부
- 원예 및 꽃꽂이
- 창작
- 음악

이러한 활동들은 여성의 관심이 변화됨에 따라 그 범위를 넓히거나, 바꾸거나, 발전시킬 수 있습니다.

나는 최근에 바로 그와 같은 활동을 한 적이 있습니다. 현재 우리가 쓰고 있는 거실이 작기 때문에 남편의 스테레오 전축 세트가 설치되어 있는 케이스를 벗겨 버릴 수밖에 없었습니다. 전축은 방 한쪽 구석에 있는 빈 선반 위에 올려 두었습니다. 미심쩍어하는 남편의 허락을 받아 지금 그 전축 케이스에 화초를 키우고 있습니다. 푸른 잎사귀들이 그 선반 주위에, 그리고 위로, 아래로 고개를 내밀고 있습니다. 임시로 한번 시도해 본 것이지만 지금 그것은 좋은 흥밋거리가 되었습니다.

실제적인 의미에서 가정이란 한 여성의 개성을 표현할 수 있는 곳이며, 시간이 허용하는 한 자신의 흥미와 재능을 최대로 자유롭게 나타낼 수 있는 곳입니다.

사역의 기회. 가정은 그리스도의 사랑을 나타내기에 이상적인 곳입니다. 가정주부의 일과는 비교적 자유롭기 때문에 특정한 영적 목적을 위해 다른 사람들을 개인 또는 그룹으로 집에 초대할 수 있습니다. 성경공부, 전도 모임, 그리스도를 믿지 않는 부부와의 저녁 식사, 도움을 필요로 하는 그리스도인이나 믿지 않는 친구들과의 시간을 위해 가정을 이용할 수 있습니다. 어린 자녀들을 둔 어머니들 중에는 자기 집에서는 그런 활동을 할 수 없다고 느끼는 분이 있을지도 모르겠습니다. 아이들은 이유가 되지 않습니다. 아이들 때문에 저녁 식사 초대를 자유롭게 못한다면 아이들을 재워 놓고 나서, 디저트나 차를 같이하자고 초대할 수도 있습니다. 성경공부 시간에는 믿을 만한 보모에게 아이들을 맡기고 그 비용은 그룹에서 공동으로 부담해도 될 것입니다. 하나님께서 당신과 당신의 가정을 사용하실 수 있도록 해드리십시오.

가정의 목표를 위하여 남편을 지원함. 가사에 있어서 보람 있고 만족을 주는 측면의 하나는 이 일이 남편 및 자녀들과 관련되어 있다는 것입니다. 다른 모든 직장이 초점을 맞추고 있는 제품 생산이나 사람, 또는 이익은 자신의 개인적인 삶과는 무관한 것입니다. 그러나 가정에 있는 가정주부는 자신의 일부이기도 한 남편과 아이들을 위하여 자기의 삶과 에너지를 투자할 수 있는 특권을 가지고 있습니다. 그들의 목표에 함께하는 것이야말로 하나님의 가장 고귀한 부르심의 하나입니다. 가정에서 여러 결정을 내리는 궁극적인 책임은 남편에게 있지만, 그 결정들이 시행되는 곳인 가정의 분위기를 조성하는 것은 아내입니다. 또 아이들에게 매일매일 주로 영향을 주는 사람은 대개 그들의 어머니입니다.

가족들을 지원한다는 이런 전망이 없다면 가사 및 가정주부로서의 여러 역할들은 공허하고 아무 목적이 없는 게 되어 버립니다. 집안을 깨끗이 하는 것이 목적이 아니라, 이를 통해 가족들의 발전을 위한 분위기를 만드는 데 의의가 있는 것입니다. 가정주부가 하는 구체적인 활동들은 그 자체만으로도 어느 정도 만족을 느끼기는 하지만, 가족들을 세우고 뒷받침하는 일에 기여할 때 비로소 충만한 만족감을 맛보는 것입니다. 주면 넘치도록 돌려받게 된다는 성경의 원리가, 남편과 자녀들을 위하여 자신을 드리는 가정주부에게보다 더 확실하게 적용되는 곳도 없습니다.

불리한 점과 제약

단조로움. 가정의 많은 일이 늘 정해져 있는 일입니다. 미리 조심하지 않으면 금방 지쳐 버릴 수도 있습니다. 일은 하지 않을 수 없습니다. 그러나 창의적인 계획이 있으면 그 단조로움은 한결 줄어듭니다. 가능하다면 계획한 일 중에서 일상적이고 제일 재미가 없는 허드렛일들을 먼저 해버리십시오. 정신적인 집중이 필요치 않은 일을 할 때는 이와 함께 유익한 방송이나 녹음을 듣든지, 아이들에게 성경 이야기를 해주든지, 또는 전화로 다른 사람과 대화를 나누는 일까지도 할 수 있습니다. 전화 수화기의 코드를 길게 하거나 무선 전화기를 설치하면 집안을 이리저리 돌아다니면서도 대화를 나눌 수 있는데, 이것은 매우 좋은 투자라고 생각합니다. 단조로움이란 가사에만 있는 특수한 것이 아니라, 많은 직장에도 있는 보편적인 것이라는 사실을 명심하십시오. 가정주부는 다른 대부분의 직장인보다도 스케줄에 융통성이 더 많고, 자신의 일에 흥미를 불어넣을 수 있는 기회가 더 많다는 사실을 행운으로 생각하십시오.

갇혀 있는 듯한 느낌. '밀실 공포증'이라는 것이 있는데, 그것은 벽지(僻地)나 좁은 공간에서 생활할 때 생기는 극도의 정서 불안을 말합니다. 가정에 '매여' 있는 여성들 중 많은 이들이 이 정도로까지 심하지는 않더라도 자신이 갇혀 있는 듯한 느낌을 받으며 정서적 불안을 경험하기도 합니다. 이것은 가정을 벗어나서 다른 사람들과 어울릴 수 있는 자유의 부족을 의미합니다. 어린 아이들이 딸린 어머니들에게는 특히 실감이 나는 말입니다. 그들은 어린 자식들에 대한 책임을 성실히 수행하고 있긴 하지만, 매여 있고 격리되어 있다는 느낌은 어쩔 수가 없습니다.

갇혀 있는 듯한 느낌이 문제가 된다면 그 느낌을 누그러뜨릴 수가 있습니다. 비슷한 처지에 있는 다른 가정주부들을 집에 초대하십시오. 자신들에게 활력을 주는 개인적인 일을 하면서 아기들은 시간을 정해서 교대로 돌보아 주기로 하면 됩니다. 당신의 답답함을 남편에게 이야기하십시오. 도움이 될 만한 좋은 생각이 남편에게 있을지도 모릅니다. 사실 남편이 시간을 내어 아이들을 돌보면서 당신에게 자유 시간을 줄 수도 있습니다.

장시간의 일. 일주일에 7일간, 하루에 24시간 근무를 그것도 해마다 요구하는 곳은 가정밖에 없습니다. 자신들의 일을 계획하는 법을 모르거나, 영적 성장을 도모하고 개인적인 취미를 살릴 수 있는 시간을 내지 못하는 여성들에게는 이 장시간 근무가 정말 참기 어렵습니다. 불필요한 일을 줄이고, 어떤 일은 가족들에게 분담시키며, 가장 효과적인 스케줄을 짜기 위해, 모든 가정주부는 정기적으로 자신의 일의 내용을 평가할 필요가 있습니다.

영적 위험

자기 연민. 많은 여성들이 자기 연민의 죄에 빠지는 경향이 있습니다. 자신들의 삶이 다른 사람들보다도 어렵다고 느끼며, 만약 이렇게만 또는 저렇게만 되어 준다면 자신들의 삶은 어떻게 될 것인가를 상상하면서 정신력을 소모하고 있습니다.

자기 연민에 빠져 있는 여성들은 그들의 삶에 대한 하나님의 절대주권을 이해하지 못하고 있습니다. 그들은 하나님이 모든 환경을 주관하고 계신다는 사실을 깨닫지 못하거나, 혹은 깨닫기를 원하지도 않습니다. 받은 축복을 세어 보는 것도 도움이 되는 방법이지만, 자기 연민이 죄라는 사실을 인식하고 하나님의 도움으로 그것을 떨쳐 버리고자 하는 적극적인 결단이 따르지 않는 한 대개는 성공하기가 어렵습니다.

원망. 이것은 자기 연민과 밀접한 관련이 있습니다. 자기 연민이나 원망은 둘 다 개인에게 있었던 좋지 못한 일(종종 잘못 상상하거나 과장된 것임)이 중심이 되어 있습니다. 원망은 쓴 뿌리나 환경에 대한 반발의 형태로 나타납니다. 이는 하나님께서 어떤 일은 허락하시고 다른 일은 막으실 때 스스로 무슨 일을 하고 계시는지 모르신다고 가정하고 있는 것입니다. 재차 말하지만 원망은 자기 연민처럼 죄라는 것을 알아야 하며, 의식적으로 이러한 사고방식에서 벗어나도록 해야 합니다.

시기심. 이 죄는 여성이 '가정주부'가 아니라 '가정부'가 되어 버릴 때 특히 나타납니다. 그렇게 되면 사람 대신 물건에 더 관심을 기울입니다. 물질주의적 사회 속에서, 그리스도인들이 재물에 눈을 돌리게 될 때의 위험은 한층 더 큽니다. 개개인의 외모와 능력, 은사를 비교하면서 시기심에 빠져들 위험도 있습니다.

모든 여성은 자신이 누구이며, 자신의 은사와 재능은 무엇인지, 자신의 능력과 한계점은 어떠한지에 대해 분명한 안목을 가져야 합니다. 과체중이나 비만이라면 다이어트를 실시하십시오. 나태하다면 일을 하십시오. 키가 너무 작다면(스스로의 생각에) 그 사실을 그대로 받아들이고 하나님이 당신을 그렇게 만드셨을 때는 분명히 어떤 목적을 갖고 계셨다는 것을 확신하십시오. 고치기 어려운 신체적인 장애가 있다면 그 사실을 그대로 받아들이고, 그런 장애에도 불구하고 만족스럽게 살아갈 수 있는 길을 찾으십시오. 다른 사람들의 처지와 비교하면 언제나 문제가 생겨납니다. 파멸로 이끄는 두 가지 죄가 시기심과 질투입니다. 절대로 그 함정에 빠져들지 마십시오.

불평. 앞에서 소개한 영적 위험들은 밖으로는 표가 나지 않게 숨길 수도 있는 것들입니다. 그러나 그것이 마음에 뿌리를 내리고 얼마 동안 자라게 되면 불가피하게 밖으로 드러나면서 끊임없는 불평의 형태를 취하게 됩니다. "마른 떡 한 조각만 있고도 화목하는 것이 육선이 집에 가득하고 다투는 것보다 나으니라"(잠언 17:1). 때때로 불평이 밖으로 튀어나오려는 것을 느끼지는 않습니까? 가족들에게 불평을 하는 대신 불만스러운 것들을 즉시 주님께 말씀드리고 감사하는 심령을 달라고 기도하십시오.

물질주의. 많은 그리스도인 여성들은 자기 가정을 위하여 여러 물건들을 고르고, 사고, 유지하는 일에 많은 시간을 들이고 있습니다. 그들은 안정과 자부심을 집 안에 가득 채운 최신(경우에 따라서는 골동품) 가구와 도구들을 통하여 얻고 있습니다. 이 모든 것들은 '녹슬고 불타 버릴' 것들입니다. 사람 대신 물건들에 우리의 생애를 드리지 말며, 그리스도인의 삶을 훈련하는 대신 소유물을 축적하는 일에 우리의 힘을 쏟지 않도록 특별한 주의를 기울여야 합니다.

우선순위, 시간 및 스케줄

이 세상 모든 사람에겐 하루에 24시간씩만 주어졌습니다. 그런데 왜 같은 시간에 많은 일을 성취하는 사람도 있고, 하나도 제대로 성취하지 못하는 사람도 있을까요? 이 모든 것은 시간에 대한 그들의 관점에 달려 있습니다. 당신은 시간을 자신이 관리하고 다스릴 수 있는 가치 있는 자산으로 보십니까? 그렇지 않으면 잘 빠져나가고, 쏜살같이 지나가며, 결코 당신이 잡을 수 없는 것으로 보십니까?

당신은 살림살이와 개인 계발과 가족들에 대한 구체적인 목표들을 가지고 계십니까? 그러한 목표들을 이루는 데 시간을 지혜롭게 사용하기 위한 계획도 가지고 있습니까?

아직도 시간을 계획하지 않았다면 지금 곧 종이 위에 기록하면서 배열하기 시작하십시오. 당신이 아무리 조직적이고 뛰어난 기억력을 가졌다 하더라도 세부적인 시간 계획을 위한 잘 짜인 스케줄과는 비교가 안 됩니다.

당신은 자신을 스케줄에 따라서 일하기보다는 기분과 영감에 따라서 행동하는 자유분방한 사람으로 생각할지도 모릅니다. 그러나 이상하게도 활기차게 일하고 싶은 기분이 들 때는 너무나 적습니다. 오히려 꾸물거리는 것이 버릇이 되어 버리고 목표는 결코 이루지 못하는 경우가 더 많습니다.

스케줄은 결코 우리를 얽매고 제한하기보다는 오히려 자유롭게 만들어 줍니다. 해야 할 일을 스케줄에 포함시켜 두면 언젠가는 이루게 될 것입니다. 오늘 하지 못한다면 내일이나 내주에는 하게 될 것입니다. 일단 계획한 일은 잊지 않고 반드시 성취할 것입니다.

당신이 이루고 싶은 몇 가지 목표를 적어 보십시오. 몇 가지 예를 들면 다음과 같습니다.

- 거실 도배
- 금주 중으로 아이들에게 책 두 권 읽어 주기
- 골로새서 성경공부
- 앞뜰에 수선화 심기
- 병원에 입원한 스미스 부인 방문

적절한 시간 계획을 짜기 위해 필요한 모든 정보를 수집하십시오. 전화기 가까이에 달력을 두고 자신의 모든 사회적인 활동과 병원의 진료 약속, 식구들이 학교나 교회에서 맡은 일 등을 해당하는 날짜에 시간까지 기록해 두십시오. 작은 수첩을 가지고 다니면 밖에 나가 있을 때 생각나거나 얻는 관련 정보들을 기록해 둘 수 있습니다. 집 안의 편리한 곳에 메모판을 비치해 두면 계획, 아이디어, 집에 연관된 일, 가족들 및 개인의 관심거리 등에 대해 생각나는 대로 기록해 둘 수 있습니다. 이 생각들을 기록하는 데 투자한 십여 초는 목표의 성취라는 큰 보상을 가져올 것입니다. 다음과 같은 방식으로 기록하는 것이 당신에게 도움이 됩니다.

- 식탁 다리 긁힌 것 해결 - 지울 수 있는 방법을 알아볼 것
- 할머니께 편지
- 서점에 전화하여 신간 서적 알아볼 것
- 치과 진료 시간 예약
- 뜨개질 교실 문의

이런 것들은 급한 것은 아니겠지만 단지 후에 계획을 짤 때 포함시키기 위해서 명기해 둘 필요가 있는 것들입니다.

가능한 정보들을 다 수집한 후에는 주간계획을 작성합니다. 문방구에 가면 양식들을 쉽게 구할 수 있습니다. 나는 개인적으로 몇 년간의 시험을 거쳐 다음 페이지에 있는 것과 같은 양식(표 3)을 고안했는데 이것을 한 번에 50여 매 정도 복사해 놓고 쓰고 있습니다. 매주 하나씩 종이에 그려 사용할 수도 있습니다.

이런 양식을 사용할 때에는 '약속'과 같이 필수적으로 해야 할 모든 항목들을 맨 먼저 써넣고, 개인적인 일들은 다음에 써넣습니다. 매일 일상적으로 해야 하는 일들은 구태여 계획표 안에 기록할 필요가 없습니다. 그러나 이런 계획표를 처음 사용한다면 해야 할 일을 모두 써넣도록 하십시오. 성경공부, 운동, 중요한 독서, 취미 활동을 위한 시간을 반드시 계획해 두어야 합니다. 그런 항목들은 가족들의 뒷바라지를 해야 할 일이 많을 때 더러 밀려나기도 하겠지만 그래도 일단 기록만 되어 있으면 성취하기 훨씬 더 쉬울 것입니다.

요일 \ 시간	오전	오후	저녁
일요일			
월요일			
화요일			
수요일			
목요일			
금요일			
토요일			

〈표 3〉

많은 여성들이 1주일에 며칠은 힘든 가사를 하는 날로 정하고, 나머지 날들은 개인의 취미 활동, 교회 활동 및 가족들과 함께하는 시간으로 비워 둡니다. 내 경우도 이렇게 하고 있습니다.

　융통성을 가져야 한다는 사실을 명심하십시오. 아이가 병이 났거나, 이야기를 들어 주는 게 필요하거나, 상담을 원하면 세면장 청소는 뒤로 미루고 그 일을 먼저 해야 할 것입니다. 친구 집에 긴급한 일이 생겼다면 거실 벽 도배는 나중에 하기로 하고 먼저 그 친구 집에 음식을 장만해서 갖다 주고 싶을 것입니다. 남편이 직장 옮기는 일에 대해 의논을 하고 싶어 한다면 청소하는 일은 어떻게 해서든 뒤로 제쳐 놓아야 합니다. 밀린 일들이라도 계획표 안에 있기만 하다면 조정할 수가 있는 것입니다. 이번 주 화요일에 그 일을 못 마쳤으면 다음 주 화요일에 계속할 수도 있습니다.

　사람들의 필요, 특히 자기 가족들의 필요는 항상 집안일에 우선해야 합니다. 필요라는 말에 유의하십시오. 아이들은 가끔씩 이치에 맞지 않는 요구를 해오기도 합니다. 이럴 때는 재미있는 대안 거리를 가지고 부드럽게 설명해 주면 성질 급하고 고집이 센 아이를 달래느라고 시간을 낭비하지 않아도 됩니다. 우리 아이 셋이 학교에 들어가기 전의 일이었습니다. 내가 전화를 오래 붙들고 있으면 아이들은 내 주의를 끌려고 엉뚱한 짓을 하곤 했습니다. 이럴 때를 위해 집짓기 장난감, 크레용, 가위, 그림책, 플라스틱 동물 등과 같은 재미있는 장난감들을 모아서 전화기 옆에 보관해 두었다가 필요할 때 아이들에게 줌으로써 그들에게 내 관심을 보여 주고, 통화를 끝까지 할 수 있었습니다. 나는 전화 통화를 할 때만 이 장난감들을 아이들에게 주어 놀게 함으로써 아이들이 그걸 특권으로 생각하게끔 만들었습니다.

　당신의 일은 중요합니다. 생산적인 존재인 사람들을 지원하고 격려하는 일은 만족을 느끼는 일입니다. 자신들의 노력을 통해서 다른 사람들이 인간으로서의 잠재력을 최대한 발휘하게 되는 것을 볼 수 있는 기회를 가진 직업인은 드뭅니다. 그러나 가정주부는 바로 그런 만족감을 얻습니다.

제10장

'일하는' 여성

패트는 첫아기를 출산하기 직전까지 직장 생활을 했습니다. 11년 후, 세 자녀들 중에서 막내가 학교에 들어가게 되자 그녀는 다시 직장에 돌아가서 비서 일을 하게 되었습니다. 남편이 받는 보수만으로도 생활하기에는 넉넉했지만, 자기 생각에는 '여분의 돈'이 생기면 도움이 될 것 같았습니다. 처음 몇 주간은 업무를 익히고, 직장 일, 남편, 아이들, 집안일에 균형 있게 시간을 분배하려고 애쓰느라 정신없이 지나갔습니다. 계속 피로감에 싸여 있었지만 일단 가정과 직장 사이에 균형만 잡으면 이런 것은 다 해결되리라고 생각했습니다. 하지만 몇 달이 지나 업무에 숙달이 된 후에도 여전히 패트는 꼭 필요하다고 생각하고 있는 일들을 처리할 시간을 낼 수가 없었습니다. 1년 동안이나 그런 상황과 씨름하면서 직장 일은 점점 단조로워지고, 아이들은 점점 반항적으로 변해 가고, 남편도 갈피를 못 잡고 있다는 사실을 알게 되었습니다. 결국 그녀는 그런 상황 가운데서 더 이상 계속할 수가 없어서 실패감을 맛보고 직장을 그만두게 되었습니다.

앤은 스물여덟 살의 미혼 여성으로서, 유능한 비서이긴 하나

좌절감을 느끼고 있습니다. 그녀는 대학에서 비서과 2년 과정을 우등으로 졸업하고 어느 대기업 인사부장 비서로 8년간 일해 왔습니다. 그녀는 자신이 유능하고 실력 있으며, 상사에게 매우 신임을 받고 있다는 것도 알고 있었지만, 그 분야에서 승진할 수 있는 데까지는 이미 승진했다는 사실도 깨닫고 있었습니다. 업무도 환하게 알고 있었고, 일을 멋있게 처리해 내고 있다는 즐거움 외에는 다른 것이 없었습니다. 그동안 그녀와 같은 사무실에서 근무하는 동료들도 많이 바뀌어 이제는 기억조차 나지 않는 사람들도 있었습니다. 그녀는 성경을 잘 가르치는 교회에 출석했는데 독신자들은 거의 없었습니다. 있다 해도 대부분 주일학교에서 어린이들을 가르치는 교사로 수고하고 있었기 때문에 그녀와는 유대 관계가 거의 없었습니다. 자기가 독신으로 사는 것이 적어도 현재만큼은 하나님의 뜻이라는 사실을 믿고 그녀는 평안을 느꼈습니다. 만약 누가 앤에게 그녀의 삶의 특징을 물어본다면 아마도 '외로움'이라고 대답했을지도 모릅니다.

    이 장의 제목 자체가 역설적입니다. 모든 여성들은 일을 할 뿐 아니라, 열심히 그 일을 하고 있습니다. 전업 가정주부든 직장 여성이든, 아니면 가정주부로서 직장 생활을 하는 사람이든, 자신들의 일에 많은 시간과 노력과 에너지를 쏟고 있습니다.

    우리는 직장을 가진 어머니들이 당면하고 있는 어려움들에 대한 몇 가지 일반적인 주의사항을 제시하고, 가정에서 주부가 주는 영향의 중요성을 강조하고자 합니다. 그러나 우리는 현실도 감안해야 합니다. 미국 전 노동력의 1/3을 여성들이 차지하고 있습니다. 여성들이 모든 직종에 점점 더 많이 진출하고 있는 데는 수많은 이유들이 있습니다. 독신 여성들은 자신의 필요를 채우며 전문가가 되기 위하여 일을 합니다. 미망인들이나 이혼녀들은 가족들의 생활비를 벌기 위해서 일합니다. 결혼한 여성들도 여유 있는 생활비 마련 및 새로운 분야의 필요들을 충족시키기 위해 직장 생활을 합니다. 그러나 직장 생활을 해도 일반적으로 이들은 아직 보수 수준이 낮고, 인정받지 못하며, 따라서 만족감을 맛보지도 못합니다.

어떻게 여성이 근무 조건에 만족할 수 있을까요? 독신 여성이라면 이 책의 모든 내용을 자기에게 적용할 수 있습니다. 그들은 결혼한 여성보다 가족에 대한 책임이 적기 때문입니다. 그러나 독신 여성이라 할지라도 전통적으로 남성의 영역에 속해 왔던 곳에서 일을 하게 되면 곤란한 문제들에 직면합니다. 모든 여성들은 갈등과 압력을 느끼게 되는데, 이를 위한 적극적인 해결책이 수반되어야 합니다.

자녀를 가진 여성이 직장 생활을 하는 이유로서 불합리하고 옳지 못한 것들도 있습니까? 그렇습니다. 다음과 같은 것들이 그런 이유입니다.

■ 가정으로부터의 도피. 어느 기혼 여성의 말입니다. "난 하루 종일 집구석에만 틀어박혀 있는 건 참을 수 없어요. 집안일들은 지겹기만 하고, 아이들 등쌀에 배겨 나질 못하겠어요. 집에서 벗어나려고 직장에 다녀요."

■ 사치한 생활을 위한 돈벌이. 이렇게도 말합니다. "남편은 회사에서 더 이상 승진은 할 수가 없어요. 이젠 나이가 너무 많

아서 그 회사를 그만두고 다른 데로 옮길 수도 없어요. 남편이 벌어 오는 돈으로는 꿈도 못 꿀 멋진 것들을 가족들에게 선사하고 싶어서 직장 생활을 한답니다. 좀 더 좋은 집으로 이사도 가고 싶고, 한 번쯤은 가족들과 함께 멋진 곳으로 휴가 여행도 가고 싶어요."

■ 지위. 많은 여성들이 지위에는 으레 멋진 가정과 물질적 이점이 따른다고 생각합니다. 오늘날과 같은 여성 해방 시대에는 지위란 특정한 자유, 활동 및 위치로 말미암기도 합니다. 그러나 진정한 안전과 안정은 오직 하나님으로부터 오는 것이지 회사 내의 어떤 위치로부터 오는 것은 아닙니다. 어떤 지위나 물질적 이점 또는 위치를 확보하려고 직장을 가지고 있다면 좌절과 실패를 맛보게 될 것입니다.

또 하나의 주의점. 자녀들이 인격 형성기에 있다면, 경제적으로 극심하게 어렵지 않는 한, 어머니가 직장 생활을 하지 않는 것이 현명합니다. 어린이의 훈련과 인격 계발은 하나님께로부터 부여받은 부모의 의무이기 때문에, 심각한 처지가 아니라면 결코 다른 사람들에게 부탁해서는 안 됩니다. 주부가 취직하지 않을 수 없다는 결정을 부부가 함께 내렸다면 아이들을 잘 보살펴 줄 수 있는 사람을 신중하게 찾아보아야 합니다. 단지 아이들을 '돌봐 줄' 사람이 아니라, 부모와 똑같은 원리와 목표와 기준을 가진 믿을 만한 개인, 부모가 없을 때 아이들을 기꺼이 가르치고 훈련시키는 사람이어야 합니다. 디도서 2:4-5에는 "젊은 여자들"이

"집안일을 하며," "자녀를 사랑하는" 자들이 되어야 한다고 가르치고 있습니다. 이 구절은 어린 자녀들을 가진 어머니들이 그러한 중요한 책임을 수행하는 일의 값어치를 보여 주고 있습니다.

유리한 점과 유익

경제적인 유익. 대부분의 여성들이 직장 생활을 하는 이유는 더 많은 돈을 버는 데 있습니다. 독신 여성이나, 이혼녀, 미망인인 경우에는 돈을 버는 것이 필수적일지도 모르고, 그 수입이 가족들의 생활 향상 또는 '어려운 때'의 생존에 큰 힘이 될지도 모릅니다. 돈 자체가 목적이거나 '물건들'을 더 소유하기 위한 수단으로 돈을 벌려고 취직을 하려는 것은 옳지 못한 동기입니다. 진정한 필요를 채우는 데 도움이 되는 보수는 고귀한 것입니다.

클레어는 돈을 꼭 벌어야 하는 여성의 실례입니다. 그녀는 대학에 들어갈 나이가 가까워진 두 자녀를 둔 40대 초반의 부인인데, 3년 전에 남편이 공장에서 사고로 크게 다쳤습니다. 남편이 약간의 보상금을 받고는 있지만, 생계를 유지하고 두 자녀를 대학에 보내기 위하여 그녀는 다시 직장 생활을 하게 되었습니다. 식구들이 함께 모여 가족회의를 열어 클레어가 직장을 찾기로 하고 가정 일은 남편과 두 자녀들이 함께 맡기로 결정을 내린 것을 계기로 가족들은 더 단합이 되었습니다.

이 실례에는 한 가지 요점이 있습니다. 결혼을 한 여성이 직장 생활을 하게 될 경우 남편이 기꺼이 가사의 많은 부분을 맡아 주어야 하는 것입니다. 독신 여성들이 함께 살고 있다면 집안일을 공평하게 나누어 효과적으로 운영되도록 해야 할 것입니다.

은사나 타고난 재능의 사용. 우리가 아는 어떤 젊은 여성은 결혼한 지 3년인데, 아직 자녀가 없어서, 직장 생활을 계속하는 것이 시간을 유익하게 사용하는 것이라는 사실을 알게 되었습니다. 그녀는 지성적이요, 조직적이었으며, 유능한 사람이었습니다. 그녀는 자신과 남편과의 관계와 가정을 위해 어떻게 하는 것이 최선일까를 자주 평가합니다. 그녀는 이러한 관점에서 지금까지 직장 생활을 계속하고 있습니다.

특정한 직종에 적합하여 자기들의 직장에서 재능이 충분히 활용되는 여성들도 많이 있습니다. 사람들과 접촉하는 일을 좋아하는 여성들은 훌륭한 교사, 안내원, 간호사, 판매원, 선교사, 또는 공무원이 될 수 있습니다. 꼼꼼한 일을 좋아하는 여성들이라면 회계사, 비서, 작가나 음악가가 되고 싶어 할지도 모르겠습니다.

취직을 하기 전에 자신의 능력, 흥미, 소질을 미리 평가해 본 후 자기에게 맞는 일을 찾아야 합니다. 특정한 분야에 대한 적성 여부를 판별해 주는 적성 검사들이 많이 있습니다.

사람들과의 접촉. 직장 생활은 사람들과 어울릴 수 있는 기회를 제공해 주는데, 이를 통해 사회적으로 지적으로 자극을 받을 수 있습니다. 직장에서는 대인 관계를 통하여, 불신자에게 전도를 하거나 그리스도인을 성숙하도록 도울 수 있는 기회도 있을 수 있습니다. 직장 생활은 세상 사람들과 관계를 맺고 있다는 느낌을 주지만, 동료들과 반드시 긴밀한 관계를 가질 수 있으리라 기대하지는 마십시오. 종종 고용인들 간의 관계라는 것은 일시적이요 잠정적인 것이며, 직장에서 영속적인 관계는 형성되지 않을 수도 있습니다. 만족스럽고 열매 맺는 우정은 직장뿐 아니라 이웃과 교회에서도 형성되어야 합니다.

최대한의 시간 활용. 직장 여성들은 자신들에게, 그리고 결혼을 한 경우에는 가족들에게, 최대의 유익이 되도록 시간을 사용할 수 있게 스케줄을 짜지 않을 수가 없습니다. 어느 젊은 부인은 "제가 만일 직장 생활을 하지 않는다면 정오가 될 때까지 잠만 자고 아무 일도 하지 않았을 거예요. 직장 생활은 아침 시간을 활용하고 시간도 규모 있게 사용하는 데 도움이 됩니다"라고 말한 적이 있습니다. 계획표 안에 넣어야 할 중요한 일은 무엇인지, 또 반드시 해야 할 필요가 없는 것은 무엇인지 생각해 보아야 합니다.

기혼 직장 여성의 문제점

피로. 직장 생활을 하는 대부분의 부인들은 직장과 가정 일 사이에 끼어 있는 자신을 발견합니다. 그리스도를 믿는 여성들은 둘 다 잘하고 싶지만 쉽지가 않습니다. 이 둘을 조화시키는 일은 사람을 지칠 대로 지치게 만들고, 자신은 늘 만성적인 피로감 가운데서 살아가게 됩니다.

한 젊은 직장 여성이 한 말입니다. "일일 계획이나 주간 계획을 세울 때 보면 대개 몇 가지 일을 할 시간은 있습니다. 문제는 종종 그 일들을 할 기력이 없다는 거죠. 계획된 스케줄대로 다 한다면 아마 지쳐서 쓰러질 때가 많을 거예요."

이 문제는 결국 가족들의 도움을 받아 집안일을 함께 하든지, 직장의 근무 시간을 줄이든지, 집안일의 수준을 낮추든지, 외부 활동을 포기하든지, 그렇지 않으면 아예 직장을 그만두든지 해야만 해결될 수 있는 것입니다.

권태. '성취감'을 얻기 위하여 직업 전선에 뛰어들라는 세상의 요란한 선전 광고에도 불구하고, 특별히 여성들에게는, 진정으로 자극과 활력을 주는 직업은 많지 않습니다. 여성들을 고용하는 많은 직종이 창의성을 발휘할 기회를 주지 않는, 구태의연하고 단조로운 직종들입니다.

이러한 불리한 점과 싸울 수 있는 한 가지 방법은 언제나 최선을 다하며 일의 수준을 탁월하게 유지하는 것입니다. 골로새서 3:23을 항상 마음속에 간직하고 그리스도를 섬기는 것을 직장 일의 동기로 삼으십시오.

더욱 중요한 것은, 권태는 과연 우리가 하나님의 뜻을 행하고 있느냐 하는 데 대한 의심과 의문에 그 근원을 두고 있는 적이 많다는 사실입니다. 하나님께서 당신이 직장 생활을 하는 것을 원하시며 또 이 직장을 주셨다는 데 대한 확신만 있다면, 당신은 목적의식을 가지고, 가장 틀에 박힌 듯한 일거리를 맡았다 하더라도 권태를 물리칠 수 있을 것입니다.

시간에 대한 압박감. 그리스도인 주부라면 정규적인 직장 생활을 하고 있더라도 가족들과 좋은 관계를 유지하고 영적 활동에도 참여하기를 원할 것입니다. 집안일 역시 높은 수준을 계속 유지하고 싶어 할 것입니다. 그렇다면 시간에 대한 압박감을 느끼게 되는 것은 불가피합니다. 이를테면,
- 가족들과 함께 보내는 시간의 양은?
- 개인적인 관심사를 위한 시간의 양은?
- 가사에 들여야 하는 시간의 양은?
- 영적 활동에 들여야 하는 시간의 양은?

생각해 보면 한이 없습니다. 자주 평가해 보고 거기에 따라서 시간을 맞출 수밖에 없습니다. 필수적으로 시간을 들여야 할 일에는 어떤 것들이 있습니까? 생략할 수 있는 일은 없습니까? 지금은 못하고 있지만 추가해야 할 일들은 없습니까? 계획표를 짤 때는 먼저 출근 때부터 퇴근 때까지를 한 토막, 잠자는 시간을 한 토막으로 하고, 그 나머지는 자유 시간으로 합니다. 그런 후 자신에게 필요한 것들과 가족들에게 필요한 것을 자신의 계획표 안에 맞추어 넣어야 합니다.

결혼을 해서 가족이 있다면 그들에게 필요한 것이 무엇이며, 그것들을 어떻게 해결하며, 시간은 얼마나 들 것인지를 정해야 합니다. 아이들의 과외활동과, 함께 갖는 예배 및 오락시간, 영적 활동, 사교적인 접촉, 가족들의 특별 계획 등의 일은 반드시 포함시키도록 하십시오. 목록의 맨 아래에서, 자신이 해야 할 가사의 양을 평가하고, 양을 줄일 수 있는 곳이 어디인가도 함께 평가합니다. 개인적인 수준도 생각하십시오. 자신의 스케줄, 생활 방식,

아이들의 연령에 비추어 그 일들이 너무 무리하지는 않습니까? 식구들을 가르쳐서 그들의 도움을 받으십시오. 집안일을 위해서가 아니라 사람들을 위해서 자신의 에너지를 아껴 두십시오.

　직장과 가정 일로부터 오는 압박감을 느끼고 있다면, 영적, 정신적, 신체적 영역의 전인적 발전을 위하여 개인적으로 관심 있는 활동들을 하는 것이 꼭 필요합니다. 압박감이 커지면 전인적인 발전을 돕는 활동들에 소홀해지기 쉽습니다. 매일같이 하나님과의 교제에 늘 깨어 있으십시오. 하나님의 말씀에 귀 기울이며 기도하는 시간을 가지십시오. 이 중요한 시간이야말로 그날 하루 동안에 접하게 되는 모든 일에 맛을 내는 역할을 할 것입니다. 계획표에는 특별히 당신만을 위한 활동도 넣으십시오. 이런 활동에는 운동반, 미술반, 성악 교실, 지역 내 대학에서 열리는 야간 교실, 공작 교실, 또는 병원의 자원 봉사 등이 있습니다.

　　물질주의적 시야. 대부분의 직장인들은 물질주의적인 관점으로 삶을 바라봄으로써 동기를 얻습니다. 우리 그리스도인들은 이러한 교묘한 함정에 빠지지 않도록 경계할 필요가 있습니다. 돈을 벌려고 하는 이유를 분명히 아십시오. 그 목적대로 돈이 제대로 쓰였는지 알 수 있도록 지출 기록을 상세하게 유지하십시오. 낭비하지 말고 검소하게 살도록 노력해야 합니다.

　　가족들에게 주는 부정적인 영향. 가정주부가 직장에서 근무하는 시간 동안 집을 비우게 되므로, 가족들의 삶에 나쁜 영향을 줄 위험이 있습니다. 남편은 아내의 스케줄 전체가 불만일 수도 있고 아이들을 돌보는 문제를 걱정할 수도 있습니다. 아이들은 자신들이 방치되어 있다는 생각과 부모의 보호를 받지 못하고 있다는 생각을 할 수도 있으며, 자신들이 감정적으로 감당할 수 있는 이상의 책임을 떠맡아야 되면 이용당하고 있다는 느낌을 갖게 될지도 모릅니다. 또한 그리스도인 여성이 가정주부로서의 역할과 직장 여성으로서의 역할, 이 두 가지를 다 잘 감당할 수는 없을 경우에는 직장의 공적인 면을 강조하면서, 하나님께서 그녀에게 주신 우선적인 책임을 소홀히 하게 될 가능성도 있습니다.

영적 위험

당신은 직장으로 인한 압력에도 불구하고 영적으로 올바른 상태를 유지하고 있습니까? 당신은 자신의 삶 가운데로 들어오는 죄를 알아차리며 그것을 완전히 다스릴 수 있을 정도로 깨어 있습니까? 전반적인 삶을 정기적으로 평가하며, 직장은 어떤 면에서 하나님께서 당신에게 주신 목적들에 부합되는지 평가해 보십시오. 슬그머니 삶 가운데로 침투해 들어오는 몇 가지 문제들이 있습니다.

불평. 사람들이 자기 직업이나, 사장이나 상사, 회사, 상황 혹은 동료들에 대하여 불평하는 말을 흔히 듣습니다. 많은 불평이 사실에 근거한 것입니다. 불공평한 일이 실제로 있습니다. 그리스도인도 자칫하면 불평이라는 큰 물결에 휩쓸리기 쉽습니다. 그리스도인 여성들은 가정에만 있든 직장 생활까지 하든 늘 빌립보서 2:14 말씀을 마음속에 새겨 두어야 합니다. "모든 일을 원망과 시비가 없이 하라."

원망. 역경을 인생의 불가피한 측면으로 받아들이지 않는다면 원망이 파도처럼 밀려들어올 것입니다. 자기가 다니고 있는 직장은 유별난 곳이라고 원망하는 여성들이 있습니다. 봉급은 쥐꼬리만 하고, 사장이나 상사의 요구는 끝이 없고, 근무 조건은 어렵다고들 합니다. 또 직장 생활 자체에 대하여 원망하는 여성들도 있습니다. 이런 여성들은 아마 남편이 일을 할 능력이 없거나 가족들의 최저생활비도 안 될 정도의 봉급을 받기 때문에 어쩔 수 없이 직장에 다니는지도 모릅니다. 원망이 다른 사람들에게로 향하지 않도록 조심하십시오. 그런 환경을 주신 분은 하나님이십니다. 그분께서 주신 환경을 받아들이십시오.

죄책감. 직장 생활을 하는 주부들, 특히 아이가 딸린 여성들은 자신들이 직장, 가정 및 가족들을 위해 해주어야 한다고 느끼는 것들을 다 할 만한 시간이 없습니다. 그들은 '조금만 더 시간이 있다면…,' '조금만 더 할 수 있다면…' 하고 생각하면서 죄책감이라는 안개 속에서 인생을 살아갑니다. 자신의 한계점을 인정하고 그 안에서 살아가야 합니다. 하나님께서 분명히 당신을 직장으로 인도하셨고, 당신과 남편도 그 결정에 확신을 느끼고 있다면, 계속 직장 생활을 힘차게 해나가고, 자신의 힘으로는 어쩔 수 없는 것들에 대하여 죄책감을 갖지 말아야 합니다.

세상의 틀(유혹)에 맞춤. 어느 젊은 비서가 한 말입니다. "세상의 사고방식과 가치관 앞에서 제 눈을 주님께 고정시키려면 정말 갈등을 느낍니다. 그건 믿음의 시험인데 저는 때로 넘어지기도 해요."

매일같이 불신자들과 함께 근무하다 보면 그들의 가치관과 세상적인 사고방식 앞에 굴복하라는 압력을 느낍니다. 그러므로 날마다 하나님께 헌신하고, 세상을 따라가려는 유혹에 맞서 싸우는 튼튼한 믿음이 있어야 합니다.

패트는 매우 일찍 결혼을 했습니다. 두 자녀가 아직 걸음마를 배우고 있을 때, 그녀는 어느 큰 상점의 판매원으로 취직했습니다. 남편은 버스 운전기사였습니다. 그녀는 영리하고 유능했기 때문에 짧은 기간 내에 조달 책임자로 승진하고, 또 얼마 안 되어 부서 지배인이 되었는데도, 남편은 여전히 같은 자리에 머물러 있었습니다. 그녀는 새로운 동료들에게 남편을 소개할 때 거북함을 느끼기 시작했습니다. 한두 해가 지난 후 그녀는 같은 직장 내의 다른 남성 책임자와 친해지면서 남편과 헤어지고 그와 결혼했습니다. 패트는 그리스도인이었으나 세상의 사고방식을 자신의 것으로 받아들였던 것입니다.

독신 직장 여성의 문제점

독신 직장 여성들은 자신의 환경에 따른 독특한 문제들에 직면합니다. 독신 직장 여성들은 남편이나 아이가 있는 기혼 직장 여성들과는 달리 가족에 대한 책임이 없다는 점에서 그들과는 크게 다릅니다. 독신 남성들 역시 나름대로의 심각한 문제들이 있긴 하지만, 독신 여성들이 직면하는 것과 같은 평가를 받거나 독신 여성들과 같은 복잡한 처지에 맞닥뜨리지는 않습니다.

출세를 위한 경쟁. 독신 여성들은 마치 그곳에서 장기간 일할 계획을 가진 사람처럼 직장에 임해야 합니다. 이 말은 활력도 줄 수 있고 승진의 기회와 정당한 봉급도 보장되는 직장을 원한다는 뜻입니다. 전통적으로 남성의 영역에 속했던 곳에서는 더 나은 직위를 얻기 위한 경쟁이 치열합니다. 대부분의 여성들은 승진을 위한 투쟁에 필요한 적극성을 발휘하기가 어렵습니다. 모든 독신 여성들이 한결같이 경쟁적인 환경이나 승진을 원하는 것은 아니지만, 자기에게 특별한 기술이나 능력이 없으면 직장에서의 안정성은 위험에 부딪힙니다. 천성적으로 경쟁을 싫어하는 성격의 소유자라도 독신 직장 여성이라면 경쟁적인 환경 가운데서 확신 있게 사는 법을 배워야 합니다.

여성으로서 당신은 경쟁을 해야 하는 여건과 환경에 어떻게 대처해 나가겠습니까? 제4장에서 경쟁에 대하여 다루었는데 그 내용이 도움이 되겠지만, 다음 사항들을 덧붙이겠습니다.

1. 경쟁의 결과로 생긴 쓴 뿌리나 원망은 하나님 앞에서 해결하십시오.
2. 자신이 경쟁을 좋아하는 사람인지 판단해 보십시오. 만약 그렇다면 어떤 면에서 그런지 평가해 보십시오.

3. 자신의 직위와 업무를 기도로 하나님께 맡기십시오.

4. 새로운 책임을 맡기 위한 경쟁을 좋아하지 않는 사람이라면 현재 업무의 숙달 및 탁월성에 집중하십시오. 자신이 세운 수준 자체와 비교하며 경쟁하십시오. 업무 능력의 향상과 숙달을 도모하기 위해 구체적인 목표를 설정하십시오.

5. 경쟁을 좋아하며 새로운 지위나 책임을 맡고 싶어 하는 사람이라면 현재 처해 있는 곳에서도 유능해야 하며, 더 큰 책임을 맡기 위하여 스스로를 훈련해야 합니다. 경쟁을 하기 전에 자신이 원하고 있는 그 일을 할 능력이 자신에게 있다는 것을 확신해야 합니다. 자리만 얻고 그 일을 하지는 못한다면 좌절만 있을 뿐입니다.

6. 동료들과 경쟁하지 말고, 다만 자신의 수준이나 회사에서 요구하는 수준과 경쟁하십시오. 사람과 경쟁하면 감정적인 파멸 및 인간관계에 비참한 결과를 가져옵니다.

7. 주로 남성에게만 승진 기회를 부여하는 곳에서 근무할 수도 있습니다. 그리스도인 여성은 이 제도를 뜯어고치려고 투쟁하지 말고, 단순히 이 제한을 받아들이고 자신의 최선을 다하여 일할 필요가 있을지도 모릅니다. 우리의 삶과 일을 주관하시는 분은 하나님이시기 때문입니다(시편 72:6-7).

8. 마지막으로, 자신의 삶과 감정적인 에너지를 궁극적으로 보면 무가치한 것에 투자하지 마십시오. 자신의 삶을 위한 하나님의 전반적인 계획의 관점에서 직업과 지위를 바라보십시오. 사람들에게 복음을 전파하는 것이 승진보다 훨씬 더 중요합니다.

결정을 내릴 때 늘 느끼는 압력. 결정을 내릴 때마다 도움과 지원을 부탁할 수 있는 대상이 독신 여성들에게는 아마도 없을 것입니다. 결혼을 한 사람이라면 부부가 모든 문제에 대하여 항상 대화를 나누고 있습니다. 만일 대화가 없다면 반드시 해야 합니다. 그러나 독신 여성은 모든 문제를 혼자서 판단할 수밖에 없습니다. 물론 상담을 구할 수 있는 룸메이트와 친구들은 있겠지만, 그들은 결정의 궁극적인 결과에 대해서는 아무 책임도 지지 않습니다. 그 책임은 혼자서 져야 합니다.

여성들도 물론 뛰어난 결단력을 계발할 수 있습니다. 그러나 많은 여성들은 결정 과정에서 느끼는 지속적인 압력에 지쳐 있으며, 특히 재정, 보험, 집수리, 그 외 원래 남성들이 해왔던 수많은 일들을 결정할 때 곤란을 느낍니다. 중압감과 실망이 최고조에 달했을 때 아무리 둘러봐도 도움을 구할 만한 사람은 하나도 없을 수가 있습니다.

그러나 하나님께서 당신을 이런 환경 가운데 두셨으며, 또 즐겁고 만족스럽게 사는 데 필요한 것들을 공급해 주십니다. "그의 신기한 능력으로 생명과 경건에 속한 모든 것을 우리에게 주셨으니, 이는 자기의 영광과 덕으로써 우리를 부르신 자를 앎으로 말미암음이라"(베드로후서 1:3). 하나님께서는 그분만이 당신의 힘과 공급의 유일한 원천이 되는 곳에 당신을 두셨습니다. 그러나 그 자원은 사용하지 않는다면 아무 소용이 없습니다. 구원과 일상생활에 있어서의 궁극적 문제는 당신과 하나님의 관계입니다.

이러한 압력을 당신이 느낀다면, 제2장을 복습하고 특별히 다음 요인들을 고려하십시오.

1. 그리스도와의 교제에 초점을 맞춘 매일의 경건의 시간을 반드시 가지고 있어야 합니다. 그분만이 당신의 능력의 유일한 원천이 되십니다. 그 원천을 차단하지 마십시오.

2. 영적 깊이가 있는 독신 여성 몇 사람과 친밀한 친구 관계를 발전시키십시오. 룸메이트를 자주 바꾸는 것을 피하십시오. 깊이 있는 관계는 행복의 기초입니다.

3. 기회가 닿는 대로 당신의 부모와 깊이 있는 대화를 나누십시오. 유익한 조언을 얻을 수 있을 것입니다.

4. 당신의 행복에 진정한 관심을 가지고 있는, 경건한 기혼 여성 한둘과 친밀한 관계를 발전시키십시오. 일상적인 일이나 재정적인 문제에 대하여 도움을 주고 싶어 하는 이들이 의외로 많이 있습니다.

5. 진정한 필요가 생겼을 때 도움과 상담을 요청하기를 두려워 마십시오. 당신에게 무엇이 필요한지 몰라서 도와주겠다고 하지 못하는 사람들이 많이 있습니다.

6. 재정 관리 및 집수리에 대한 기초적인 기술을 배우십시오. 생각보다는 이 일을 훨씬 더 잘할 수 있게 될 것입니다.

결혼 문제. 사회, 특히 그리스도인 사회는 남성이나 여성이 결혼을 하지 않은 채로 있으면 고통스럽게 미혼의 '어려움'을 절감하게 만듭니다. 그래서 결혼 문제를 기도로 하나님께 맡겼을 때조차도 다른 사람들이 끊임없이 이 문제를 거론합니다.

결혼을 원치 않는 여성도 별로 없고, 결혼하지 않을 가능성이 있는 여성도 별로 없지만, 하나님께서 적어도 당분간은 독신으로 있도록 인도하신 경건한 여인은 많이 있습니다. 고린도전서 7장은 독신의 타당성을 분명하게 확증하고 있습니다. 독신 여성은 그리스도의 몸 가운데서 특별한 기여를 할 수 있으며, 주님께 남다른 헌신을 합니다(고린도전서 7:32-35). 경건한 독신 여성은 절망적인 결혼 생활을 하는 불행한 기혼 여성보다는 비교할 수 없을 정도로 좋습니다. 이 점에 대하여는 공부해야 할 것이 많습니다.

그러나 우리는 현실에 직면하지 않을 수 없습니다. 여러 방향에서 압박을 느낍니다. 확실히 독신 그리스도인 여성의 마음속에는 결혼과 연관하여 자주 이런저런 생각과 의문들이 듭니다. 결혼을 소원한다면 이를 위해 기도해야 되지만, 그 소원의 지배를 받아서는 안 됩니다. 하나님께서 현재 독신자가 크게 기여하게 하신 그 일은 결혼 생활을 하는 사람은 할 수 없는 일입니다. 하나님의 뜻을 행하지 못하도록 방해하는 쉴 새 없는 초조감 때문에 하나님의 계획을 망치는 일이 없도록 하십시오. 결혼의 시기와 가능성은 하나님께 맡겨야 합니다. 당신은 그분께 속했고, 그분은 당신에게 최선의 것을 주기 원하십니다. 결혼 문제가 당신의 생각을 지배하고 당신의 기도 생활을 좌우한다고 느껴질 때마다 그 문제를 거듭 하나님께 맡기십시오.

결혼을 하는 것이 정상이요 독신은 예외로 보이는 그리스도인 사회 안에서, 자신의 독신 생활과 그 부르심을 즐거워하는, 승리하는 그리스도인으로 살아가려면 주님께 깊이 헌신된 여인이 되어야 합니다. 그러나 여기에서도 하나님의 은혜는 족합니다(고린도후서 9:8).

직장에서 느끼는 부도덕의 압력. 독신 그리스도인 여성에게는 직장의 환경으로부터 받는 부도덕의 압력이 극도로 그를 낙담시키거나 유혹할 수 있습니다. 상스러운 언어, 추잡한 농담, 성적인 농담 등은 모든 그리스도인들이 다 직면하는 것들이지만, 독신 여성들에게 미치는 영향은 특별히 더 큰 것 같습니다. 왜냐하면, 독신 그리스도인 여성들은 많은 사람들에게 '만만한 상대'로 비치기 때문입니다. 압력은 남성들로부터만 오는 것이 아니라, 불경건한 삶을 사는 다른 여성들로부터도 옵니다. 이런 압력에 대한 가장 확실한 보호책은 하나님과의 지속적인 동행입니다.

다음 지침들이 도움이 될 것입니다.

1. 그리스도인으로서의 자신의 입장을 알리십시오.
2. 부당하거나 부도덕한 행동 또는 말에 동조하지 마십시오.
3. 상스러운 언어나 농담을 받을 수 없다고 말하십시오. 정중하고 진지하게 말해 줄 수 있습니다. "헨리 씨, 지나친 말씀은 삼가 주신다면 참으로 고맙겠습니다. 물론 제가 나설 일은 아닙니다만 그런 말씀을 들으면 일할 마음이 없어지는군요." 당신이 모범사원이라면 이런 말은 무게 있게 들릴 것입니다.
4. 도덕적인 여건이 도저히 견딜 수 없을 정도라면 그 직장을 그만두어야 할지도 모릅니다.
5. 남을 자극하는 옷을 입지 말고 점잖은 옷을 입으십시오. 어떤 방법으로든 남자를 자극해서는 안 됩니다. 경박한 시시덕거림은 피하십시오. 부도덕한 일은 두 사람의 뜻이 맞지 않고는 이루어지지 않습니다.

6. 자신의 확신을 양보할 정도로 가치 있는 직장이란 없다는 사실을 명심하십시오.

7. 헌신된 그리스도인들은 사무실의 분위기까지도 바꿀 수 있습니다. 그러므로 불경건한 문제를 해결하는 일에 참여하십시오.

8. 직장 내에서 믿지 않는 여성들과 순수한 우정을 나누십시오. 불경건한 압력과 상스러운 언어가 그들로부터 나오지만, 솔직한 우정은 그들에게 영향을 주어 그 문제를 완화시키는 데 도움이 될 것입니다.

기회. 어떤 법률이 제정되었든, 법원이 어떤 판결을 내렸든, 대부분의 여성들에게는 여전히 취업의 기회가 제한되어 있습니다. 취직을 반드시 해야 하는 독신 여성들에게 있어서는 이것이 괴로움이 될 수도 있습니다. 같은 일을 해도 여성이 남성만큼 보수를 받지 못하는 경우는 허다합니다. 독신으로 살고자 하는 그리스도인 여성이 딜레마에 부딪히는 것도 바로 이 점인데, 어쩌면 평생 이 문제에 직면해야 할지도 모릅니다. 여기에 어떤 반응을 보이느냐 하는 것이 앞으로 자기 생애에서 맞게 될 수많은 문제들에 대한 그녀의 반응을 주로 좌우합니다. 불만을 품으며 원망한다면 신앙생활과 전도에까지 그 영향을 미칠 것이요, 미움과 과격한 정치 활동으로 대처한다면 하나님이 그녀를 위하여 세워놓으신 목표를 벗어나게 될 것이며, 그 환경을 받아들이고 능력 계발과 그리스도인다운 선한 간증으로써 변화를 시도한다면, 자신의 근무처 내에서는 최소한 사람들에게 영향을 주며, 동시에 그리스도를 잘 증거하게 될 것입니다.

당신이 미혼이든 기혼이든, 다른 어떤 상태에 있든, 현재 직장 생활을 하고 있다면 그것을 하나님께서 주신 기회로 여기시기 바랍니다. 하나님을 섬기고, 다른 사람들을 섬기며, 영적으로 성숙하는 기회로 삼으십시오.

제 11 장

군인 및 공무원

군인인 조지는 두 달간의 단기 해외 근무를 마치고 막 돌아왔습니다. 정말 어려운 기간이었습니다. 일은 고되고 근무 시간은 길었으며, 상관들과의 관계도 긴장의 연속이었습니다. 지난번에도 이렇게 떨어져 있다가 아내와 아이들과 재회했을 때 느꼈던 즐거움을 상기하면서 마음은 벌써 집에 가 있었습니다. 그러나 막상 집에 와보니 반갑게 맞이해 주리라고 기대했던 아내는 낙심과 울음으로 그를 맞았습니다. 가족들은 혼란 가운데 있었고 아이들은 버릇이 없어졌습니다.

부부는 마주 앉아 그동안 일어났던 일을 이야기했습니다. 아내는 남편이 없는 동안 가장 노릇을 하기에 지치고, 아이들을 혼자서 돌보아야 하는 압박감 때문에 감정이 메말라 있었습니다.

그 처지를 얘기하다 보니 군 생활을 시작한 첫 2년 동안에 세 번이나 이사를 했던 옛일이 머리에 떠올랐습니다. 지난 8년간 그들은 네 번이나 이사를 했습니다. 부대의 근무 일정은 변동이 많았고, 요구는 끝이 없었으며, 그 압박감은 컸습니다. 그러나 어쨌든 자기가 맡은 임무는 완수해야만 했습니다. 그들 부부는 하나님께서 자신들을 군 생활로 이끌어 주셨다는 것을 확신했고, 실제로 그 동료들 사이에서 지금까지 큰 사역을 이루어 왔습니다. 그들을 통하여 여러 사람들이 그리스도를 알게 되었으며, 그들 부부는 군대 사회에서 영적 지도자로서 존경을 받고 있었습니다. 그들은 하나님께서 그 문제에 대한 해결책을 주실 것을 굳게 믿고 있었지만 그런 위기를 막기 위해서는 어떤 일을 할 수 있을지 알 수가 없었습니다.

비슷한 문제와 난국에 처한 적이 있는 사람들은 많습니다. 이 장에서는 주로 군인에 초점을 맞추겠는데, 그것은 나 자신이 군 생활을 오래 한 경험이 있고, 또한 군인은 직업 사회의 중요한 부분을 차지하고 있기 때문입니다. 군무원의 경우에는 이 장과 자신의 특정 유형(이를테면, 고정 봉급직, 시간급, 또는 전문직)에 해당되는 다른 장들도 함께 공부하십시오.

군대는 여러 면으로 우리 사회 전체의 단면을 보여 주고 있습니다. 그 구성원들은 교육, 능력, 기술, 배경이 서로 다른 모든 계층의 사람들로 이루어져 있습니다. 병과 부사관 및 장교가 하는 일은 서로 큰 차이가 있고, 육군, 해군, 공군, 해병대도 각각 그 특성이 다양하며, 임무의 형태나, 직책, 근무 환경들도 다 서로 다릅니다.

그러나 이런 다양성 가운데서도 생활의 여러 가지 면이 모든 군인에게 공통적이기 때문에, 몇 가지 구체적인 문제를 뽑아내어 그 면에 커다란 도움을 줄 수도 있을 것입니다.

유리한 점과 유익

다양성. 군의 보직과 근무지는 다양합니다. 군 생활 전반에 걸쳐서 한두 번 정도 주특기를 바꾸는 것은 일반적으로 가능한 일입니다. 같은 종류의 일을 하게 되더라도 근무지와 환경이 다르면 그 일을 재미있고 흥미롭게 할 수 있습니다. 똑같은 보직은 없는 것 같습니다.

안정성. 군인과 공무원들은 대부분의 민간 직장보다 훨씬 안정되어 있습니다. 하는 일이 만족스럽기만 하다면 평생 그 일을 하는 것도 가능한 것입니다. 안정성 면에서 장교들은 사병보다 상대적으로 상당히 좋은 위치에 있다고 볼 수 있지만, 진급 제도 자체가 '진급이냐 전역이냐'는 식이기 때문에 더 많은 모험이 따릅니다. 하지만 강제적인 명령에 의한 군 병력 감축의 경우를 제외한다면 자기 뜻에 반하여 제대하게 되는 일은 거의 없습니다. 문관인 경우는 안정성이 약간 떨어지지만 그래도 대부분의 민간 직장보다는 안정되어 있는 편입니다.

여행. 미국에서는, 군인이 되면 국내 각 지역과 해외 여러 나라에서 근무하며 생활할 기회가 많이 있습니다. 변화와 다양성을 좋아하는 사람들에게는 그런 소원을 만족시킬 수 있는 훌륭한 길이기도 합니다. 가족들이 함께 이사해서 적응을 잘한다면 여행과 변화는 그들에게 유익이 될 수 있습니다. 다른 문화권에 접해 보고 새로운 경험을 많이 한 어린이들은 한곳에만 정착하여 살아온 어린이들보다 더 아량이 있고 더 유능하며 더 똑똑한 경우가 많이 있습니다.

보수 및 특혜. 최근에 들어서서 군인들의 봉급은 일반 직장에서 상당히 어렵고 훈련을 요하는 일을 하는 사람들의 봉급 수준과 같이 되었습니다. 많은 군인들은 전문 훈련을 받는데 이것은 제대를 할 경우에 직업을 얻는 데 도움이 됩니다. 미국에서는 단지 20년간만 복무하면 전역 시에 특혜가 따른다는 사실이 많은 사람들에게는 매력을 주는 결정적인 요인이 되고 있습니다. 20년간 복무하면 전역을 할 수 있으며 동시에 기본급의 절반을 계속 지급받습니다. 근년에는 봉급이 대폭 인상되면서 부수적인 혜택들이 많이 줄어들었으나, 아직까지도 중요한 혜택, 특별히 가족들의 무료진료권 등은 그대로 남아 있습니다.

영적 새 출발. 보직 변경이나 전출이 있을 때마다 새로운 출발을 할 기회가 생깁니다. 영적 문제에 있어서는 과거의 오점을 살아가면서 씻어 가기보다는 새로운 곳에 가서 새로운 평판을 얻고 새로운 영향력을 베푸는 것이 더 쉬운 경우가 종종 있습니다. 어느 한 지역에서 영적 기반을 '날려 버렸다면' 다른 곳에서 새롭게 시작할 기회가 있습니다.
한 곳에서 그리스도인들과의 교제를 갖지 못했다면 다른 곳에서는 가질 수도 있습니다. 열매 맺는 전도를 하기가 한결 쉬운 곳이 있습니다.

불리한 점과 제약

조는 열여덟 살에 군에 들어와서 30년간을 복무했습니다. 그 기간 동안 이 나라에서 저 나라로 열네 번이나 전출을 다녔습니다. 두 번째 근무지에서 한 여성을 만나 결혼을 했는데, 그녀는 그때까지 한 고장, 그것도 한 집에서만 살아온 여자였습니다. 그녀는 사귄 친구들을 이사 때문에 헤어지고, 가는 곳마다 집을 새로 꾸미고, 아이들을 이 학교에서 저 학교로 전학시키는 떠돌이 생활에 감정적으로 적응을 할 수 없었습니다. 그녀는 쓴 뿌리가 나고 위축되었으며, 그런 '엄마'의 태도로 인해 아이들에게도 그런 태도가 나타났습니다. 조는 갈피를 잡을 수가 없었습니다. 그는 직장 일에서는 만족을 얻었으나 집에 들어와서는 좌절감을 느꼈으며, 상황을 바로잡는 일에 무기력하다는 것을 느꼈습니다.

잦은 이사. 조의 경험은 대부분의 직업 군인들 중에서 좀 특별한 경우이긴 하지만, 군인이라는 직업의 크게 불리한 점 한 가지는 이사를 자주 해야 한다는 점입니다. 생활 근거지를 옮기고, 친구와 헤어져야 하며, 달라진 교육 여건에 아이들을 적응시켜 주어야 하고, 새로운 집을 꾸며야 하는 등의 문제는 이사할 때마다 생기는데, 이사에 대한 주의 깊은 계획과 적극적인 대책이 없다면 앞의 문제들은 가족들을 불안정하게 하는 영향을 미칠 수도 있습니다. 따라서 가족들의 단결이 무엇보다도 중요합니다. 가정이란 가족들이 있는 곳입니다. 제5장이 구체적인 도움을 줄 것입니다.

안정. 경제적인 안정과 직장에 대한 보장은 어떤 경우에는 큰 장점이 되긴 하지만, 이러한 안정은 '믿음으로 행하지 않고 보는 것으로 행하도록'(고린도후서 5:7 참조) 유혹하기도 합니다. 모든 필요를 하나님이 아니라 정부가 채워 준다는 태도를 취하기가 너무 쉽습니다. 경제적 안정에 대한 지나친 관심은 하나님께서 새로운 환경 가운데로 인도하시려고 할 때 하나님의 인도하심을 분별하는 능력을 마비시킬 우려가 있습니다. 진정한 안정이란 결코 직장에서 오는 것이 아니라 하나님께로서만 오는 것입니다.

가족들과의 별거. 군대가 가족들과 떨어져서 지내는 시간을 요구한다는 것은 확실합니다. 어떤 경우에는 떨어져서 지내야 하는 기간이 전 복무기간의 15-20%에 달하기도 합니다. 격리된 곳이나 먼 곳에서 수일 내지 한 해를 꼬박 떨어져서 근무해야 할 때도 있습니다.

이러한 별거를 좋아할 사람은 아무도 없겠지만, 그런 기간을 통해서 하나님과의 교제를 깊게 하고 그분에 대한 의뢰심을 크게 할 수 있는 기회가 될 수도 있습니다. 반면, 별거는 가족들에게 부정적인 영향을 끼칠 수도 있습니다. 부부간의 유대가 견고하지 못하다면 장기간의 별거는 큰 불행을 초래할 수도 있습니다. 별거가 어린이들에게 미치는 영향은 가장 심각합니다. 그들과의 관계가 약해질 수 있습니다. 관계란 자주 만나야 계속 유지되고 깊어지기 때문입니다. 이것은 또한 아내에게 비성서적인 권위와 책임을 안겨 줄 수도 있습니다.

직장에서의 불만족. 군대 일이란 재미나 성취감이 없을 때가 반드시 있게 마련입니다. 사병들의 세계에서는 특별히 실감이 나는 말입니다. 일 자체가 무의미하다면 사기에 문제를 일으킬 수도 있습니다. 사기 문제는 평화 시의 군대에 오히려 더 일반화되어 있습니다. 올바른 태도를 갖지 않는 한, 경쟁적이며 야망이 강한 사람은 구태의연하고 재미없는 일에 대하여 어려움을 느낄 수도 있습니다. 군대 사회에서는 불평불만이 종종 당연한 것으로 받아들여집니다. 일반적으로 자기 마음대로 업무를 선택하지 못하기 때문에, 배정된 업무는 불만족을 야기할 수도 있다는 사실을 받아들여야 합니다.

전쟁. 군대를 '수많은 직장 중의 하나'로만 볼 수는 없습니다. 전쟁 가능성은 상존하며, 역사를 돌이켜 보면 많은 기간 동안 전쟁은 하나의 현실이었습니다. 전쟁 시엔 위험이 두려움을 주며, 별거가 길어질 수 있습니다. 그리스도를 믿는 군인은 그리스도인이 전쟁에 대하여 어떤 태도를 취해야 하는가에 대한 성경적인 확신이 있어야 합니다.

자유의 부족. 군 생활의 몇 가지 영역에 있어서는 자유가 상당히 제한되어 있습니다. 자신의 장래의 보직이나 직책은 다른 사람들에 의해 결정됩니다. 일과는 24시간을 다 포함할 수도 있고, 많은 업무 스케줄이 불규칙하며 일방적입니다. 마음대로 퇴역할 수조차 없을 경우도 있는데, 의무 기간을 반드시 채워야 하기 때문입니다.

영적 위험

군대만이 영적 성장의 장애물이 있는 사회는 아닙니다. 자신의 성숙과 헌신의 정도가 영적 성장을 결정합니다. 그러나 장교와 사병(부사관 포함)이 각각 부딪히는 주된 위험들을 몇 가지씩만 살펴보기로 하겠습니다.

먼저 사병과 연관된 것을 알아보겠습니다.

쓴 뿌리. 역경 가운데서는 좋지 않은 감정을 가지거나 빈정거리기가 쉽습니다. 군대는 사병들이 열등감을 느낄 수도 있는 강한 계급 사회입니다. 그러나 이런 일은 직업의 종류, 생활환경의 차이 및 수입의 정도에 따라 사회에도 존재하는 문제입니다. 그리스도인은 쓴 뿌리를 낳을 수 있는 환경이나 사건에 관한 자신의 태도와 반응에 신중을 기해야 합니다.

진급의 기회. 사병들은 봉급과 지위를 높일 수 있는 기회가 적습니다. 그에게는 허용되지 않는 보직과 직책이 있습니다. 어떤 분야는 그에게 막혀 있고 진급의 기회는 제한되어 있습니다.

안정에 집착함. 직업 군인이 될 생각은 하지 않은 채로 군에 입대하는 경우가 많습니다. 우물쭈물하다 단지 안정성 때문에 계속 군에 머물러 있게 되기도 합니다. 이것은 어떤 특정한 직장에 계속 머물러 있기 위한 동기로서는 완전히 잘못된 것일 수도 있습니다. 좋은 기술이 없는 사람에게는 바깥 세계에 대한 '두려움'이 일어날 수 있습니다. 이럴 때 그는 자신의 안정을 하나님 안에 두며 자신의 직장에 대한 하나님의 뜻을 확신해야 합니다. 그러면 직장의 안정에 대하여 올바른 시야를 갖게 될 것입니다.

나태. 많은 보직에서는, 근무 중에 딴 일을 하거나, 또는 전심으로 일하지 않아도 누가 뭐라고 하는 사람이 없기 때문에 직무를 게을리 할 수가 있습니다. 게으름을 피우는 것은 동료들 사이에서 공공연히 받아들여진 관습일 때도 있습니다. 그런 경우 누가 열심히 일하게 되면, 유능하고 양심적으로 일하는 사람의 수준이 다른 사람들의 태만을 돋보이게 하기 때문에 동료들로부터 강한 압력이 들어옵니다. 게으름의 함정에 빠지지 말고, 동료들의 압력에 굴복하지도 마십시오. 그런 삶은 자신의 간증을 해치고 진급의 기회를 앗아갑니다. 군대 사회에서는 누구를 해고시킨다는 게 쉬운 일이 아니기 때문에 일을 하려는 동기력이 떨어집니다. 그리스도인은 느슨해지고 싶은 유혹을 떨쳐 버려야 합니다. 직무에 나태해지면 생활의 모든 영역이 그 영향을 받게 됩니다.

원망. 군인에 대한 전형적인 인상 가운데 하나는 끊임없이 불평을 한다는 것입니다. 자기의 보직, 상관, 봉급, 특혜, 근무지 등에 대하여 불평합니다. 성경은 "모든 일을 원망과 시비가 없이 하라"(빌립보서 2:14)고 가르칩니다. 불평은 항상 사기에 악영향을 미치고, 좋은 간증을 무너뜨립니다. 그리스도인은 긍정적인 영향을 주며 선을 추구해야 합니다. 불평은 궁극적으로는 제도에 대해서가 아니라 하나님에 대해 나쁜 감정을 갖게 만듭니다.

올바른 장소에서 하는 정당한 비평은 물론 원망이 아닙니다. 소극적인 태도는 아무에게도 도움이 되지 않지만 잘못된 일들을 고치려는 적극적인 행동은 유익합니다. 원망하는 그리스도인은 그리스도와 힘차게 동행하지 못합니다. 더욱 나쁜 것은, 원망이 동료, 다른 그리스도인, 가족에게로 전염된다는 사실입니다.

동료들의 압력. 장교들보다는 사병들이 주위 동료들에 의한 압력에 더 고충을 느낄 것입니다. 다른 사람들처럼 먹고 마시고, 불평하고, 부도덕한 일을 함께 하라는 압력을 느낍니다. 동료들의 압력 문제는 세상의 방식을 받아들이라는 다른 모든 압력들을 맞을 때와 같은 식으로 다루어야 합니다. 하나님의 도우심으로 우리는 세상의 형상을 본받지 않기로 굳게 결심해야 합니다. "너희는 이 세대를 본받지 말고 오직 마음을 새롭게 함으로 변화를 받아"(로마서 12:2).

다음으로, 장교들이 맞는 영적 위험에 대해 알아보겠습니다.

교만. 장교들이 그 지위나 계급 때문에 자기가 다른 사람들보다 낫다고 믿는 것은 교묘한 함정입니다(교만이란 본질적으로 '내가 다른 사람들보다 낫다'고 생각하는 것입니다). 계급이란 어떤 일을 성취하기 위한 수단으로 존재하는 것이지, 일과 무관한 곳에서도 지위나 권위를 부여하기 위한 것은 아닙니다. 그리스도를 믿는 장교에게는 자만심이나 거만함이 자리 잡아서는 안 됩니다. 당신의 계급은 하나님의 은혜로 받았으며, 그 계급은 당신에게 하나님께 영광을 돌리며 다른 사람들 앞에서 분명한 증거를 할 수 있는 지위를 부여하는 것입니다. 자신의 지위를 실제적이고 올바르게 사용하는 것은 그와 같은 간증을 나타낼 수 있는 유일한 길입니다.

야망. 장교 사회는 매우 경쟁이 심한 집단인데, 그 이유는 뛰어난 업무 수행이 있어야 진급이 되기 때문입니다. 진급 문제는 하나님의 손에 맡기고 다만 하나님의 영광만을 위하여 일을 탁월하게 한다는 게 쉽지 않다고 느끼는 사람들도 있습니다. 높은 계급으로 진급하기 위해 직장의 온갖 요구를 만족시키는 일에 모든 에너지를 쏟아 부으며 전력투구하기가 쉽습니다. 출세를 첫 번째 우선순위에 두고 가족, 영적 의무 및 사역을 등한히 한다면 마침내는 큰 화를 입게 될 것입니다. 그러나 업무를 잘 수행하고 하나님과의 교제 및 가족들에 우선순위를 부여한다면, 진급은 하나님의 손에 맡길 수 있게 될 것입니다.

가족을 등한시함. 업무에 푹 빠져 있으며 인정받고 진급하기 위하여 온 힘을 쏟고 있는 사람들은 자칫 가족들을 소홀히 하기 쉬운데, 이것이 큰 문제가 될 수 있습니다. 그런 야망이 없다 할지라도, 직무 수행에 관련된 많은 일들이 가족들보다는 그 상황 하에서 생존하는 일에 초점을 맞추게 할 수 있습니다. 가족들의 필요가 변함에 따라, 올바른 시야로 환경을 평가하며 자신의 삶 속에서 우선순위를 유지하려면 창의력과 융통성이 요구됩니다.

영적 깊이. 장교는 자신의 지위와 계급으로 인하여, 그리스도인 사회 내에서도 그 계급에 상당하는 역량이 있는 것으로 느낄 수도 있습니다. 장교는 자기에게 영적으로 부족한 것들이 있다는 사실을 인정하기 싫어하고, 하나님과 동행하는 데 필요한 도움을 구하기를 꺼릴지도 모릅니다. 그리스도인 장교는 영적 지도자의 자격을 갖추고 있다는 의견을 과감히 주장하는 사람이 있었습니다. 이것은 실제와는 거리가 먼 이야기입니다. 육신적인 지도력은 있을지라도 영적 지도력을 제공해 주는, 삶과 행동 및 성품에 있어서의 영적 깊이는 결여되어 있을 수 있습니다.

자신의 삶 가운데 영적으로 성장해야 할 절대적인 필요가 있을 때 억지로 영적 지도자 역할을 감당하지는 마십시오. 적극적으로 자신에게 필요한 영적 도움을 구하십시오. 지도자에 대한 성경적인 원리와 조건들을 배우십시오. 자신이 영적으로 준비되고 자격을 갖추기 전까지는 그런 역할을 수락하지 마십시오.

지침과 제안

나는 당신이 군인(군무원 포함) 혹은 공무원으로서 일하는 것이 하나님의 뜻이라는 확신을 가진 것으로 가정했습니다. 사람마다 달라, 3,4년간의 단기 복무 계획을 가진 이들도 있겠고, 장기 복무를 계획하고 있는 이들도 있을 것입니다. 어느 경우든, 하나님이 원하시는 것은 '오늘'을 충실하게 사는 것입니다. 결코 타성에 젖어 제대나 정년퇴직을 기다리는 삶을 살아서는 안 된다는 것입니다. 당신이 현재 처해 있는 그곳에서 탁월하게 업무를 수행할 때, 다른 사람들에게 가장 좋은 간증이 되고 개인적으로도 가장 큰 만족을 느끼게 됩니다.

가족. 아내와 자녀들은 우선순위의 앞부분을 차지해야 합니다. 스케줄이 불규칙하거나 장기간 영내 대기를 하더라도 가족들의 필요가 채워지고 있음을 확인해야 합니다. 여기에서 가족들에게 있어서 '집'이라는 개념이 다소 달라져야 합니다. 지리적인 장소는 변하기 때문에 '집'이란 당신이 가족들과 함께 있는 그곳을 말합니다.

1. 가족들 중에서도 첫째 우선순위는 아내입니다. 남편과 아내 사이에 진정한 사랑의 표현이 스스럼없이 오가는 가정의 아이들은 매우 안정되어 있습니다. 하워드 헨드릭스는 "아버지가 자녀들을 위하여 해줄 수 있는 가장 좋은 일은 그들의 어머니를 사랑해 주는 것이다"라고 했습니다. 당신의 스케줄과 당신의 부재로 아내가 매우 어려움을 겪게 될 것이라는 사실을 기억하십시오. 아내는 독립해서 살기를 원치 않지만, 여러 가지 환경 가운데서 살아가는 법을 배우지 않을 수가 없습니다. 그러므로 당신이 집에 있을 때는 반드시 성경적인 가장으로서의 역할을 수행해야 합니다. 할 수 있는 한 많은 짐과 압력을 아내에게서 덜어 주십시오. 성경적인 결혼 생활을 다루고 있는 서적들을 읽어 보기 바랍니다. 그러나 더욱 중요한 것은 당신 자신이 이에 관한 성경공부를 하는 것입니다. 첫 시작으로 에베소서 5장이 좋습니다.

2. 자녀들과 그룹으로 또는 개별적으로 함께 보낼 수 있는 특별한 시간을 계획하십시오. 아이들을 알고 그들과의 교제를 깊게 하는 데 초점을 맞추십시오. 자녀들과의 관계가 견고하면 당신이 부재중이거나 불규칙한 스케줄에 쫓길 때도 그들과의 관계는 계속 유지됩니다. 당신이 아내와 자녀들을 업무보다 더 귀중히 여기고 있다는 사실을 그들이 알도록 해주십시오. 말뿐 아니라 행동으로 보이십시오. 그렇게 할 수 있는 몇 가지 실제적인 방안들은 다음과 같습니다.

- 자녀들을 데리고 나가서 외식을 시켜 준다.
- 식구들이 모두 다 집에 있게 되는 날 저녁에 즐거운 시간을 갖는다.
- 당신이 특별한 행사(하이킹, 여행, 운동경기 관전 등)를 잘 계획할 수 있도록 가족들에게 도움을 구한다. (이렇게 하면 즐거움으로 기다릴 수 있는 하나의 목표가 생겨납니다.)
- 갑작스러운 외출을 계획한다. (내가 특별히 과중한 스케줄 가운데 있을 때, 우리 가족은 갑작스런 산책을 계획해서 준비해 놓곤 했습니다.)
- 가족들이 이야기를 하고 싶어 하면 그들이 하는 말을 들어 준다. (그렇지 않으면 언젠가는 그들이 거의 이야기를 하지 않게 될 날이 옵니다.)
- 휴가 계획은 가족 중심으로 세운다. (자녀들에게 즐기고 싶은 것을 물어보십시오. 푹 쉴 수 있으면서 여행이나 경치보다는 가족과의 관계 발전에 중점을 둔 재미있는 휴가를 계획하십시오.)

3. 스케줄이 불규칙하거나, 근무 때문에 떨어져 지내야 할 때가 가까워졌다면 가족들이 함께 보낼 수 있는 시간을 가져 보십시오. 가족들 모두가 기억에 남을 만한 경험들을 할 수 있게 해 주십시오. 시간이 길어야 할 필요는 없습니다. 몇 시간 정도면 됩니다. 나는 때때로 특별히 시간을 내어 직접 학교에 가서 아이들을 데리고 와 함께 추억이 될 만한 가족 활동을 하기도 했습니다.

4. 당신이 집에 오는 대신에 선물이나 어떤 물건을 보내는 일은 피하십시오. 가족들이 원하는 것은 당신 자신이지 당신의 돈으로 살 수 있는 물건들이 아닙니다.

5. 당신에게 보직이나 근무지를 선택할 권한이 있다면 가족들의 필요를 출세보다 앞세우십시오. 이런 일로 큰 갈등을 하게 될 경우는 별로 없겠지만 이 일에 임하는 당신의 태도가 대단히 중요합니다. 당신에게 가장 중요한 것은 직업보다 가족임을 표현하기 바랍니다. 가족들은 당신의 사랑을 깊이 확신하게 될 것입니다. 당신이 일정한 기간 동안 가족들과 떨어져서 근무하지 않을 수 없는 상황이라면, 이것이 하나님의 뜻인가를 검토한 후에, 당신이 없는 동안에도 하나님께서 당신 자신과 가족들의 필요를 채워 주실 것을 믿으십시오.

6. 자녀들의 활동에 함께하십시오. 그들이 무엇을 생각하고 느끼고 있는지 아십시오. 그들과의 의사소통의 문을 항상 열어 두십시오. 이를 위한 실제적인 방법을 몇 가지 들겠습니다.

- 저녁 식사 시간을 길게 한다. 특히 아이들이 이야기하고 싶은 눈치를 보일 때.

- 자녀들이 당신과 개인적으로 이야기하고 싶어 할 때에는 절대로 거절해서는 안 된다.
- 가끔 자녀들과 함께(개별적으로) 경건의 시간을 갖는다.
- 당신이 자녀들에게 잘못했거나, 잘못 알고 꾸짖었거나, 잘못 벌을 주었을 때에는 그들에게 사과하고 용서를 구해야 한다.
- 자녀들이 학교에서 하고 있는 일들을 알아 둔다.
- 그들의 친구들을 만나 볼 기회를 갖는다. 자녀들이 친구들을 집에 초대했을 때 교우 관계를 관찰한다.

7. 아내가 직장 생활을 하지 않도록 하십시오. 가정에는 안정이 필요한데, 어느 모로 보나 당신과 당신의 아내만이 가정에 안정을 줄 수 있습니다. 아내가 직장에 나가게 되면 가정을 지키는 필수 역할을 하지 못하게 되는 것입니다. 돈을 더 벌고, 하고 싶은 것을 하는 것보다, 가족의 안정이라는 가치가 비할 데 없이 더 중요합니다. 군인에게 있어서 이것은 특히 중요합니다.

8. 거주지를 선택할 때는 가족들의 필요에 우선을 두십시오. 경제적 여건이나 물질적인 안락함이 거주지를 결정하는 주된 동기가 되어서는 안 됩니다. 통근 시간뿐 아니라 아이들이 다닐 학교 및 이웃 사람들도 주의 깊게 고려해야 할 것입니다.

증거. 하나님께서는 군대라는 독특한 사회에서 그리스도를 증거하는 매우 중대한 일을 할 좋은 기회를 당신에게 주셨습니다. 군대 바깥의 사람이 군인들 사이에 깊은 영향력을 주기는 어렵습니다. 하나님께서 당신을 그곳에 두신 것은 단지 일만 하라는 게 아니라 그리스도의 증인이 되도록 하기 위함입니다. 당신의 말과 행동, 업무에 대한 태도, 활동, 가족과의 관계를 통하여 당신의 간증은 영향력을 갖게 되는 것입니다. 하나님께서 자신의 목표를 위하여 당신을 특별한 상황에 두셨음을 확신하고, 부지런히 훈련하여 그리스도를 위하여 분명한 간증을 드러내도록 해야 합니다.

부부가 함께 전도를 하는 일에 가정을 사용하십시오. 다른 사람들이 편안함을 느끼며 그리스도께서 영광을 받고 있다는 것을 알 수 있는 분위기를 만드십시오. 이런 식으로 자녀들도 당신의 사역에 참여하게 되는 것입니다. 도움이 되는 방안들을 몇 가지만 예를 들면 다음과 같습니다.

- 동료들을 저녁 식사나 간단한 다과에 초대하되, 때로는 자녀들까지 초대한다.
- 자신의 가정을 사교 모임 장소로 사용한다. (우리는 술은 일절 대접하지 않았는데, 지금까지 아무도 요구한 적이 없습니다.)
- 아직 믿지 않는 부부들과 함께 부부 성경공부를 시작한다. (좋은 교재 몇 가지를 소개하면, 네비게이토 출판사에서 발행한, '인간과 하나님,' '둘이 한 몸이 될지니라,' '가정을 위한 하나님의 계획'을 추천합니다.)
- 여성들만의 다과회를 조직하여, 복음으로 접근할 수 있는 흥미 있는 주제를 택하여 연사를 모시고 강연을 듣는다(예: 성서적 자녀 양육, 결혼 생활에서 아내의 역할, 성경을 어떻게 배울 것인가 등).
- 여성들의 아침 성경공부 모임을 만든다.

교제. 다른 기지로 이사를 하게 되면 가능한 한 빠른 시일 내에 성숙한 그리스도인들과의 교제를 갖도록 노력하십시오. 당신은 영적인 도움과 성장을 위하여 그 교제를 필요로 하고, 다른 사람들도 당신과의 교제를 필요로 합니다. 기지 내에 있는 군인교회에 출석하는 문제를 제일 먼저 고려해 보도록 권면합니다. 군인교회에 출석하는 주목적은, 당신이 누구를 가르치기보다는, 다른 그리스도인과의 교제를 통해 격려와 힘을 얻고, 나아가 믿지 않는 군인들에게 전도하기 위함입니다. 하나님께서 당신을 민간인 교회로 인도하실 수도 있습니다. 그렇다고 해서 당신의 근무지인 부대 내에서의 사역을 소홀히 하지는 마십시오.

부대 밖에도 군인들을 대상으로 하는 중요한 사역들이 이루어지고 있습니다. 또한 군 선교에 초점을 맞추고 있는 초교파적인 기독교 단체들이 많이 있으며, 이런 단체에서 훈련을 받으며 교제를 가질 수도 있습니다.

군인교회에서 당신이 영향을 줄 수 있는 효과적인 방법이 몇 가지 있습니다. 군인교회에서는 주일학교에서 섬길 교사를 항상 필요로 합니다. 반을 성경 중심의 반으로 이끌어 가십시오. 그러면 격려가 되는 결과를 얻을 것입니다. 현시대의 쟁점에 대한 '지적(知的)'인 토의로 기울면 그 반은 약해집니다. 꾸준히 성경 중심으로 하십시오.

복음 전파를 위한 자신의 활동을 군목에게 알리십시오. 그 일을 '숨어서' 하지 마십시오. 군목은 그것을 고마워하며 일반적으로 충분한 재량권을 줄 것입니다. 대개 부대마다 그리스도인 모임이 있습니다. 당신은 이 모임에 영향을 미칠 수 있습니다.

자신이 원래 속해 있던 교파의 교회에 출석하면 마음이 더 편한 것은 사실입니다. 그러나 모든 선교 사역에는 어느 정도의 희생이 따릅니다. 군대도 물론 하나의 선교지입니다. 자녀들이 십대에 들어서면 기지 밖의 교회에 출석해야 할 필요가 있을지도 모릅니다. 최소한 주일 저녁 예배만큼은 지역교회에 참석하는 것을 고려해 볼 수 있습니다. 십대 자녀들이 같은 또래의 그리스도인과 견고한 관계를 발전시켜 나가는 것은 중요한 일입니다.

여행 및 떨어져 지내는 것. 이런 일이 자주 있든 또는 이따금씩 있든 떨어져 지내는 것이 가족들에게는 결코 즐겁지 못합니다. 가족 관계가 원만치 못하다면 떨어져 지내는 것은 비참한 것일 수 있습니다. 그러나 가족들과의 관계만 견고하다면 떨어져 지내는 기회가 오히려 사랑의 관계를 더 강하고 더 깊게 해주는 기간이 될 수도 있습니다. 당신의 부재중에 가족들이 얼마나 잘 지내느냐 하는 것은 당신이 집에 있을 때 얼마나 잘하느냐에 달려 있습니다. 당신이 집에 없는 기간이 전 가족들에게는 영적인 성장을 경험하는 기간이 될 수 있도록 하기 위한 몇 가지 일은 다음과 같습니다.

1. 단기 근무 또는 격지 임무를 위한 곳에 도착하는 즉시 가능한 한 빠른 시일 내에 그리스도인의 교제를 가지십시오.
2. 하나님과 개인적으로 동행하는 삶의 목표를 설정하십시오. 매일의 경건의 시간, 성경공부, 전도 등을 어떻게 할 것인지 정하십시오. 당신 자신이 영적으로 건강하지 못하면 멀리 떨어져 있

는 가족들을 효과적으로 도와줄 수 없습니다.

3. 가족들과 떨어져 있는 동안에 당신이 무엇을 배우기 원하시는지 하나님께 여쭤 보십시오. 이 기간 동안 가족들 각자가 하나님께 배울 수 있는 몇 가지를 가족들과 함께 결정하십시오. 예를 들면 아내는 주님을 더욱 의뢰하는 법을 배울 수 있습니다. 아이들은 나이가 들어 감에 따라 가정의 필요를 채우기 위한 보다 큰 책임들을 맡을 수 있습니다. 몇 가지 구체적인 제안을 하면 다음과 같습니다.

- 임지로 떠나기 전에 아이들의 행동과 훈련에 대한 기준을 세워 준다. (부재중에도 책임은 가장에게 있습니다.)
- 아이들에게 구체적인 책임들을 맡긴다.
- 가족들을 위해 성경 읽기 계획과 같은 영적인 목표를 설정해 준다.

4. 전화와 편지와 이메일 등을 통하여 자주 의사소통을 하십시오. 아내와 아이들에게 한꺼번에 소식을 전할 뿐 아니라, 각자와 개별적인 의사소통도 하십시오. 다음과 같은 제안을 합니다.

- 경제적으로 허락만 된다면 전화로 의사소통을 하는 일에 돈을 아끼지 마십시오. 개인적으로 통화하는 일은 돈을 쓸 만한 가치가 있습니다. 요즘에는 화상 통화도 가능합니다.
- 편지 쓰는 일에 높은 우선순위를 두십시오.
- 편지 쓰는 데 시간이 너무 들면 엽서나 이메일을 이용하십시오. 계획을 짜서 가족들 각자에게 편지를 쓰십시오.
- 한 달에 한 번 정도는 육성을 녹음하여 소식을 전하십시오.
- 자신 및 자신이 일하는 모습을 사진으로 찍어 우편이나 이

메일 등으로 보내십시오.
- 구체적인 기도 요청을 하십시오.

5. 당신이 집에 없는 동안 가족들이 좋은 상태를 유지하며 다른 그리스도인들과 좋은 교제 가운데 있도록 해주어야 합니다. 이렇게 할 수 있는 방법은 다음과 같습니다.
- 가족들이 편안함과 안전함을 느낄 수 있는, 친숙한 환경 가운데서 살게 한다.
- 목사님께 당신이 부재중임을 알리고 당신 가족의 필요를 정기적으로 살펴 주도록 부탁한다.
- 그리스도인 친구 한두 명에게 집에서 부득이 '수리'하지 않으면 안 되는 것이 생기면 수리해 주도록 부탁한다. (내가 오랫동안 집을 비웠을 때 내 친구의 도움은 우리 가족에게 큰 복이었습니다. 이 친구는 자주 우리 집에 와서 드라이버와 펜치를 들고 다니면서 고장 난 것이 없는지 살펴보았습니다. 가장이 없는 동안에 수세식 변기에 이상이 생기거나 부서지거나 하면 큰 어려움을 겪게 됩니다.)
- 임지로 떠나기 전에 정비가 필요한 것은 모두 정비해 둔다. (장비들의 나사를 다시 조여 두고, 수리하는 방법을 알려 주며, 방충망, 굴뚝 등 당신의 부재중에 고장이 나서 아내에게 어려움을 줄 가능성이 있는 것은 모두 살펴보십시오.)
- 긴급 시를 생각해서 아내에게 위임장을 남겨 둔다.
- 아내가 보험 관계를 알고 있는지, 그리고 여러 가지 요금을 지불하며 긴급한 경우에 당신을 만나지 않고도 일을 처리할 수 있을 만큼 충분한 돈을 가지고 있는지 확인한다.

6. 멀리 떨어져 있어도 당신은 가장이요, 남편이요, 아버지로서의 역할을 감당할 수 있는 데까지는 감당해야 합니다. 가능한 한 많은 짐을 아내와 나누어 지도록 하십시오. 아이들에게 상담을 해주고, 그들의 생각과 결정에 참여하십시오. 자질구레한 선물들과 특이한 외국 물건들을 사는 것보다 그들과 의사소통 및 교제를 하는 데 돈을 사용하십시오. 그러나 아내와 아이들에게 특별한 선물을 하는 것은 중요합니다. 이것들이야말로 그들이 당신과 동일시하는 매개체가 될 수 있습니다. 나는 여행을 매우 많이 한 편인데 그때마다 아이들은 내가 가지고 올 작은 선물들을 기대하곤 했습니다. 그러나 여행할 때마다 선물을 사온 것은 아니며, 사온 것들도 대체로 비싸지 않은 것들이었습니다.

7. 당신의 부재중에 가족들의 특별한 필요들에 늘 주의를 기울여 줄 그리스도인 부부, 영적 지도자, 기타 사람들을 알아 두십시오. 이것은 그리스도의 몸 안에서 이루어지는 교제의 유익들 중의 하나입니다. 그 사람들은 당신과 당신의 가족들에 대해 관심을 가지며 필요시에는 도움을 줄 것입니다.

시간. 우선순위에 기초한 삶을 사십시오. 많은 보직에서는 느슨할 때도 있고 과중한 일에 시달릴 때도 있습니다. 건설적인 목적, 이를테면 교육, 성경공부, 독서 등을 위해 느슨한 시기를 이용하십시오. 근무 시간이 길다면 가끔씩 단축 근무를 하는 날도 있을 것입니다. 그 시간을 가족들과 함께 유익하게 사용하십시오. 제3장은 특별히 군인들에게 많은 도움이 될 것입니다.

일에 대한 태도. 업무와 동료, 상관이 자주 바뀔 때에는 일에 대하여 적극적인 태도를 유지하는 것이 필수적입니다. 당신의 업무 및 당신이 속한 조직의 임무에 대한 당신의 반응은 전도의 효과에 큰 영향을 미칩니다. 쓴 뿌리, 원망, 찡그린 얼굴이 다른 사람들에게 그리스도를 아는 기쁨을 표현할 수는 없는 것입니다. 당신은 업무 수행과 말과 행동에서 그들과 어떻게 다릅니까?

당신이 군대에서 하는 일이 이 책의 다른 장에 기록된 것과 유사한 형태라면 거기서도 도움이 되는 지침을 얻을 수 있습니다. 다시 한 번, 그저 '생존하는' 그리스도인이 아니라 만족을 누리는 헌신된 그리스도인이 되는 일의 필요성을 강조하고 싶습니다. 헌신된 제자가 아닌 사람은 그리스도의 제자로서의 입장을 타협하게 만드는 수많은 유혹에 직면하게 될 것입니다. 그렇게 타협하는 것은 당신의 직장 생활과 개인의 삶과 가정생활에 불행만을 안겨 줍니다. 다른 무엇보다도 하나님과의 관계를 당신의 최우선 순위에 두십시오.

제12장

세일즈맨

웨인 켈리는 뛰어난 세일즈맨이었습니다. 그는 무엇이든지 팔 수 있을 정도의 수완가이어서, 고등학교 생활기록부에는 "에스키모인에게 에어컨을 팔 만한 재주가 있다"고 기록되어 있었습니다. 12년 동안 그는 자동차, 사무용품, 보험, 기타 등등 여러 분야의 세일즈 직을 거쳤습니다. 때로는 한꺼번에 여러 회사의 제품들을 판매하기도 했습니다. 돈도 꽤 많이 벌었습니다. 그가 손대는 것마다 무엇이든지 황금으로 변하는 것 같았습니다. 단 한 가지 예외가 있었는데, 바로 그의 가족들이었습니다.

웨인은 밤낮으로 일했습니다. 거래처는 하루 24시간 내내 어느 때나 그와 만날 수 있었고, 그는 판매하는 일을 위해서는 모든 것을 희생했습니다. 그는 아내와 마찰이 일어났을 때에도 처음에는 그저 일시적인 상황으로 알고 의아스러운 표정만 지을 뿐이었습니다. 이윽고 이혼이 현실적인 가능성으로 부각되자 그는 당황하기 시작했습니다. 단 하나, 그는 자신을 팔 수는 없었습니다. 결혼 문제 상담소와 정신과 의사도 찾아가 보았지만 해결책을 찾지 못했습니다. 그는 도무지 이해할 수가 없었습니다. 아이들에게 용돈을 후하게 주었고, 장난감, 자전거 등 원하는 것은 무엇이든 사주었습니다. 큰 집을 장만하고, 자동차도 매년 신형으로 바꾸고, 아내를 위해서는 돈을 아끼지 않았습니다.

마침내 웨인과 아내는 자포자기 상태에서 그들의 문제를 세일즈맨으로 성공한 한 이웃 사람에게 털어놓았습니다. 그는 동네에서 '신실한 그리스도인'으로 알려져 있었습니다. 웨인은 그를 통하여 자신들의 삶 가운데는 영적인 차원이 없었다는 사실과 자신들이 섬겨 온 신은 돈과 성공이었다는 사실을 깨달았습니다.

몇 주 동안 성경공부와 친교를 가진 후 웨인 부부는 자신들에게도 구세주가 필요하다는 사실을 고백하고, 그리스도를 마음에 모셔 들였고 그리스도께서 자신들의 삶을 다스리시고 인도하여 주시기를 기도했습니다. 그들은 새로운 확신과 평안을 느꼈지만, 곧 성경은 그들이 살아왔던 생활 방식과는 전혀 다른 생활 방식을 가르치고 있다는 사실을 알게 되었습니다. 그들은 자신들이 딜레마에 빠져 있다는 사실을 깨달았습니다. 웨인은 믿음의 발걸음을 내딛고 직업에 대한 자신의 태도를 바꾸었습니다. 이웃에 사는 그 사람은 성경 말씀을 가지고 웨인에게 상담을 해주었습니다. 그는 웨인에게, 태도를 올바르게 고치면 처음에는 판매량이 다소 떨어지겠지만 몇 년 지나지 않아 사업에 더 큰 이익이 될 것이라고 했습니다. 과거의 웨인의 판매술 가운데는 윤리적으로 의문의 여지가 있는 것들도 있었습니다. 그는 일에 들이는 시간을 줄이기 시작했고 그 때문에 단골 고객도 몇 사람 잃었습니다.

웨인에게는, 세상이 마치 완전히 뒤집히고 다시 만들어진 것같이 보였습니다. 그의 새롭고 정직한 판매 방법으로 인해 결과적으로 판매량은 조금 떨어졌고, 동료 세일즈맨들의 판매 방법이 비도덕적이라는 사실을 드러냈기 때문에 동료들이 그에게 압력을 가해 왔습니다. 그럼에도 그의 가족들은 단합이 되고 행복했기 때문에 자신의 새로운 삶이 옳다는 사실을 알았습니다. 그는 이젠 계속 가족들을 중요시하며 직업에 대한 새로운 개념을 실천하기로 마음먹었습니다. 생존 방식을 바꾸기가 쉽지는 않았지만 그렇게 하는 것이 옳다는 것을 확신했습니다.

웨인 같은 1급 세일즈맨은 아니더라도 그리스도를 믿는 세일즈맨이라면 비슷한 문제들을 경험했을 것입니다. 당신은 일을 얼마나 해야 합니까? 얼마나 정직해질 수 있습니까? 고객이 그 물건을 필요로 하지 않을 때나 살 만한 여유가 없다면 어떻게 하시겠습니까? 훌륭한 결정을 내리는 데 도움이 될 수 있는 원리와 지침이 있습니다. 이 장에서는 판매직을 다루겠는데, ·말하자면 보험, 부동산, 공산품 판매나 서비스업과 같이 판매에 따른 수수료를 받거나 그 판매량에 따라서 보수를 받는 직종을 말합니다. 여기에는 상점의 판매원이나 시간급을 받고 판매업에 종사하는 사람 등 근무 시간이 일정한 직종은 포함되지 않습니다.

유리한 점과 유익

자유가 많고 사람 중심적인 일을 좋아하는 사람에게는 세일즈업이 큰 만족과 성취감을 안겨 줍니다. 이 직종에는 많은 유익점이 있습니다.

자유. 살다 보면 사람들은 자기도 한번 사장처럼 자기 뜻대로 일해 볼 수 있었으면 하고 생각합니다. 세일즈맨이라면 많은 경우 그렇게 될 수 있습니다. 세일즈맨은 자기의 시간 계획을 짜고, 자신의 고객을 확보하며, 원하는 대로 할 수 있는 어느 정도의 자유가 있습니다. 제한점이란 단지 회사의 특정한 요구들을 충족시키며, 가족들을 부양하기에 충분한 돈을 벌기 위해 스스로를 훈련해야 한다는 점입니다. 세일즈업에서는 성공을 할수록 직장을 옮기거나 현재의 분야를 바꿀 수 있는 자유가 더 많아집니다.

일한 양과 능력에 따른 보수. 수입은 자신의 능력과 직결되어 있습니다. 판매고가 없으면 수입도 없습니다. 돈이 더 필요하다면 일을 더 오래 하고 더 열심히 하면 됩니다. 판매 능력이 뛰어난 사람은 그 기회가 무한합니다.

사람들을 상대함. 세일즈업은 사람들을 만날 기회가 많습니다. 단골들과 계속 상대하기도 하고 손님을 한 번만 만나는 경우도 있습니다. 전도를 하고 친분을 쌓을 수 있는 기회가 많습니다.

불리한 점과 제약

물론 이 직종에도 불리한 점과 제약은 존재합니다. 다른 것보다도 판매 분야에서는 더욱 그럴 것입니다. 많은 사람들이 판매업에 손을 대어 보지만 성공하는 사람들은 적습니다. 이 일을 잘

하려면 재능과 개성 및 열심이 독특하게 결합되어야 합니다. 다음에 열거된 부정적인 목록에 기가 질려 버릴지도 모르겠습니다. 하지만 그것을 배움의 기회로 삼고 분별력을 얻는 자극제로 받아들인다면 큰 유익이 될 것입니다. 이 모든 문제는 해결책이 있지만, 만약 이 문제들이 자신의 삶과 일 가운데서 커지도록 방치해 둔다면 치명적이 될 수도 있습니다.

압력. 세일즈맨은 업무상 대부분의 다른 직장인들보다 더 많은 압력을 경험합니다. 압력은 두 방향에서부터 옵니다. 첫째, 회사는 이익에 초점을 맞추고 판매를 많이 하도록 압력을 가해 옵니다. 일정한 할당량을 판매해야만 계속 그 회사에 남아 있을 수 있는 경우도 있습니다. 둘째, 가족들의 생활을 위하여 충분한 돈을 벌려면 판매고를 높여야만 합니다. 압력과 불확실성 아래서 어렵게 살아가다 보면 세일즈 직에서 좌절과 불행을 느끼게 될 것입니다. 자신의 한계점과 능력을 아시기 바랍니다. 이러한 압력이 가족들에게까지 파급되지 않도록 주의하고, 개인의 사역이 이 압력 때문에 소홀해지지 않도록 조심하십시오.

시간. 판매는 시간을 많이 들여야 합니다. 직접 뛰어들지 않고서 판매를 하기는 어렵습니다. 물건을 판매하는 데뿐 아니라 상품을 준비하고 연구하는 데에도 시간을 들여야 합니다. 돈을 더 벌기 위하여 또는 충분한 생활비를 벌기 위하여 무리하게 일하는 경향이 많습니다. 판매 능력이 부족할수록 그 일을 수행하는 데 더 많은 시간을 들여야 합니다.

사업의 기복이 심함. 수입이 많은 달이 있는가 하면 적은 달도 있습니다. 일정한 기간 동안 판매량과 수입이 균일한 경우는 별로 없습니다. 그러므로 신중하게 예산을 세우며 수입이 적을 때를 대비해야 한다는 것입니다. 어떤 직종에서는 수입이 적은 기간이 몇 개월씩 계속되는 경우도 있습니다. 영적인 안정은, 판매가 잘될 때 당신으로 더욱 효과적인 삶을 살게 하고, 판매가 잘되지 않을 때 당신에게 용기를 주는 필수적인 요소입니다. 경기가 좋지 않을 때에는 목표량을 달성하기 위하여 더 오래 더 열심히 일하는 경향이 있고, 경기가 좋을 때는 돈을 더 벌 수 있는 기회를 놓치지 않으려고 더 열심히 더 오래 일하는 경향이 있습니다.

　여행. 판매직들은 한 번에 며칠 내지 몇 주 동안 여행을 하게 되는 경우가 많습니다. 집에서 떨어져 지내는 시간이 거의 50%에 달하는 수도 있습니다. 가족들의 필요를 생각한다면 이 일을 깊이 재고해 보아야 합니다. 가족들과 함께 집에 있는 시간을 효과적으로 보낼 수 있도록 계획을 짜십시오. 떨어져 있는 기간 동안 가족들의 안정을 유지하는 데 관한 제11장의 구체적인 제안을 읽으십시오.

　불규칙한 스케줄. 많은 판매 직종들은 시간 사용이 불규칙합니다. 고객에게 맞추어야 하기 때문입니다. 고객과 직접 거래하다 보면(이를테면 보험 등) 저녁이나 주말에도 일하게 되는 경우가 종종 있습니다. 항상 고객의 필요에 응해야 하므로 시간에 관한 한 선택권이 거의 없습니다. 그러므로 가족들과 함께하거나 다른 활동들을 하기 위한 전체 스케줄은 갑작스럽거나 불규칙적인 업무 스케줄에 의해 바뀔 것입니다.

안정성. 판매량은 늘 변하며 보수는 판매량과 직결되어 있으므로 안정성이 희박한 것입니다. 수입에 변화가 많다는 사실이 많은 사람들에게는 불안정의 요소가 됩니다. 직장 내에서의 안정성도 역시 판매의 성공 여부에 달려 있습니다.

영적 위험

돈을 위한 투쟁. 자신의 능력이 수입과 직결되어 있고, 또한 자기가 하고 싶은 만큼 일할 수 있는 자유가 있으므로 자칫 돈에 대한 욕심이 삶의 주 원동력이 되어 거기에 끌려 갈 수가 있습니다. 이 유혹은 어느 전직 세일즈맨이 한 말에서 실증이 됩니다. "우리는 아메리칸드림에 사로잡혔다. 멋진 집을 사고 컨트리클럽에 들고 차도 두 대나 굴리고 그렇게 사는 게 꿈이었다. 월수입 10,000불 가지고는 어림도 없었다. 그래서 열심히 노력했다. 수입을 두 배로 늘렸다. 고민도 두 배로 늘었다. 이제 20,000불이 되었다. 접대비로 얼마든지 써도 좋다. 회사에서 최신형 에어컨이 설치된 최고급 승용차가 나왔다. 정말 멋진 사장이다. 돈을 쌓기 시작했다. 고급 주택가에 멋진 집도 사고, 컨트리클럽 회원권도 사고, 자동차도 두 대 사고, 세금도 많이 물었다. 드디어 꿈이 이루어졌다. 하지만 신경이 과민해지니 술도 더 많이 마시게 되고 담배도 더 많이 피우게 되었다. 마침내 어느 날 우리는 주저앉았다. 우리는 모든 것을 가졌지만 가난하다."[1]

이런 파멸의 악순환에 사로잡히지 마십시오. 인생이란 돈이나 물질 그 이상입니다.

윤리적 유혹. 물건을 팔아야 한다는 강박감 가운데 있을 때는 자신의 윤리 수준을 낮추고 싶은 유혹을 받습니다. 정직한 것이 사업에 발전을 가져오게 하기 때문에 정직한 사람도 있고, 확신 때문에 정직한 사람도 있습니다. 그리스도인은 반드시 고객의 필요에 비추어 보고 물건을 정직하게 소개해 주어야 합니다. 이렇게 하면 충분히 보증할 수 있는 물건만을 팔고, 불필요하거나 살 만한 여유가 없는 사람에게는 팔지 않게 됩니다. 잘 속아 넘어가는 사람들은 가장 쉬운 목표물이 되기 십상이며, 그들을 이용해 먹고 싶은 유혹이 매우 강할 수가 있습니다. 다음과 같은 질문이 도움이 될 것입니다.

- 내가 가진 물건은 그 가격에 상당하는 가치가 있는가?
- 나는 정말로 사람들에게 이것이 필요하다고 믿는가?
- 비록 이것을 팔지 못하게 된다 하더라도 나는 이 물건과 고객의 필요에 대해 기꺼이 정직하게 설명하는가?

위의 질문들에 다 "예"라는 대답을 할 수 있다면 당신은 윤리적인 세일즈맨이 되는 데 아무 문제가 없을 것입니다. 그렇지 않다면 당신은 자신의 직업이나 자신이 팔 물건에 대하여 재고해 볼 필요가 있을 것입니다. 신명기 25:14-15에 나오는 '공정한 저울추' 개념이 적용되어야 합니다. "네 집에 같지 않은 되 곧 큰 것과 작은 것을 두지 말 것이요, 오직 십분 공정한 저울추를 두며 십분 공정한 되를 둘 것이라. 그리하면 네 하나님 여호와께서 네게 주시는 땅에서 네 날이 장구하리라." 잠언 11:1, 16:11, 20:10도 참조하십시오.

일로써 가족이나 사역을 대신함. 결코 직장 일을 핑계로 가족들의 필요를 채워 주지 못하거나 사역을 회피해서는 안 됩니다. 성경공부를 하자고 권할 때 사람들로부터 듣게 되는 가장 일반적인 대답은 일이 너무 많아서 시간을 낼 수 없다는 것입니다. 세일즈맨들은 이런 변명을 할 수 있는데 그것은 사실이기 때문입니다. 판매하는 데는 많은 시간이 듭니다. 그러나 그는 또한 자기 시간을 보다 쉽게 조정할 수 있습니다. 가족, 영적 성장 및 전도에 관하여 하나님께서 당신의 삶 가운데 세워 놓으신 기본적인 목표들을 일 때문에 방해받지 않도록 하십시오.

지침과 제안

몇 가지 불리한 점들을 열거하기는 했지만 판매 직종은 기꺼이 자신을 훈련하며 '할 수 있다'는 긍정적이고 적극적인 태도로 행하는 사람에게는 자유와 기회를 줍니다. 판매직을 영적인 면에서 생산적인 직업으로 만들기 위한 몇 가지 실제적인 제안을 소개하겠습니다.

시간 사용을 훈련할 것. 직장, 가족, 사역은 어느 하나도 소홀히 할 수 없는 것들입니다. 따라서 시간 사용을 잘하는 법을 훈련하고 배우지 않으면 직장 생활, 가정생활, 사역을 균형 있게 해나갈 수가 없습니다. 소홀히 하는 게 생기게 됩니다. 근무할 때나 근무 이외의 시간을 관리하는 일에 전문가가 되십시오. 그러나 방법을 아는 것만으로는 불충분합니다. 그것을 실천해야 합니다! 제3장을 다시 한 번 주의 깊게 읽어 보고 그것을 이행할 수 있는 구체적인 방법을 구상하십시오. 제3장의 권고 이외에도 아래 항목들이 도움이 될 것입니다.

- 최소한 일주일, 가능하다면 한 달은 앞서 활동 계획을 세우십시오.
- 가족들 및 사역을 위한 시간을 구체적으로 구별해 두고, 절대로 직장 일에 그 시간들을 빼앗기지 않도록 하십시오.
- 매일 일과 시작 시에 상품을 판매하며 돌아다닐 계획 및 고객을 만날 계획을 세우십시오.
- 약속이 깨뜨려지거나 상대방이 나타나지 않을 경우를 대비하여 항상 다른 일거리를 준비해 두어 그 시간을 낭비하지 않도록 하십시오.
- 일할 때는 일에 전념하되, 일하는 시간의 양에 대해서는 한계를 두십시오.

가족과 함께하는 시간을 계획할 것. 가족들을 위한 시간은 미리 잘 계획해 두지 않으면 소홀해질 것입니다. 특히 당신이 밤에 일하는 때가 자주 있다면, 주말은 가족들을 위해 반드시 비워 두도록 노력하십시오. 시간급 근로자나 봉급직 근로자보다는 당신에게 자유가 더 많으므로 자녀들이 쉬는 날이나 방학일 때는 당신도 휴가를 내도록 노력하십시오. 그들과 함께 특별한 일, 이를테면 캠핑, 취미 활동, 수영이나 그 밖에 무엇이든지 그들에게 특별한 시간이 될 수 있는 일을 하십시오.

내 경우를 보면, 시간을 별도로 떼어 놓지 않고 그저 집에 머물러 있을 때에는, 대개 일거리를 손에 잡게 되며, 아이들과 함께 시간을 보내지는 않게 됩니다. 나는 일을 내려 놓고 아이들을 데리고 뭔가를 함께 할 필요가 있습니다. 이 일이 세일즈맨들에게도 같다고 봅니다.

사업 내용에 통달할 것. 자신의 사업과 제품을 알지 못한다면 결코 좋은 세일즈맨이 될 수 없습니다. 전문가가 되십시오. 물건 몇 가지를 팔 수 있을 정도의 지식만으로는 안 됩니다. 자신이 판매하는 제품을 알고 집에서도 고객의 필요를 마음속으로 생각해 보십시오. 잘못 준비함으로써 고객의 시간을 허비하게 만들지 않도록 하십시오. 오늘의 준비는 장차 판매고의 증가와 시간 절약이라는 이익 배당을 안겨 줄 것입니다.

'속임수'를 쓰는 판매직은 피할 것. 신문에는 일을 하지 않고도 돈을 벌 수 있는 것처럼 보이는 판매직 광고로 가득 차 있습니다. 이러한 업종은 품질이나 가격, 또는 고객의 필요에 대하여 의문의 여지가 있는 품목과 연관되어 있는 경우가 많습니다. 만약 직장이 '속임수'를 쓰는 판매 기술을 요구하거나 의심스러운 품목을 판매하도록 한다면 그런 일에는 참여하지 않도록 하십시오. 일반적으로 그런 일은 장기적으로 볼 때 이익이나 만족감을 주지 못합니다.

그리스도의 분명한 증인이 될 것. 사람들을 자주 만날 때, 당신 자신이 그리스도인인 것을 상대방으로 알게 하십시오. 강요하거나 눈치를 살피지는 마십시오. 많은 사람들은 영적인 문제들에 대하여 진정으로 이야기하기를 원합니다. 일상적인 대화를 통해서 그리스도를 소개하는 법을 배우고, 다른 사람들이 이에 응할 수 있는 기회를 주십시오. 만약 그러다가 약속된 다른 스케줄을 연기해야 한다면 어떻게 하시겠습니까? 항상 이야기를 다 나눌 필요는 없습니다. 점심식사를 함께 하자거나 저녁에 만나서 이야기하자고 제안하면 됩니다. 상대방도 역시 자신의 스케줄이 있기 때문에 그런 제안을 고마워할 것입니다. 당신이 하는 일에 유능하다면, 복음을 듣게 하기가 한결 쉬워질 것입니다.

전도지나 전도용 책자를 주는 것은 어떻습니까? 어떤 사람들은 그것을 잘 사용하지만, 개인 전도에 비하면 효과가 적은 방법입니다. 다른 사람들에게 복음을 효과적으로 전하는 방법을 알고 있습니까? 모르고 있다면 영적 지도자나 전도에 관한 책들을 통하여 도움을 받으십시오. 예를 들어, 론 쎄니의 '개인 전도의 방법'이나 리로이 아임스의 '이렇게 전도하라'를 읽어 보십시오.

사람들을 섬길 것. 만약 고객들이 자신들을 섬기고자 하는 당신의 태도를 보게 된다면 그들은 거듭 당신의 제품을 살 것입니다. 당신의 동기는 단순히 섬기기 위한 것이어야 합니다. 섬길 때 물건을 팔 수 있을 것입니다. 처음에는 많이 판매할 수 없을지 몰라도 일단 소문이 나면 당신의 사업은 확장될 것입니다.

　대부분의 사람들은 당신을 일반적인 세일즈맨의 한 사람으로 본다는 사실을 명심하십시오. 그들은 당신을 의심과 불신의 눈초리로 바라보며 자신들이 '넘어갈까 봐' 두려워합니다. 당신은 그리스도인으로서 이러한 고정관념을 깨뜨려야 합니다. 또한 당신이 그들을 섬기며, 유능하고, 그리스도 안에 있는 당신의 믿음을 지혜롭게 나눈다면, 당신은 성공할 것입니다.

　객관적이 될 것. 어느 세일즈맨은 "모든 훌륭한 세일즈맨들의 두드러지는 특색 한 가지는 그들이 변치 않는 낙관론자라는 것입니다"라고 말했습니다.

　옳은 말입니다. 세일즈맨은 항상 내일은 오늘보다 더 좋아질 것이며 판매량도 늘 것이라고 믿고 있습니다. 언제나 이번에는 여느 때보다 물건이 더 빨리 팔릴 것이라고 기대합니다. 이 낙관주의는 효과적인 판매를 위해 필요하지만 방해가 될 수도 있습니다. 그는 판매 가능성에 대하여 낙관적인 것처럼 돈, 시간, 가족 문제에 대하여서도 낙관적입니다. 개선책은 자신의 이러한 경향을 알고 객관적이 되도록 힘쓰는 것입니다. 사물의 실제 모습을 보려고 노력하십시오. 주요 재정 문제와 가족 문제에 대하여 객관적이 됨으로써 이러한 낙관주의를 보완하십시오.

제13장

개인 사업가

수십 년 전 미국인들의 꿈은 가족들끼리 작은 사업을 하는 것이었습니다. 그렇게 하면 다른 데 의존하지 않아도 되고, 자신은 사장이 되며, 자신의 생산품으로부터 바로 수입을 얻을 수 있기 때문입니다. 점차 공업화가 이루어지고 대기업들이 성장하면서 작은 사업체에서 이익을 내기는 점점 어렵게 되어 왔습니다.

그러나 기회는 여전히 남아 있습니다. 수리점, 소규모 청부업, 보험 중개업, 세탁소, 기타 다른 업종들이 좋은 예가 될 것입니다. 의사, 변호사, 농부, 그리고 기타 전문가들도 개인 사업가로 분류됩니다.

론 린든은 뛰어난 기계공이었습니다. 그래서 이번에 그는 정비 공장 겸 주유소를 하나 빌려 사업을 시작했습니다. 그러나 경제적으로는 크게 어려운 가운데서 경영을 하게 되었습니다. 자신은 도매업자에게 현금을 지불해야 했지만, 고객들은 돈을 잘 지불해 주지 않아 사업이 매우 어려운 가운데 있었습니다. 그는 연료와 수리가 필요한 사람들에게 차마 거절을 못하고 외상으로도 해주었지만 자신은 계속 도매업자에게 돈을 지불해야 했습니다. 결국 그는 자기 사업을 다 처분하고 다른 곳에 취직하여 다시 기계공으로 일하게 되었습니다.

이 기간 동안 론과 그의 아내 캐런은 결혼 생활에서 불화를 겪기 시작했습니다. 그전에도 문제는 있었지만, 이번 것은 일평생 동안 지속될 불화의 시작이었습니다. 자녀들은 이제 다 성장하여 결혼까지 했기 때문에 그들은 이혼을 통하여 문제를 해결할 것을 심각하게 고려하고 있었습니다. 이런 위기의 와중에서 그들은 복음을 듣게 되었으며, 이것은 후에 그들의 문제가 해결되는 계기가 되었습니다. 복음을 듣고 캐런은 "우리 아버지는 무신론자였어요. 그분이 지옥에 간다면 나도 가겠어요!"라는 반응을 보였습니다. 론은 반응이 냉담하고 자만심에 차 있었습니다. 자기는 외부의 도움이 필요 없다고 했습니다. 뿐만 아니라 자기가 알고 있는 교인들은 대부분 위선자들이며 자기는 그 부류에 속하고 싶지 않다는 것이었습니다.

그러나 그들의 필요는 인간적인 방법으로는 해결할 수 없음이 확실해졌습니다. 캐런은 결국 그리스도를 영접했지만 영적 성장 과정에서 갈등을 겪었습니다. 론도 3년이나 미루다가 결국은 그리스도인이 되었습니다. 두 사람이 다 그리스도께 헌신을 하면서부터 삶이 참으로 변하기 시작했습니다. 그들은 그리스도인의 교제와 활동에 적극적으로 참여하게 되었으며, 그리스도께서 그들의 삶 가운데 일으킨 변화에 대해서 분명한 간증을 나누게 되었습니다.

그들이 그리스도께 헌신한 것과 거의 때를 같이해서 론은 자기가 일하고 있던 곳에서 조그마한 정비공장 하나를 인수할 기회를 가지게 되었습니다. 먼젓번의 실패 때문에 망설이기도 했지만, 기도하고 생각해 본 후 그들은 마침내 해보기로 결정했습니다. 결과는 대단했습니다. 그들은 그 사업을 주님께 드리기로 결심하고 거기서 나오는 이익을 하나님께 후하게 드리기로 했습니다. 사업은 규모가 커지고 번창했습니다. 새로운 압력이 생기고 문제들도 생겼지만, 전에는 결코 누려 보지 못했던 경제적인 여유를 누렸습니다. 돈을 많이 벌면 벌수록 더 많은 액수를 헌금했습니다. 심지어는 그 달의 경제 사정이 어려워 보일 때도 그렇게 했습니다. 하나님께서는 그들의 믿음의 발걸음에 거듭거듭 축복해 주셨습니다.

   그들이 시도했던 첫 번째 사업과 두 번째 사업의 차이는 무엇입니까? 자신들의 개인 생활과 사업에서 하나님의 방법을 따를 결심을 한 것이라고 믿습니다. 하나님께서는 사업을 하는 방법에 대해 말씀해 주실 것이 많습니다. 개인 사업에는 몇 가지 결정적인 요인이 있습니다.

유리한 점과 유익

   자유와 책임. 당신 자신이 사장입니다. 당신 자신에게 명백한 책임이 있지만 언제 또 얼마나 일을 할 것인가를 스스로 결정할 수 있습니다. 직원의 채용, 직장에서의 전도, 작업 일정의 결정 등에 대한 재량권이 당신에게 있습니다.

동기. 사람들은 '내 일'을 하고 싶어 하며, '내 일'을 할 때 높은 동기를 얻게 되는 법입니다. 자신의 노력이 사업의 성공 여부에 직결될 때 일을 더 잘하고 더 생산하고자 하는 동기를 얻습니다. 이것이 옳든 그르든, 사람들은 언제나 다른 사람들의 이익보다는 자기 이익을 위해 일할 때 더 큰 동기를 갖게 되는 것입니다.

재정. 사업이 번창하면 개인 사업가는 경제적으로 보다 큰 자유를 얻습니다. 사업에서 나오는 모든 이익이 자기 것입니다. 자신이 그 분야에서 숙달되어 있으면 누구에게 고용되어 있을 때보다는 언제나 돈을 더 벌게 됩니다. 의사나 변호사 같은 전문가들에게는 높은 수입이 보장되어 있습니다.

안정성. 사업이나 전문직의 초기 단계에서는 안정성이 한정되어 있지만 일단 자리를 굳히기만 하면 대부분의 직장보다 안정성이 높아집니다. 이것은 일반 직장에서 취직자리를 구하기 힘든 중년에 가까운 나이의 사람들에게는 특히 중요한 장점입니다.

가족. 많은 소규모 사업에는 전 가족들이 다 적극적으로 참여할 수 있습니다. 가족들이 다 함께 일한다면 그들이 사업의 노예가 되지 않는 한 단결할 수 있습니다. 사업에 성공하는 일이 가족들의 삶의 중요한 부분이 될 것입니다.

최근에 어느 주유소에 주유차 들렀다가 우연히 주유소 주인과 주유를 하고 있는 소년이 너무나 닮은 것을 보고 주인에게 물어보았습니다. 그랬더니 그는 자랑스럽게 "저 애는 내 아들이오"라고 대답하는 것이었습니다. "저 애는 오토바이를 한 대 사고 싶어 그 돈을 벌려고 와서 일하고 있다오. 물론 운전면허증을 따야 되는데 일 년은 더 있어야 하지요. 당분간 함께 일하고 있어요. 나를 도와주면서 자신도 무엇인가 배우고 있으리라 생각합니다."

불리한 점과 제약

자유의 부족. 이것은 동전의 다른 면과 같아서, 책임에는 자연히 제약이 따릅니다. 사업주는 항상 대기 상태에 있어야 하며, 자신이 좋아하는 시간에 자리를 뜨지도 못합니다. 실제적으로는 고객들이 사업주를 통제하고 있습니다. 사업이 잘 안될 때는 더욱 그렇습니다. 심지어는 의사라 할지라도 자기 환자들을 다른 의사가 대신 맡아 주지 않는 한 병원을 떠날 수가 없습니다.

재정적 압박. 많은 소규모 사업들이 특별히 초기에는, 이익 폭이 좁습니다. 세금, 원자재비와 인건비의 상승, 경기변동 등은 심각한 압박을 낳습니다. 때로는 이익이 매우 많이 날 때도 있지만, 한번 손실을 입게 되면 큰 타격을 받을 수도 있습니다. 내 친구 하나는 자그마한 사업체를 운영하고 있었는데, 회사 사정이 너무도 어려워져 직원들 월급 주기도 힘들었고, 급기야 월급 지불이 밀리기 시작했습니다. 하지만 일부 직원들은 회사 사정은 아랑곳하지 않고 어서 빨리 월급을 지불해 줄 것을 요구했고, 자기들의 요구가 금방 관철되지 않자 여러 해 동안 분규를 일으켰습니다.

마침내 그는 어렵사리 자금을 마련하여 직원들의 밀린 봉급을 다 지불했더니, 분규를 일으켰던 직원들은 회사를 나가 버렸습니다. 여러 번의 고비를 넘긴 끝에 회사의 사정이 좋아져 이윤을 내기 시작하자, 그들은 내 친구를 찾아와서 자기들을 다시 써달라고 압력을 가해 왔습니다. 내 친구는 그들에게 "손해도 함께 나누겠다는 각오가 있거든 다시 나를 찾아오라!"고 말하고 그들을 돌려 보냈습니다. 이처럼 개인 사업에는 때로 재정적 압박이 따르기 때문에, 많은 사람들은 재정적인 불안정 가운데 빠져들기 싫어서 개인 사업의 모험을 하지 않으려 합니다.

시간적 압력. 어떤 의미로 보면, 개인 사업가의 시간은 결코 자기 시간이 아닙니다. 개인 사업가는 항상 고객들에게 매여 있습니다. 당신에게 고용된 사람은 이런 부담을 느끼지 않으나 당신은 느낍니다. 당신은 항상 대기 상태에 있어야 합니다. 항상 남들보다 오래 일하고 남이 노는 날도 일해야 하는 압박감을 느끼면서 살 것입니다. 기계 수리하는 사람은 고객의 필요에 늘 응해야 하고, 농부는 적절한 시기의 적당한 날씨이면 추수를 해야 하며, 상점 주인은 사람들이 장을 보기에 편리한 시간에 맞추어 상점 문을 열어 놓아야 합니다. 시간이 항상 부족합니다.

전적인 책임. 일이 잘못될 경우 전적으로 당신에게만 비난의 화살이 날아옵니다. 재정, 생산, 품질, 실수, 그리고 고객의 불만 등 모든 것이 당신의 문제가 됩니다. 남은 모든 이익을 개인 사업가가 차지해도 마땅한 것은 모든 책임을 그 자신이 감당하고 있기 때문입니다. 특히 문제들이 발생했을 때, 이 책임은 무거운 짐입니다.

영적 위험

과중한 일. 개인 사업을 하면, 근무시간 외의 일이 자신의 생활 중의 많은 중요한 일들을 못하게 하기 쉽습니다. 그러한 일과 외의 근무는 정서적으로, 육체적으로, 영적으로 자신을 해칠 수도 있습니다. 회사가 자기 것이라면 그 유혹은 가히 '자기 영혼을 회사에 팔아먹을 만큼' 세차게 밀려오는 법입니다. 일을 열심히 하는 것은 좋으나 일에 빠져 버리는 것은 나쁩니다. 개인 사업 때문에 자기 가족과 영적 활동과 자신의 삶 자체를 빼앗기지 않도록 깨어 있어 스스로를 지키십시오.

자만. 자기 사업에서 자신감을 얻게 되었을 때, 자신이 이루어 놓은 것을 보면 자만심이 침투해 들어옵니다. 이때 기억해야 할 것은 자신이 가진 모든 것과 자신이 이룩해 놓은 모든 일이 하나님께로부터 왔다는 사실입니다. 모든 소유는 하나님께서 그분의 뜻대로 사용하라고 맡겨 주신 것입니다. 하나님께서 당신이 일을 이룰 수 있도록 주신 재능을 당연한 것으로 여겨서는 안 됩니다.

재정. 개인 사업에 성공하면 경제적으로 점차 부유해질 것입니다. 그럴 때 돈이 당신을 좌지우지하거나 당신을 몰아가도록 허용해서는 안 됩니다. 어느 부자에게 돈을 얼마나 가지면 충분하겠느냐고 물었더니 "조금만 더 있으면" 하고 대답했다고 합니다. 경제력이 수단이 아닌 목적 자체가 되어 버리는 함정에 빠지지 마십시오. 제4장에는 돈의 사용에 대한 보다 상세한 지침이 나와 있습니다.

근심. 독립적으로 자기 사업을 경영하고 있는 많은 사람들이 아마 위궤양을 가지고 있을 것입니다. 인간적으로 말한다면, 성공의 전적인 책임은 경영자 자신의 어깨 위에 지워져 있으며, 그렇기 때문에 걱정과 근심은 삶의 방편이 되어 버릴 수도 있습니다. 개인 사업이 당신을 과도한 근심 가운데로 이끌어 간다면 그것은 당신이 그 환경 가운데 머물러 있지 말라는 신호일 수도 있습니다. 두려움, 근심, 걱정은 영육 간에 마비를 가져옵니다. 베드로전서 5:7은 "너희 염려를 다 주께 맡겨 버리라. 이는 저가 너희를 권고하심이니라"고 권면하고 있습니다. 의미심장하게도 이 구절 바로 앞에는 겸손에 대한 명령이 있고, 이 구절 바로 뒤에는 믿음에 굳게 서서 마귀를 대적하며 고난을 견디라는 구절이 나옵니다. 근심이 커져 가면 당신의 전도의 삶은 위축됩니다. 그러므로 당신 자신이 아니라 하나님을 의뢰하는 일에 초점을 맞추십시오. 그분만이 당신에게 평안과 안전을 주실 수 있는 유일한 분이십니다.

윤리. 앞 장에서 이야기했듯이 당신이 하는 일의 수준, 지침 및 제품 가격을 설정할 때 핵심 문제가 되는 것은 윤리입니다.

신명기 25:14-15에 요약되어 있는 것과 같이 성경은 도덕적인 사업 경영의 필요성을 강조하고 있습니다. "네 집에 같지 않은 되, 곧 큰 것과 작은 것을 두지 말 것이요, 오직 십분 공정한 저울추를 두며 십분 공정한 되를 둘 것이라. 그리하면 네 하나님 여호와께서 네게 주시는 땅에서 네 날이 장구하리라." 받은 돈에 상당하는 가치를 지닌 것을 제공하기 위해 주의하십시오. 이 말은 가격을 매기는 원리가 항상 '시장에서 통용되는 원리'는 아닐 수도 있다는 뜻입니다. 당신의 정직성과 윤리성을 빈틈없이 지키십시오. 양심에 괴로움을 받는 것보다는 돈 몇 푼 벌지 않는 것이 훨씬 더 낫습니다.

지침과 제안

자기 사업을 하나님께 드릴 것. 개인 사업가로서 성공하기 위한 첫 단계는 자신의 사업을 하나님께 드리는 것입니다. 어떻게 하면 그렇게 할 수 있겠습니까?

기도를 통하여-
- 그 사업에 대하여 하나님께 감사한다.
- 그 사업이 하나님의 것이라는 사실을 하나님 앞에서 인정한다.
- 성경적인 원리와 윤리에 따라 운영할 것을 결심한다.
- 사업이 번창하는 대로 하나님의 일을 위하여 더 많은 헌금을 할 결심을 한다.

- 자신과 자신의 사업체를 통하여 그리스도를 잘 증거할 수 있게 해주시기를 요청한다.
- 그리스도와 동행하는 것과 가족들을 사업보다 더 우선순위에 두기로 결심한다.

하나님께서는 사업의 무한한 번영을 약속하신 것이 아니라 우리의 필요를 채워 주시고(마태복음 6:33) 우리의 삶을 축복해 주시기로 약속하셨음을 명심하십시오(에베소서 3:20, 빌립보서 1:6).

일에 드리는 시간을 제한할 것. 일은 물론 열심히 해야 하지만 자신의 삶 전체를 일에만 바칠 수는 없습니다. 자신의 몸을 해쳐 가면서, 영적인 활동을 생략해 가면서, 혹은 가족들을 소홀히 하면서까지 자기를 드릴 만한 가치를 지닌 사업이란 있을 수 없습니다.

가족들을 지킬 것. 가족들이 사업에 과도하게 참여하지 않도록 하는 것은 대단히 중요합니다. 아내와 자녀들에게 지나치게 사업에 참여하도록 강요해서는 안 됩니다. 일이 가족들의 관계를 벌려 놓는 쐐기가 되지 못하도록 하십시오. 사업보다는 가족들에게 훨씬 더 신경을 쓰는 게 마땅합니다.

물질을 드릴 것. 하나님께서 당신의 사업을 번창케 해주시는 데에 따라 당신도 주님의 일을 위하여 물질을 드리십시오. 하나님께서 이 세상에서 사용하시는 자원은 사람과 물질입니다. 그분은 심고 거두는 원리를 우리 삶의 모든 영역에 적용하십시오. 죄를 심는다면 죄의 대가를 거둡니다. 고린도후서 9:6에서 사도 바울이 "이것이 곧 적게 심는 자는 적게 거두고 많이 심는 자는 많이 거둔다 하는 말이로다"라고 한 것은 물질에 관해서 얘기한 것입니다.

　자신의 위치를 활용할 것. 한 지역 사회에서 개인 사업가라는 위치는 존경과 선망의 대상입니다. 그러한 위치를 활용하여 그리스도를 나타내도록 하십시오. 큰 회사에서 때로 가하는 것과 같은 제한들이 당신에게는 없기 때문에 당신은 직장 안팎에서 드러내 놓고 자유롭게 그리스도에 대해 이야기할 수 있습니다. 지역의 활동에 참여하십시오. 당신이 살고 있는 지역에 영향을 주도록 하십시오.

　일에서 떠나는 법을 배울 것. 사업체를 가지고 있다는 것이 하루 24시간 동안 마음을 괴롭힐 이유가 되지는 않습니다. 일단 하루 일을 마치면 육체적으로뿐만 아니라 정신적으로도 일로부터 떠나야만 합니다. 취미 생활과 다른 사람들을 영적으로 섬기는 면을 개발하십시오. 압박감은 대단하겠지만 사업으로부터의 해방과 휴식을 위해 마음과 시간을 제어하는 법을 배우십시오.

　탁월한 수준. 자신의 사업에 통달하십시오. 성경적인 탁월한 수준으로 자신의 일을 수행하십시오(골로새서 3:23). 이 수준을 적용하려면 건전한 경제 원리에 근거하여 자신의 사업을 경영할 필요가 있습니다. 그리스도인이 돈을 적게 주어도 되는 '만만한 표적'이 되어서는 안 되지만, 할인을 해주는 것이 사업에 도움이 될 때나 어떤 단체나 개인에게 진정으로 경제적인 도움을 주고 싶을 때는 할인을 해주어도 좋습니다.

   자신의 사업체를 갖고 경영할 수 있는 특권을 가진 데 대하여 감사하는 태도를 유지하십시오. 하루하루 사업을 경영해 나가는 방법을 통하여, 당신이 하나님을 섬기고 있다는 사실이 드러나게 하십시오.

제14장

특수한 환경

스티브의 일과는 전 가족을 짜증나게 만들었습니다. 그의 아내는 신경이 극도로 날카로워졌고, 아이들은 낮 동안 조용히 하는 데 지쳤으며, 자기들이 하는 활동에 아버지가 함께 해 주지 않아 불만이었습니다. 스티브는 3년간이나 오후 교대조(오후 4시부터 자정까지)로 일해 왔습니다. 상황을 더욱 복잡하게 만드는 것은 그가 월요일부터 금요일까지 근무하는 것이 아니라 수요일부터 일요일까지 근무한다는 것이었습니다. 가족들의 생활 리듬과 충돌하였습니다. 스티브는 오후 3시 15분 집을 나서서 밤 12시 45분에 귀가했습니다. 그래서 아침 9시까지는 잠을 자려고 하지만 대개는 아이들 때문에 잠을 깨곤 했습니다. 얼마 전까지는 그의 아내 케이도 직장에 다녔습니다. 아내는 아침 8시에 출근했기 때문에 며칠씩이나 서로 얼굴 보기가 힘든 적도 있었습니다. 아이들 등교 준비를 해주는 것은 한바탕 전쟁을 치르는 일이어서, 케이는 손이 열 개라도 부족할 지경이었습니다. 하지만 스티브는 일어나 도와주기 싫어했고 이불 속에서 꼼짝도 안 했습니다. 케이는 아침 시간이 너무 바빴습니다. 그래도 수요일에서 금요일까지는 나은 편이었습니다. 아이들이 학교에 안 가는 토,일요일이면 아이들과의 갈등은 더욱 고조되었습니다. 스티브는 오후 3시 15분 출근 전까지는 조용히 쉬기를 원하는데 아이들 때문에 쉬지를 못하니 힘들어 하고, 아이들은 아이들대로 아빠가 함께 놀아 주기를 바라는데 놀아 주지는 않고, 아빠가 출근할 때까지는 조용히 있어야 하니 그야말로 고역이었습니다.

스티브와 케이는 둘 다 그리스도인이었고 하나님을 잘 섬기고 싶어 했습니다. 그러나 근무 스케줄 때문에 얼마 안 되어 사람들을 만나는 것도, 교회에 나가는 것도, 심지어는 서로 얼굴을 대하는 것도 힘들어졌습니다. 그들의 결혼 생활에 점점 긴장이 감돌게 되었습니다. 아이들은 마치 자신들이 진짜 가족이 아닌 것처럼 느껴진다고 불평하기 시작했습니다. 스티브는 그 직장에서 일하게 된 것을 행운으로 생각했고, 케이의 봉급도 가족들에게 필요한 것을 몇 가지 '더' 살 수 있게 해준다는 데 그들의 딜레마가 있었습니다.

3개월 전쯤에는 돈 문제로 심한 부부 싸움을 하는 사태까지 벌어졌습니다. 그 전에는 스티브의 스케줄과 잠, 아이들 등교 준비를 해주는 문제들로 서로 다투었습니다. 항상 스티브가 이기긴 했지만 기분은 언짢았습니다. 하지만 이번에는 스티브와 케이 두 사람 다 뭔가를 잃어버리고 있다는 사실을 깨달았습니다. 그들은 자신들이 영적으로 약해지고 있으며 아이들까지도 고생을 시키고 있다는 사실을 인정하게 되었습니다. 그들은 몇 가지 중대한 변화를 일으켰는데, 그것은 가족들의 삶에 일대 변혁을 가져왔습니다. 케이가 직장을 그만두었고, 스티브는 매주 화요일 저녁을 가족들을 위한 시간으로 따로 떼어 두었습니다. 수요일과 목요일에는 아침 식사를 가족들과 함께 들기 위하여 일찍 일어나기 시작했습니다. 스티브와 케이 부부는 매주 둘이 함께 보내는 특정한 시간을 갖기로 계획했고, 주말은 아이들과 함께 보내기로 했습니다. 스티브는 낮에 성경공부와 몇 가지 일을 하기로 계획을 세웠습니다. 이러한 변화들은 그들의 삶을 바꾸어 놓았습니다. 이제는 오히려 가족들이 모두 스티브의 오후 교대 근무를 좋아하게 되었습니다.

스티브와 케이의 처지는 특수합니다. 근무 여건이 특수한 경우를 다루는 이 장에서는 이전의 장들처럼 일반화시키는 것이나 포괄적인 지침을 드리는 것이 어렵습니다. 그래서 다만 몇 가지의 일반적인 유익점과 불리한 점 및 위험에 대해서만 언급하고자 합니다. 그 다음에 아래와 같은 세 가지 범주로 나누어 몇 가지 구체적인 제안을 덧붙일까 합니다.

- 교대 근무자
- 여행자
- 계절을 타는 직업

유리한 점과 유익

이용 가능한 특별한 시간. 평일 저녁 시간은 효과적으로 사용하기가 대단히 어렵습니다. 그러므로 근무 일정에 낮 시간이 비번인 날이 들어 있으면 참으로 좋은 기회이므로 그 시간을 잘 활용하기 바랍니다. 왜냐하면 이 날을 위한 스케줄은 아직 짜두지 않아 비어 있을 것이기 때문입니다. 계획만 잘하면 이러한 특별한 시간들은 매우 유익한 방향으로 사용할 수 있습니다.

별도의 여유 시간. 당신이 규칙적인 교대 근무자가 아닌 경우에는 특별한 스케줄 가운데 별도의 여유 시간이 주어지는 경우가 자주 있습니다. 그러나 계절을 타는 직종은 자신이 다른 직업을 가질 수 없는 한 특별히 유리한 것으로 볼 수는 없습니다. 예를 들어 항공기 조종사는 여유 시간을 이용하여 부업을 가질 수도 있습니다. 여유 시간이 있다면 당신의 환경이 어떠하든 간에 그 시간을 건설적으로 이용하는 법을 배우도록 하십시오.

더 나은 보수. 많은 회사에서는 교대 근무자나 격일 근무자에게 더 높은 보수를 주고 있습니다. 이러한 보수는 근무시간의 불편함을 보상할 수도 있을 것입니다.

불리한 점과 제약

특이한 스케줄. 지속적으로 특이한 스케줄에 맞추어 살아간다는 것은 어렵습니다. 왜냐하면 활동하는 시간대가 대다수의 다른 사람들과 다르기 때문입니다. 그러므로 규칙적이고 일상적인 삶의 패턴을 유지하기 어렵습니다.

가족 간의 결속력 약화. 당신 이외의 가족들은 정상적 스케줄을 따르고 있으므로 당신의 스케줄에 맞추려면 혼란이 옵니다. 교회 및 학교의 활동을 위한 시간을 계획하다 보면 좌절감을 느낍니다. 가족들은 단결과 화합이 잘 안될 수도 있는데 이것이 가정의 단합을 위해 애쓰는 주부에게 미치는 영향은 매우 큽니다.

영적 위험

핑계 거리로 삼음. 특수한 근무 스케줄을 가진 사람은 그것을 구실로 교회, 가족, 영적 활동들에 소홀해지기 쉽습니다. 당신이 처한 특수한 환경을 핑계로 당신의 삶에서 가장 필요한 것을 등한히 하지 않도록 하십시오.

뒤로 물러남. 스케줄이 종잡을 수 없거나 남들과 다르기 때문에 영적인 교제와 지역 사회 내에서의 접촉에 점차 소극적이 되어 뒤로 물러나기 쉽습니다. 특별한 노력을 기울여야 합니다.

지침과 제안

지금까지는 특수한 직업이나 근무 환경에 있는 사람들에게 공통적인 몇 가지 사항에 대해 언급했습니다. 이제 범주별로 구체적인 제안을 몇 가지씩 드리겠습니다.

(1) 교대 근무자

통상 아침 9시에 업무를 시작하여 오후 6시에 퇴근하는 일반적인 경우와는 달리, 모든 교대조 직장인들과 그 가족들은 특수한 압력하에 놓여 있습니다. 자신의 잠자는 시간이 불규칙적이고, 가족들의 활동은 조정하기 어려우며, 어떤 활동에 매주 정기적으로 참여하기란 거의 불가능합니다. 그러나 문제에 대처하기 위한 실제적인 조치를 취하며 스케줄의 이점을 이용하기만 한다면 자신의 모든 태도와 전망까지도 변화될 것입니다. 나도 교대조로 일한 적이 있는데 그야말로 최악의 근무 조건이었습니다. 스케줄은 열흘 단위로 오후 교대(16-24시)가 두 번, 야간 교대(0-8시)가 두 번, 낮교대(8-16시)가 두 번, 그러고 나서 사흘 반이 비번이었습니다. 다음과 같은 몇 가지 아이디어는 내가 그러한 스케줄에 적응하는 데 도움을 주었습니다.

잠자는 시간을 설정할 것. 잠을 충분히 자지 못하면 제대로 활동할 수가 없습니다. 당신의 몸은 습관에 의해 조절되는 시계와 같으므로 당신은 그것이 스케줄에 맞추어지도록 도와야 합니다. 오후 교대의 경우는 변화가 심하지 않습니다. 많은 사람들은 6시간 내지 7시간을 잔 후 가끔 오후 일찍 낮잠을 자고, 주말에 모자라는 잠을 어느 정도 보충하면 자기 기능을 충분히 발휘할 수 있습니다. 자정에서부터 아침 8시까지의 야간 근무조는 적응하기가 좀 힘이 듭니다. 하루 비번이 있은 후 다시 '정상' 근무로 돌아갈 때 특히 어려움을 느낍니다. 출근 전에 세 시간 자고 퇴근 후 오전에 네댓 시간 자면 제대로 기능을 발휘하는 사람들도 있지만, 아마도 낮 시간에 자는 것이 가장 좋을 것입니다. 밤 근무인 경우에는 낮 시간에 틈틈이 자고 이따금씩 긴 수면(9-10시간)을 취하는 것 외에 다른 방법은 없습니다.

당신이 잠을 자는 동안 다른 모든 식구들이 발끝으로만 살금살금 다니고 긴장해 있을 것을 기대하지는 마십시오. 전화기를 침실에 두지 말며, 필요한 경우에는 소음을 차단할 수 있도록 귀마개를 만들어 사용하십시오. 선풍기 소리와 같이 방 안에서 계속 일정하게 나는 소리는 다른 소리들을 차단하는 효과가 있습니다. 어떤 사람들은 지하실에 방음 장치가 잘 된 방을 꾸미기도 합니다. 소리 크기를 임의로 조절할 수 있는 초인종을 설치하는 것도 도움이 됩니다.

낮 시간을 잘 활용할 것. 집안일들이나 공부, 자질구레한 일들을 하기에는 저녁 시간보다 낮 시간이 더 좋습니다. 방해도 덜 받고 보통 네다섯 시간을 한꺼번에 이용할 수 있습니다. 저녁에는 세 시간도 한꺼번에 사용하기가 힘듭니다. 제7장에는 토요일을 어떻게 보낼 것인지가 설명되어 있습니다. 교대 근무자의 스케줄은 이런 토요일을 두 번 가질 수 있는 것과 같습니다. 매일의 빈 시간에 대해서는 같은 아이디어를 적용시켜 보십시오.

주말을 잘 이용할 것. 주말 낮 시간을 가족들에게 할애하는 것은 대단히 중요한 일인데, 평일 날 가족들과 함께 있는 시간이 적기 때문입니다. 주말에는 자기보다 가족들의 스케줄에 맞추도록 하십시오.

아내에게 휴식 시간을 줄 것. 당신의 스케줄은 거의 자신에게 주는 만큼이나 큰 압박감을 아내에게도 주게 될 것입니다. 낮 시간에 집에 있게 될 때에는 아이들을 돌보아 주든지 특별한 집안일을 함으로써 아내를 도와주십시오. 온 세상이 당신의 특이한 스케줄에 맞추어야 하는 것처럼 만들지는 마십시오.

당신의 스케줄을 변명 거리로 삼지 말 것. 당신의 스케줄을 어떤 일을 하지 않는 데 대한 변명 거리로 삼지 말고 오히려 더 많은 일을 이루는 데 이용하십시오. 공군사관학교 교수로 있을 때 나는 생도들의 일과가 얼마나 빡빡한지 잘 알고 있었습니다. 처음에는 그들의 스케줄을 보고 놀라 그들에게는 영적 활동에 참여할 수 있는 시간이라고는 사실 거의 없을 거라고 생각했습니다. 얼마 후 나는 생도들이 정말로 어떤 일을 하고자 하는 마음만 있다면 어떻게 하든 시간과 기회를 만들 수 있다는 사실을 알게 되었습니다. 진정으로 어떤 일을 할 마음만 있으면 시간과 기회는 얼마든지 찾을 수 있을 것입니다. 당신이 원하기만 한다면 가족들을 위한 시간, 자신의 영적 성장을 위한 시간, 그리고 다른 사람들을 영적으로 도울 수 있는 시간을 가질 수 있습니다. 할 마음이 없다면 자유 시간이 아무리 많이 있어도 그 일을 하지 않을 것입니다.

(2) 여행자

여행을 많이 하는 사람은 그 직업에 상관없이 특별한 압력과 제약에 직면합니다. 나는 연중 약 40%는 집에서 떠나 있으므로 이러한 부류에 속하는 사람입니다. 짧은 기간만을 본다면 그 비율이 더 높을 때도 있습니다. 이러한 스케줄 가운데서 야기되는 문제들을 극복하기 위하여 당신이 할 수 있는 것들이 많습니다. 먼저 언급해 두고 싶은 것은, 많은 사람들은 자기 집을 떠나지 않고도 '여행'을 한다는 점인데, 다시 말하자면 저녁과 주말에 활동들을 너무 많이 하기 때문에 실제로는 집을 떠나 있는 것과 마찬가지라는 것입니다. 나도 역시 과도한 활동 계획과 맞붙어 씨름하는 실수들을 저지르기도 했습니다.

여행 계획을 세울 것. 여행 계획을 일찍 세워 놓을수록 자신과 가족들이 적응하기가 훨씬 더 좋습니다. 계획을 세운다는 것은 미리 일정을 짜는 것 이상의 것입니다. 구체적으로 다음과 같이 제안합니다.
- 여러 번의 여행 사이에 일정한 간격을 유지함으로써 집에 있는 날이 자주 있게 한다.
- 주말에 여행하는 것은 피하도록 노력한다.
- 같은 해에 많은 장기 여행은 계획하지 않는다. 경비가 많이 들더라도 단기 여행을 계획한다.
- 집을 비우는 시간에 한계선을 둔다.
- 집에서 '떠나 있는' 시간들을 기록해 둔다. 나는 내가 저녁

에 집을 떠나 있으면 하루를 떠난 것으로 치는데, 가족들에게는 저녁시간이 가장 중요하기 때문입니다.
- 마지막 순간에 계획을 변경하는 일을 피한다.
- 자신의 사역과 가족들의 중요한 행사에 겹치지 않게 여행 계획을 세운다.
- 여름의 단독 여행 계획은 줄인다.

가족들에게 중요한 일과 행사가 있을 때는 집에 있도록 하십시오. 아이들에게는 운동경기나 합창 발표회, 생일 등이 당신이 생각하는 것 이상으로 중요합니다. 당신의 스케줄은 아이들에게 그들이 얼마나 소중한 존재인지를 보여 줍니다.

아내의 역할을 보호할 것. 당신이 집을 비우면 아내에게 무거운 짐이 떨어집니다. 금전에 관계된 결정들, 자녀들의 양육과 훈련, 집 관리, 기타 무수한 일들이 아내의 책임이 됩니다. 압력은 아주 클 수도 있습니다. 당신이 주의 깊게 계획을 세우지 않으면 아내는 성경적인 자기의 역할 이상을 맡게 될 수가 있습니다. 베트남 전쟁 당시의 미군들은 정기적으로 1년씩 해외 근무를 하게 되었습니다. 이때 아내가 가족들에 대한 전적인 책임을 떠맡게 되었는데, 남편과 떨어져 있게 되어 처음에는 힘들어 하더니 나중에는 이 상태를 점차 즐기게 되어 마침내는 가정 파탄이 일어난 경우가 부지기수였습니다.

아내를 돕기 위한 몇 가지 방안들을 들어 보겠습니다.
- 어디로 하면 당신에게 연락을 취할 수 있는지를 미리 알려 준다(여러 곳을 여행하면 기간별로 알려 준다).

- 아이들을 어떻게 양육하고 훈련시킬 것인지를 아내와 함께 계획한다. 계속적으로 연락을 하겠다는 것과 훈련을 위한 결정에 함께하겠다는 것을 아이들에게 알린다. 아이들이 십대가 되었다면 이것은 더욱 중요한 일인데, 이 또래의 아이들은 아버지가 집에 없는 동안 공공연히 반항과 반발을 하는 경향이 있기 때문입니다.
- 당신의 부재중에 가족들의 필요를 점검해 줄 친구 한두 명을 물색해 둔다.
- 긴급 시에 대비하여 모든 법적인 서류들을 구비해 둔다.
- 당신의 부재중에 아내가 경제적으로 어려움을 겪지 않도록 준비한다.
- 아이들에 대한 수준을 아내가 지도할 수 없을 정도로 높게 설정하지 않는다.
- 아내가 당신에게 반드시 전화해야만 할 여러 가지 상황들을 명시해 둔다.

도덕. 누구나 부도덕에 대한 유혹을 받지만 여행 중에 있는 사람에게는 특히 심합니다. 혼자 있는 시간, 모텔의 방, 눈에 띄는 불경건한 잡지들이 다 이런 문제를 일으키는 요인들입니다. 아무도 나를 모르는 곳에 와 있기 때문에 무슨 짓을 해도 아는 사람이 없을 것이라는 음흉한 생각이 들기도 합니다. 어느 군인은 내게 이런 말을 한 적도 있습니다. "집에서 1,000km 떨어진 곳에 가 있으면 곧 하나님으로부터도 1,000km 떨어져 있는 것 같은 생각이 들 것입니다." 이 문제에 관해 기필코 자신의 눈과 마음과 몸을 지키십시오. 고린도전서 10:13의 약속 위에서 살아가십시오. 한 가지 도움이 되는 것은 날마다 누구에게 전도를 함으로써 다른 사람들로 하여금 당신이 하나님의 도덕 수준을 따르고자 하는 사람임을 알게 하는 것입니다.

여행 중의 시간을 잘 활용할 것. 여행을 하게 되면 일상적 책임에서 벗어나 종종 여분의 자유를 갖게 됩니다. 성경공부, 성경암송, 서신 연락 등과 같은 건설적인 일을 하기로 계획하십시오. 일단 집에 돌아오면 자유로워질 수 있도록 여행 중에 일을 마치십시오. 여행할 때마다 이런 계획을 세우십시오. 또한 당신이 방문하는 여러 곳에서 그리스도인의 교제를 나눌 수 있는 방법도 찾아보십시오.

아이들을 데리고 갈 것. 각 자녀마다 1년에 한 차례씩 여행 때 데리고 가려고 시도해 보십시오. 그 아이와 개인적인 시간을 가질 수 있으며, 또한 그 아이에게는 재미있는 경험이 될 수 있습니다. 이것은 그 아이가 아버지의 직업을 이해하는 데 도움이 됩니다.

전화를 활용할 것. 여행을 할 때는 집에 자주 전화를 하십시오. 아내뿐만 아니라 아이들에게도 전화를 하십시오. 당신의 목소리를 들려주는 것은 집에 같이 있는 것 다음으로 좋은 것입니다. 전화를 통하여 가족들에게 필요한 많은 결정들을 내려 줄 수 있습니다. 이 일은 통화료를 지불할 만한 가치가 있습니다. 출장에 대한 보상으로 회사에서 통화료를 지불해 줄 수도 있을 것입니다.

가족들과의 특별 시간. 여행을 자주 하게 되는 사람이라면 가족들과의 특별한 시간은 더욱 중요하게 될 것입니다. 일곱 살짜리 아이에게는 이틀이나 지난 후 생일 축하를 해주면 문제가 됩니다. 당신의 생각에 그 아이에게 중요하다고 여기는 활동보다는 그 아이의 생각에 중요하다고 여기는 것이 더 중요합니다. 휴가는 특별한 주의를 기울여서 가족 중심으로 보내도록 하십시오.

집에서 보낼 시간을 계획할 것. 여행을 하지 않을 때는 남은 시간을 집에서 보내려고 노력하십시오. 가능하면 근무시간을 줄이십시오. 방학이나 공휴일에는 여행을 피하십시오. 당신이 여행을 떠나면 아내가 당신의 짐까지 져야 한다는 것을 명심하고, 집에 있을 때 아내의 짐을 덜어 주기 위한 계획을 세워야 합니다.

(3) 계절을 타는 직업

계절을 타서 연중 일정한 기간 동안만 최대한의 노력을 기울여야 하는 직업도 많이 있습니다. 전형적인 예로는 건축업자, 농부, 교사, 수확에 종사하는 사람 등입니다. 이런 직업들의 공통적인 특성은 일 년 중 어떤 기간 동안은 일거리가 전혀 없다는 점이며, 따라서 수입은 가족들의 경제적인 모든 필요를 채우기에는 전반적으로 불충분합니다. 다음과 같은 실제적인 제안을 참고로 하여, 그러한 환경에 대처할 수 있는 방법들을 생각해 보십시오.

성수기에 대비할 것. 성수기에는 시간이 부족하고 평소보다 더 열심히 더 오래 일해야 한다는 사실을 알아야 합니다. 비수기 동안 가족들과 함께 보내는 시간을 늘림으로써, 이러한 성수기에 적응할 수 있도록 자신과 가족들을 준비시켜야 합니다.

경제적인 면에서 자신을 훈련할 것. 계절을 탄다는 것은 곧 경제적 여건에도 변동이 있다는 것을 의미합니다. 비수기를 대비하여 필히 돈을 저축해 두어야 합니다. 계절을 타는 직종에 근무하는 사람들은 앞으로의 고용에 대해 어느 정도는 불안정한 경우가 많습니다. 그러므로 식비와 의료비 등 불가피한 경우를 제외하고는 어떤 종류의 빚도 지지 않도록 해야 합니다.

비수기의 시간 사용 계획을 짤 것. 경제적인 필요에 근거하여 비수기를 위한 분명한 계획을 세워야만 합니다. 다음과 같은 방안을 생각해 보십시오.
- 좀 더 안정된 직장으로 옮기거나 현재 하는 일에서 좀 더 자격을 갖추는 데 도움이 되도록 대학에 가서 공부를 하거나 연수를 받는다.
- 비수기에 수입을 얻을 수 있는 길을 만든다. 이것은 자신이 어떤 사업을 시작하는 계기가 될 수도 있습니다.
- 가족들에게 특별한 배려를 해준다. 성수기가 되어 일이 바

빠지는 때에는 가족들에게 소홀해지기 쉽기 때문입니다.

가족들을 안정시킬 것. 가족들의 안정은 대단히 중요합니다. 성수기 동안 혹은 매년 당신의 일터를 옮길 필요가 있을 경우, 당신이 일터로 전전하는 동안에도 가족들은 한곳에 남겨 두는 것이 좋습니다. 그들의 안정은 당신이 잠시 동안 겪는 불편함보다 더 중요합니다.

영적인 활동 및 훈련을 할 것. 여유 시간이 생긴다면 그것은 영적인 일이나 지역 사회의 어떤 조직에 시간을 드릴 수 있는 좋은 기회입니다. 그런 시간은 광범위한 영적 훈련의 기회가 될 수도 있습니다. 많은 교회들, 특히 대도시의 교회들은 평신도를 위한 특별 성경공부반이 있습니다.

계절을 타는 직업을 가진 많은 사람들이 전업을 하려고 할 때, 교육, 취업의 기회 및 훈련의 부족이 큰 제약이 됩니다. 본서의 전반부에서 취급한 내용 중에서 역경을 대처하는 데 관계되는 부분과 제5장이 도움이 될 것입니다. 하나님께서는 당신이 처해 있는 환경 가운데서 접촉하게 되는 사람들에게 당신의 믿음을 나누게 하려는 목적으로 당신을 그 환경 가운데 두셨다는 사실을 결코 잊지 마십시오.

참고 문헌

제1장

1. William Barclay, *Ethics in a Permissive Society* (New York: Harper and Row, 1971), p.94.

제2장

1. Howard Butt, *The Velvet Covered Brick* (New York: Harper and Row, 1973), p.137.

제4장

1. Adam Smith, *The Money Game* (New York: Random House, 1967), p.14.

2. Howard Butt, *The Velvet Covered Brick* (New York: Harper and Row, 1973), p.125.

3. *Bits and Pieces* (Fairfield, NJ: The Economics Press, April 1975).

제5장

1. Sara Welles, "When Your Husband's Out of Work and the Church Just Smiles," in *Eternity* (October 1974).

2. F. B. Meyer, source unknown,

3. J. Oswald Sanders, *A Spiritual Clinic* (Chicago: Moody Press, 1958), p.183.

제12장

1. Studs Terkel, *Working* (New York: Avon Books, 1975), p.688.

본서는 미국 Zondervan Publishing House와의 계약에 의하여 번역 출간한 것이므로 본서의 전부 또는 일부의 무단 복제, 또는 원문에 대한 무단 번역을 금합니다.

당신의 직업 – 생존이냐, 만족이냐?

1985년 4월 5일 초판 1쇄 발행
1997년 12월 5일 초판 8쇄 발행
2008년 5월 20일 개정 1쇄 발행
펴낸곳: 네비게이토 출판사 ⓒ
펴낸이: 조 성 동
주소: 120-600 서울 서대문 우체국 사서함 27호
120-836 서울시 서대문구 창천동 497
전화: 334-3305(대표), 334-3037(주문), FAX: 334-3119
출판등록: 제10-111호(1973년 3월 12일)
ISBN 978-89-375-0317-7   03230

이 도서의 국립중앙도서관 출판시도서목록(CIP)은 e-CIP 홈페이지(http://www.nl.go.kr/cip.php)에서 이용하실 수 있습니다.(CIP제어번호2008000975)